DER ZWEITE WELTKRIEG

Rolf Fischer

Der zweite Weltkrieg

Mit mehr als 450 Bildern und Karten

Komet

Emil-Hoffmann-Straße 1
D-50996 Köln

Autor: Rolf Fischer in Zusammenarbeit mit Katrin Kemper
Realisation und Redaktion: red.sign, Stuttgart
Kartografie: Kartographie Huber, München
Gesamtherstellung: KOMET Verlag GmbH, Köln

ISBN 978-3-86941-372-3

www.komet-verlag.de

VORWORT

Der Zweite Weltkrieg war der bisher verheerendste militärische Konflikt in der Geschichte der Menschheit. Er wurde global geführt, führte die Armeen sämtlicher Großmächte ins Gefecht und bestimmte auch nachdem die Waffen schwiegen noch für ein halbes Jahrhundert das politische Weltgeschehen. Was mit dem deutschen Überfall auf Polen im September 1939 begann und sechs Jahre später mit dem Abwurf amerikanischer Atombomben auf japanische Städte sein Ende fand, kostete 55 bis 60 Millionen Menschen das Leben, ließ verwüstete Städte, verseuchte Regionen und zerrüttete Seelen zurück.

Der militärische Verlauf des Zweiten Weltkriegs zeigt eine verwirrende Vielzahl von Schlachtfeldern und Fronten, von Vorstößen und Rückzügen, von zeitlich parallel, aber in verschiedenen Regionen oder gar Erdteilen stattfindenden Gefechten und strategischen Manövern. Die Ereignisse und Entwicklungen können im Folgenden nur in ihren großen, kriegsentscheidenden Linien und Etappen beschrieben werden. Diese Einschränkung bietet jedoch die Möglichkeit, die Zusammenhänge deutlicher herauszustellen. Ein deutscher Landser, der in Norwegen auf Wache am Atlantikwall stand, mochte nichts wissen vom Fortgang des amerikanisch-japanischen Krieges im Pazifik, sein weiteres Schicksal als Soldat hing dennoch wesentlich auch von den Ereignissen am anderen Ende der Welt ab.

Der Zweite Weltkrieg wurde nicht nur an den militärischen Fronten, sondern auch im Hinterland geschlagen. Dort zeigte er sein hässlichstes Gesicht: Ohne das Wissen um die grausame und millionenfache Verfolgung und Ermordung wehrloser Zivilisten ist dieser schrecklichste aller Kriege und seine politischen Folgen nicht zu verstehen. Sterben und Leid lassen sich nicht kategorisieren, dennoch ist deutlich zu unterscheiden zwischen dem Tod im Schützengraben und jenem in der Gaskammer. Die Geschichte des Zweiten Weltkrieg wurden nicht nur an Orten wie Pearl Harbor und Stalingrad, sondern auch in Vernichtungslagern wie Auschwitz und vielen anderen, zum Teil namenlosen Stätten des Mordens, geschrieben.

INHALT

N
250 km
www.huber-medien.de
Äußere Hebriden
Orkney Inseln
NORWEGEN
Oslo
Stockholm
Glasgow
Belfast
NORDSEE
Skagerrak
Kattegat
SCHWEDEN
IRLAND
DÄNEMARK
Kopenhagen
OSTSEE
Memel
Memelgebiet
Nordschleswig zu Dänemark
Liverpool
Polnischer Korridor
Königsberg
Danzig
Freistaat 1920
Ostpreußen
GROSS-BRITANNIEN
NIEDER-LANDE
Hamburg
Stettin
Weichsel
London
Themse
Amsterdam
Hannover
Elbe
Berlin
Posen an Polen Dezember 1918
Warschau
Ärmelkanal
Antwerpen
Ruhr
DEUTSCHES
Oder
Brüssel
Köln an Belgien Dezember 1918
Weser
Leipzig
Neiße
Lodz
BELG.
Eupen-Malmedy
Koblenz
Rhein
Dresden
Ober-schlesien
LUX.
Rheinland
Seine
Reims
Mainz
Prag
Main
Krakau
Paris
Saar
TSCHECHO-
Nürnberg
Teschen
Brünn
Nantes
Loire
Straßburg
REICH
SLOWAKEI
ATLANTISCHER
OZEAN
FRANKREICH
Dijon
Donau
München
Wien
Pressburg
Bern
SCHWEIZ
ÖSTERREICH
Budapest
Graz
UNGARN
Vichy
Südtirol
Bordeaux
Lyon
Mailand
Triest
Laibach
Garonne
Turin
Zagreb
Rhône
Venedig
JUGOSLAWIEN
Toulouse
Genua
Po
Ebro
Nizza
Belgrad
Duero
Marseille
Split
ITALIEN
Madrid
Barcelona
Adriatisches
Meer
Elba
Korsika
MONT.
Tajo
Cattaro
Rom
Valencia
SPANIEN
Neapel
Bari
ALBANIEN
Balearen
Sardinien
Tyrrhenisches
Meer
Korfu
MITTEL-
MEER
Algier
Palermo
Ionisches
Meer
Oran
Sizilien
Tunis
MAROKKO
ALGERIEN
TUNESIEN
Malta

Der Versailler Vertrag

Nach dem Ende des Ersten Weltkriegs veränderte sich die politische Landkarte Europas tief greifend. Durch den Versailler Vertrag vom 28. Juni 1919 verlor das Deutsche Reich Elsass-Lothringen, Westpreußen, Posen und das Memelgebiet. Für Eupen-Malmedy, Nordschleswig sowie Teile Ostpreußens und Schlesien wurden Volksabstimmungen über die künftige staatliche Zugehörigkeit festgelegt, das Saargebiet wurde für 15 Jahre unter die Verwaltung des Völkerbunds gestellt. Der Vertrag zwang das Deutsche Reich zur Abrüstung und zur Beschränkung seines Berufsheeres auf 100 000 Mann.

Österreich wurden im September 1919 ebenfalls harte Friedensbedingungen auferlegt. Im Vertrag von Saint-Germain-en-Laye musste es die Selbstständigkeit Polens, Ungarns, der Tschechoslowakei und Jugoslawiens anerkennen und verlor Teile Südtirols, Triest und Istrien. Mit der Zerschlagung der Doppelmonarchie schied das Land aus dem Kreis der europäischen Großmächte aus.

Der Weg in den Krieg

Die Weltwirtschaftskrise (1929–1933) erschütterte die nach dem Ersten Weltkrieg (1914–1918) errichtete Weltordnung. Die besiegten oder im Sieg zu kurz gekommenen Mächte Deutschland, Italien und Japan strebten die Revision dieser Ordnung an. Die Nationalsozialisten unter Hitler etablierten in Deutschland eine Führerdiktatur und entfesselten mit ihrer Expansionspolitik den Zweiten Weltkrieg, der als blutigster Waffengang aller Zeiten in die Geschichte einging.

Auftakt zur Unterdrückung – der **Reichstagsbrand** am 27. Februar 1933 in Berlin.

Der Weg in die Diktatur

Am 30. Januar 1933 ernannte Reichspräsident Paul von Hindenburg Adolf Hitler, dessen Nationalsozialistische Deutsche Arbeiterpartei (NSDAP) bei der Reichstagswahl im November 1932 einen Stimmenanteil von 33,1 Prozent erzielt hatte, zum Reichskanzler. Als Vorsitzender der NSDAP trat Hitler an die Spitze eines Kabinetts, in dem zunächst nur zwei weitere Nationalsozialisten saßen. Erfahrene Konservative hatten die Mehrheit in der neuen Regierung und die traditionellen Eliten waren sich sicher, der Emporkömmling Hitler sei damit unter Kontrolle, als Regierungschef werde er bald an den schwierigen wirtschaftlichen und politischen Verhältnissen scheitern. Doch schon wenige Tage nach seiner Ernennung machte der neue Reichskanzler deutlich, wohin die politische Reise gehen sollte: In einer Rede

Aufmarsch der „Sturmabteilungen" (SA) auf dem **„Reichsparteitag des Sieges"** Ende August/Anfang September 1933.

vor Militärs erklärte Hitler am 3. Februar 1933 unmissverständlich, er wolle den Parlamentarismus und die Demokratie in Deutschland abschaffen.

▣ Mit einer Mischung aus scheinbar legalen Maßnahmen und offenen Verstößen gegen geltendes Recht, mit politischer Fantasie und Dreistigkeit, mit Versprechungen und Gewalt gingen die Nationalsozialisten schon in den ersten Wochen nach der „Machtergreifung" daran, ihr Ziel einer Einparteien- und Führerdiktatur zu verwirklichen. Sie erreichten die Auflösung des Reichstags und konnten im anschließenden Wahlkampf alle Mittel des Staates für ihre Parteizwecke in Anspruch nehmen. Sie schränkten die Pressefreiheit ein und setzten nach dem Brand des Reichstags am 27. Februar 1933 die Grundrechte außer Kraft. Der Reichstagsbrand musste als „Fanal" eines angeblich bevorstehenden Aufstands der Kommunisten herhalten und diente den Nationalsozialisten als Vorwand für Propaganda- und Vergeltungsaktionen gegen die Kommunistische Partei (KPD), gegen die Sozialdemokratische Partei (SPD) und politische Gegner aller Schattierungen.

Otto Wels – hier bei einer Rede in Berlin – begründete vor dem Reichstag die Ablehnung des „Ermächtigungsgesetzes" durch die SPD.

▣ Das „Ermächtigungsgesetz" vom 24. März 1933 war ein weiterer entscheidender Schritt auf dem Weg in die Diktatur. Es erlaubte der Reichsregierung, Gesetze ohne die Zustimmung von Reichstag und Reichsrat sowie die Gegenzeichnung des

Panzerparade auf dem „Reichsparteitag der Ehre" 1936 in Nürnberg. Bei diesen Massen- und Propagandaveranstaltungen mit bis zu 500 000 Teilnehmern, die von 1933 bis 1938 jährlich stattfanden und unter einen programmatischen Titel gestellt waren, sollte die Identifikation des Volks mit der Führung gestärkt werden.

Ihre Politik stellten die Nationalsozialisten unter das Zeichen des **Hakenkreuzes** – Symbol der angenommenen Rasse von Ariern. Im Bild Adolf Hitler bei einer Rede in München.

Reichspräsidenten zu erlassen. Die Abstimmung über dieses Gesetz erfolgte unter nicht legalen Umständen, denn alle Reichstagsabgeordneten der KPD und auch eine Reihe von Vertretern der SPD saßen in Haft oder waren geflohen. Lediglich die verbliebenen Sozialdemokraten stimmten gegen das Gesetz. Bis Juli 1933 wurden alle Parteien außer der NSDAP verboten oder lösten sich selbst auf. Die „Säuberung" des Beamtenapparats und der Justiz von Demokraten und Juden sicherte die Dominanz von Parteigängern und Sympathisanten der Nationalsozialisten in der Verwaltung. Die traditionell recht selbstständigen Länder wurden durch administrative Maßnahmen, aber auch gewaltsame Aktionen „gleichgeschaltet", das heißt auf NS-Kurs gebracht. Sogenannte Reichsstatthalter führten fortan die Länder.

▣ Die uniformierte und bewaffnete Kampftruppe der NSDAP, die SA (Sturmabteilung), hatte als wichtigstes Terrorinstrument im Saal- und Straßenkampf einen großen Teil zur „Machtergreifung" des neuen Regimes beigetragen. Als Massenorganisation mit rund 700 000 Mitgliedern (1933) und zunehmend eigenmächtigen Aktionen ihres Chefs Ernst Röhm geriet die SA zu einem mit der Parteiführung rivalisierenden Machtfaktor innerhalb der Partei. In einer dreitägigen Mordaktion ab dem 30. Juni 1934 schaltete Hitler den Rivalen aus. Unter dem Vorwand einer angeblichen Verschwörung wurde in der „Nacht der langen Messer" – von Hitler persönlich geleitet, von SS sowie Gestapo durchgeführt und von der Reichswehr unterstützt – die SA-Führung verhaftet und erschossen. Auch missliebige Konservative und sonstige Gegner, insgesamt knapp 100 Personen, fielen der Aktion zum Opfer.

▣ Nach dem Tod von Reichspräsident Hindenburg am 2. August 1934 wurde das Amt des Reichspräsidenten mit

dem des Reichskanzlers vereinigt, Hitler trug nun den Titel „Führer und Reichskanzler". Die Reichswehr, die sich schon beim Schlag gegen die SA zum Komplizen Hitlers gemacht hatte, unterwarf sich dem neuen „Führer" durch einen Treueid. Damit war auch die letzte verfassungsmäßige Institution, die Hitlers Macht und Stellung hätte beschränken können, vom neuen Regime vereinnahmt. Mit der Ausschaltung innenpolitischer und innerparteilicher Gegner und der „Gleichschaltung" von Ländern, Verbänden und Vereinen hatten die Nationalsozialisten im Sommer 1934 ihre Macht etabliert und die totalitäre Führerdiktatur durchgesetzt. Auf dem Reichsparteitag der NSDAP im September 1934 verkündete Adolf Hitler den Abschluss der „nationalsozialistischen Revolution".

▣ Viele Deutsche verbanden mit der von Hitler propagierten Revolution die Hoffnung auf Überwindung von Arbeitslosigkeit und sozialer Not als Folgen der Weltwirtschaftskrise. Die schnellen Erfolge, die das Regime vor allem bei der Bekämpfung der Arbeitslosigkeit aufweisen konnte, verschafften den neuen Machthabern bald weitgehende Akzeptanz in der Bevölkerung. Waren 1933 noch fast fünf Millionen Menschen ohne Arbeit registriert, ging ihre Zahl bis 1935 auf gut zwei Millionen zurück und fiel schon 1937 unter eine Million. Dass vor allem umfassende Arbeitsbeschaffungsmaßnahmen und Rüstungsprogramme, die der Vorbereitung des Kriegs dienten, für diese Entwicklung verantwortlich waren, blieb den Menschen verborgen oder

Adolf Hitler

BIOGRAFIE

Adolf Hitler wurde am 20. April 1889 in Braunau am Inn geboren. Er besuchte die Realschule, die er 1905 ohne Abschluss verließ.
1907 ging er nach Wien, scheiterte aber in dem Bemühen, Künstler zu werden. In Wien entwickelte er sein extremes Weltbild. 1914 zog er nach München; bei Kriegsausbruch trat er 1914 der bayerischen Armee bei.
1921 wurde er zum Vorsitzenden der NSDAP gewählt, die damals eine Splitterpartei war.
1923 unternahm er einen Putsch zum Sturz der Regierung, 1924 wurde er dafür zu mehreren Jahren Festungshaft verurteilt. Während der Haft verfasste er seine programmatische Schrift „Mein Kampf".
1929 begann der rasante Aufstieg Hitlers und seiner Partei. 1933 zum Reichskanzler ernannt, errichtete Hitler die NS-Diktatur, entfesselte ab 1939 den Zweiten Weltkrieg und setzte eine beispiellose Vernichtungsmaschinerie in Gang. Als der Krieg verloren war, beging Hitler am 30. April 1945 in Berlin Selbstmord.

interessierte sie nicht. Eine allgegenwärtige Propaganda verbreitete das Bild einer ausschließlich am Wohl der breiten Bevölkerung interessierten Regierung; Freizeitorganisationen wie die NS-Gemeinschaft „Kraft durch Freude" (KdF) und Nothilfeaktionen wie das „Winterhilfswerk" waren sehr populär und erreichten so auch ihren eigentlichen Zweck, alle gesellschaftlichen Bereiche mit der NS-Ideologie zu durchdringen.

Ideologie und Umsetzung

▣ Diese Ideologie, die nationalsozialistische Weltanschauung, hatte Hitler in seinem Buch „Mein Kampf" bereits Mitte der 1920er-Jahre im Wesentlichen dargelegt. In ihrem Zentrum standen ein radikaler, rassistisch begründeter Antisemitismus, der rückhaltlose Kampf gegen den Bolschewismus sowie die Eroberung von „Lebensraum" im Osten durch die Zerschlagung der Sowjetunion. Gewalt und Krieg galten ihm dabei ausdrücklich als notwendige und legitime Mittel, um das Endziel der Weltherrschaft seines „Herrenvolks" zu erreichen. Der Hass und die Gewaltbereitschaft, die in dieser programmatischen Schrift in jeder Zeile zutage treten, mussten das Schlimmste für den Fall ahnen lassen, dass Hitler über die Macht verfügte, der Ankündigung Taten folgen zu lassen. Die Gegner des Regimes bekamen das bald am eigenen Leib zu spüren: Seit dem Frühjahr 1933 waren überall im Reich Lager, Haft- und Verfolgungsstätten als Orte der Internierung tatsächlicher oder vermeintlicher Gegner entstanden, in denen im Juli bereits an die 30 000 Gefangene drangsaliert und gedemütigt wurden. Von 1935 an entwickelte sich aus

Bereits kurz nach der „Machtergreifung" begann die **Verfolgung der Juden**. Dieses Foto, das den Boykott jüdischer Geschäfte illustriert, wurde am 1. April 1933 aufgenommen.

Hitlers Schrift **„Mein Kampf"** in der prunkvollen „Königsberger Bernsteinausgabe".

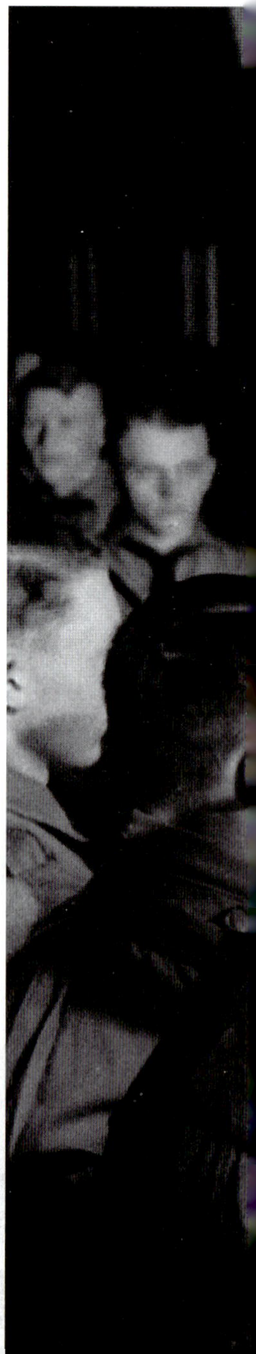

Weit über 90 Prozent aller Jugendlichen traten der nationalsozialistschen Jugendorganisation **Hitlerjugend** bei. Im Bild ein Jugendlicher, der aus Hitlers „Mein Kampf" vorliest.

Das Bemühen, die Gesellschaft gleichzuschalten, machte vor der Freizeit der Menschen nicht Halt. Ein Instrument dafür war die Organisation **„Kraft durch Freude"** (KdF), die unter anderem der größte Reiseveranstalter im Dritten Reich war.

diesen zumeist „wilden" Lagern das streng organisierte System der „Konzentrationslager", das zum Symbol der Unmenschlichkeit des Nationalsozialismus wurde.

▣ Auch die Verfolgung der Juden setzte gleich nach der Machtübernahme ein: Mit Aktionen wie dem organisierten Boykott jüdischer Geschäfte vom 1. April 1933, mit einschlägigen Gesetzen und selektivem Terror begann der Prozess der Entrechtung, Isolierung und Unterdrückung, der dann während des Kriegs in die „Endlösung", also in systematischen Massenmord, überging.

▣ Zeigte das NS-Regime in der Innenpolitik von Beginn an sein wahres Gesicht, agierte es außenpolitisch in den ersten Jahren der Herrschaft vorsichtiger und verschleierte seine

Luftaufnahme der spanischen Stadt **Guernica** nach dem Bombardement durch die „Legion Condor" am 26. April 1937. Die deutsche Luftwaffe nutzte den Spanischen Bürgerkrieg, um Erfahrungen im Flächenbombardement zu machen.

Die **Goldmedaille** der XI. Olympischen Spiele in Berlin.

tatsächlichen Ziele. Um der drohenden außenpolitischen Isolierung zu entgehen, bekundete Hitler, bestehende Verträge zu achten, und erging sich in Friedensbeteuerungen. Geradezu sensationell erschien in dieser Hinsicht der im Januar 1934 geschlossene Nichtangriffspakt mit Polen, dem ungeliebten Nachbarn im Osten, den nahezu alle Beobachter als das erste zukünftige Opfer des nationalsozialistischen Deutschland ausgemacht hatten.

▣ Von 1935 an legte das Regime die Zurückhaltung nach außen jedoch mehr und mehr ab: Im März 1935 verkündete Hitler die Wiedereinführung der Wehrpflicht, ein Jahr später ließ er das entmilitarisierte Rheinland besetzen. Beide Aktionen verstießen eklatant gegen geltende internationale Verträge. Die demokratischen Staaten des Westens protestierten aber nur verhalten. Und mit der gigantischen Inszenierung der Olympischen Sommerspiele im Sommer 1936 in Berlin als „Völkerfest des Friedens" gewann Deutschland sogar an internationaler Reputation.

▣ Mit wenig Erfolg hatte Hitler seit dem Machtantritt um die Gunst seines Idols Benito Mussolini geworben, des faschistischen „Duce" Italiens. Erst als Mussolini einen Partner und Verbündeten suchte, um seine Expansionspläne umzusetzen, fanden die beiden in der „Achse Berlin-Rom" zueinander, die ab Herbst 1936 propagiert und 1939 zum militärischen Bündnis „Stahlpakt" erhoben wurde. Im Spanischen Bürgerkrieg (1936–1939) fanden die beiden Diktaturen bald ein Feld gemeinsamer Intervention: Im „Kampf gegen den Bolschewismus" unterstützten sie den Aufstand General Francos gegen die Republik. In Spanien sollte die neue deutsche Luftwaffe Kampfpraxis erhalten. In verheerenden Angriffen sammelte sie Erfahrungen im Flächenbombardement, am bekanntesten wurde die Zerstörung der Stadt Guernica im April 1937.

Das **Werbeplakat** zu den Olympischen Spielen 1936 verbindet die olympische Idee – dargestellt durch olympische Ringe und Lorbeerkranz – mit deutscher nationaler Symbolik (Quadriga). Hitler gab die Devise aus, alles zu tun, um die Spiele zu einem Erfolg zu machen.

In einer geradezu prophetischen Karikatur zeigt das Titelblatt des französischen Magazins „Le Rire" vom 28. April 1939 **Hitler und Mussolini** als Sämänner, die Panzer, Granaten und Bomben säen, und fragt: „Was wird die Ernte sein?"

Auch für Österreich hatte die deutsch-italienische Annäherung negative Konsequenzen. Hatte Mussolini zuvor Italiens Rolle als Schutzmacht Österreichs bei jeder Gelegenheit bekräftigt, so signalisierte er nun, dass er deutschen Einfluss auf die Alpenrepublik tolerieren werde. Damit war für Hitler die Grundlage geschaffen, sein Geburtsland „heim ins Reich" zu holen.

Der „Anschluss" Österreichs

Auch in Österreich regierte seit 1933 ein autoritäres Regime, zunächst unter Leitung des christlich-sozialen Bundeskanzlers Engelbert Dollfuß. Er schaltete das Parlament aus und verbot die nationalsozialistische wie auch die kommunistische Partei. Als „überparteiliche" politische Organisation gründete er die „Vaterländische Front" als Sammelbecken aller „regierungstreuen" Österreicher. Die Diskriminierung von Juden war fester Bestandteil dieser speziellen politischen Ordnung, die gemeinhin als Austrofaschismus bezeichnet wird. Die österreichischen Nationalsozialisten blieben trotz Verbots aktiv und gewalttätig: Ein Putschversuch im Juli 1934 misslang jedoch, weil die von Deutschland erwartete Unterstützung ausblieb. Er endete mit der Ermordung des Bundeskanzlers durch einen SA-Mann. Dollfuß' Nachfolger

Zwei Tage nach dem **„Anschluss" Österreichs** besuchte Adolf Hitler das Land. Auf dem Heldenplatz in Wien hielt der deutsche Reichskanzler am 15. März eine Rede.

Kurt Schuschnigg hoffte vor allem auf die Unterstützung Italiens, um die Unabhängigkeit des Landes zu gewährleisten, geriet aber in Folge der Ausbildung der deutsch-italienischen „Achse" in eine immer hilflosere Situation.

▣ Als Hitler Mussolini auf seiner Seite wusste, verschärfte er den Ton und die Forderungen gegenüber Österreich: Am 12. Februar 1938 zitierte er Schuschnigg nach Bayern und verlangte die Aufhebung des Parteiverbots gegen die österreichischen Nationalsozialisten und ihre verstärkte Einbindung in die Regierung, andernfalls würde die Wehrmacht einmarschieren. Der Bundeskanzler sah keine andere Möglichkeit, als sich den Drohungen Hitlers zu beugen, und ernannte den Nationalsozialisten Arthur Seyß-Inquart zum Innenminister. Um die Machtübernahme der Nationalsozialisten zu verhindern, setzte Schuschnigg für den 13. März

Große Teile der österreichischen Bevölkerung begrüßten den „Anschluss" ihres Landes ans Deutsche Reich. Das Foto zeigt Mitglieder der **österreichischen Hitlerjugend** am 12. März 1938 bei einem Marsch durch Wien.

Am 12. März 1938 marschierte die deutsche Wehrmacht in Österreich ein. Das Foto zeigt den von der Bevölkerung begeistert gefeierten **Einmarsch der 1. Gebirgsdivision** in Seefeld, Tirol.

Goldenes Ehrenzeichen Mit Auszeichnungen wie dem „Goldenen Ehrenzeichen" der NSDAP wurden verdiente Parteimitglieder dekoriert.

eine Volksabstimmung über die Unabhängigkeit Österreichs an. Hitler befürchtete offenbar ein mehrheitliches Bekenntnis der Österreicher zu ihrer Unabhängigkeit. Denn nachdem er sich versichert hatte, dass weder Italien noch Großbritannien gegen die Annexion Österreichs durch das Deutsche Reich einschreiten würde, ordnete er die Mobilmachung an und erzwang am 11. März den Rücktritt Schuschniggs zugunsten Seyß-Inquarts.

▣ Am 12. März 1938 marschierten deutsche Truppen über die österreichische Grenze, stießen auf keinen militärischen Widerstand und wurden von der Bevölkerung begeistert empfangen. Noch am selben Abend hielt auch Hitler Einzug: In seiner Heimatstadt Linz traf er sich mit Seyß-Inquart und verabredete entgegen früheren Planungen den sofortigen politischen Vollzug der Annexion. Schon am folgenden Tag, Sonntag, den 13. März 1938, verkündete Seyß-Inquart den „Anschluss Österreichs an das Deutsche Reich" und damit das staatsrechtliche Ende der Republik Österreich.

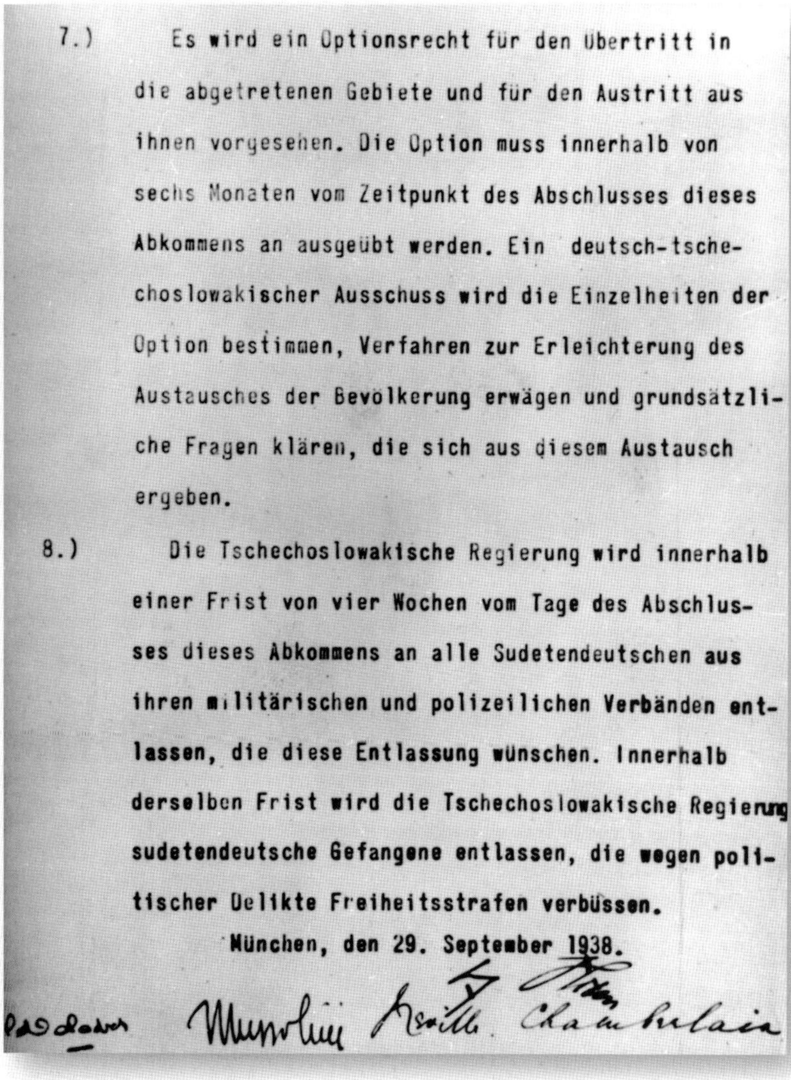

7.) Es wird ein Optionsrecht für den Übertritt in die abgetretenen Gebiete und für den Austritt aus ihnen vorgesehen. Die Option muss innerhalb von sechs Monaten vom Zeitpunkt des Abschlusses dieses Abkommens an ausgeübt werden. Ein deutsch-tschechoslowakischer Ausschuss wird die Einzelheiten der Option bestimmen, Verfahren zur Erleichterung des Austausches der Bevölkerung erwägen und grundsätzliche Fragen klären, die sich aus diesem Austausch ergeben.

8.) Die Tschechoslowakische Regierung wird innerhalb einer Frist von vier Wochen vom Tage des Abschlusses dieses Abkommens an alle Sudetendeutschen aus ihren militärischen und polizeilichen Verbänden entlassen, die diese Entlassung wünschen. Innerhalb derselben Frist wird die Tschechoslowakische Regierung sudetendeutsche Gefangene entlassen, die wegen politischer Delikte Freiheitsstrafen verbüssen.

München, den 29. September 1938.

Mit dem **Münchener Abkommen** wurde die Tschechoslowakei im September 1938 zerschlagen. Die Abbildung zeigt die Unterschriften von Benito Mussolini, Neville Chamberlain, Adolf Hitler und dem französischen Premierminister Edouard Daladier auf dem Dokument.

▣ Auf dem Heldenplatz in Wien nahm Hitler am 15. März die Ovationen von Zehntausenden Österreichern entgegen, als er davon sprach, „dieses wunderschöne deutsche Land" nunmehr zu einer „Trutzburg nationalsozialistischer Gesinnung" zu entwickeln. Reichsstatthalter der „Ostmark", wie Österreich nun hieß, wurde Seyß-Inquart, der innerhalb kürzester Zeit begann, die in Deutschland umgesetzten Maßnahmen zur Umgestaltung von Staat und Gesellschaft auf Österreich zu übertragen. Erste Leidtragende waren die österreichischen, vor allem die Wiener Juden. Unter dem Beifall Schaulustiger wurden sie öffentlich gedemütigt und misshandelt. Bereits in den ersten Tagen nach der Annexion inhaftierten die Machthaber über 70 000 Menschen: Juden, linke Politiker und Gewerkschaftler, Intellektuelle sowie Repräsentanten des untergegangenen Staates.

▣ Mit der Einverleibung Österreichs hatte Deutschland den Schritt zur offenen Annexionspolitik vollzogen. Die Expansionsgelüste des nunmehr „Großdeutschen Reichs" und seiner Führung waren damit aber nicht gestillt. Der blitzartige Erfolg und das laue Echo, das der Gewaltakt gegen einen souveränen Staat im Ausland zur Folge hatte, bestärkten Hitler, sein nächstes territoriales Ziel in Angriff zu nehmen.

Die Zerschlagung der Tschechoslowakei

▣ Im November 1937 hatte Hitler den Spitzen der Wehrmacht seine militärischen Pläne erläutert und dabei neben Österreich auch die Tschechoslowakei als Objekt einer ersten Expansionsphase herausgestellt. In dem demokratischen Nachbarstaat, der erst nach dem Ersten Weltkrieg in Folge des Zerfalls der Habsburgermonarchie entstanden war, lebte eine deutsche Minderheit von über drei Millionen Menschen, die Sudetendeutschen. Im März 1939 ermunterte Hitler deren politischen Führer, Konrad Henlein, zu unerfüllbaren Autonomieforderungen an die Prager Regierung. Unter großem Propagandaaufwand wurde die „Sudetenkrise" bewusst verschärft und in der ultimativen Forderung nach Abtretung der Sudetengebiete, etwa 20 Prozent des Staatsterritoriums, an das Deutsche Reich auf die Spitze getrieben. Um den drohenden militärischen Schlag abzuwenden, schaltete sich der britische Premierminister Chamberlain ein: Von der Regierung in Prag erzwang er die Zustimmung zur Abtretung des Sudetenlands bei gleichzeitiger Garantie Großbritanniens und Frankreichs für den Bestand des Reststaats. Im Münchener Abkommen vom 30. September 1938 wurde diese Übereinkunft von Deutschland, Großbritannien und Frankreich besiegelt. Hitler erklärte, keine weiteren territorialen Ansprüche zu haben. Am 1. Oktober 1938 besetzten deutsche Truppen die Sudetengebiete.

▣ Der Glaube Großbritanniens und Frankreichs, Deutschland mit diesem Entgegenkommen befriedet zu haben, erwies sich sehr bald als trügerisch. Seit Oktober 1938 stand die Wehrmacht für den „Fall Grün" bereit, die Zerschlagung der „Resttschechei". Als sich die Slowakei unter Druck des Deutschen Reiches am 14. März 1939 aus dem tschechoslowakischen Staatsverband löste und die Rolle eines dem deutschen Einfluss ausgelieferten „Schutzstaats" einnahm,

Ein Grenzpfahl zwischen dem Deutschen Reich und dem **Sudetenland** wird demontiert. Foto vom 1. Oktober 1938.

Entgegen den Bestimmungen des Münchener Abkommens besetzte die deutsche Wehrmacht am 15. März 1939 die „Resttschechei". Das Foto zeigt deutsche Infanterie bei der **Besetzung der Prager Burg.**

- - - - Grenzverlauf 1939

IIIIIIIIII Deutsch-Sowjetische Interessengrenze

Deutsches Reich und annektierte/besetzte Gebiete

Freie Stadt Danzig

Vorstoß deutscher Truppen

neutrale Staaten

Zunächst verfolgte die **NS-Außenpolitik** das Ziel, die mit dem Ende des Ersten Weltkriegs entstandenen Gebietsverluste zu revidieren – das Rheinland wurde besetzt, das Saargebiet an Deutschland zurückgegeben. 1938 folgten der „Anschluss" Österreichs sowie die Besetzung des Sudetenlands und der Einmarsch in die Tschechoslowakei. Im Hitler-Stalin-Pakt wurde die Aufteilung Polens beschlossen.

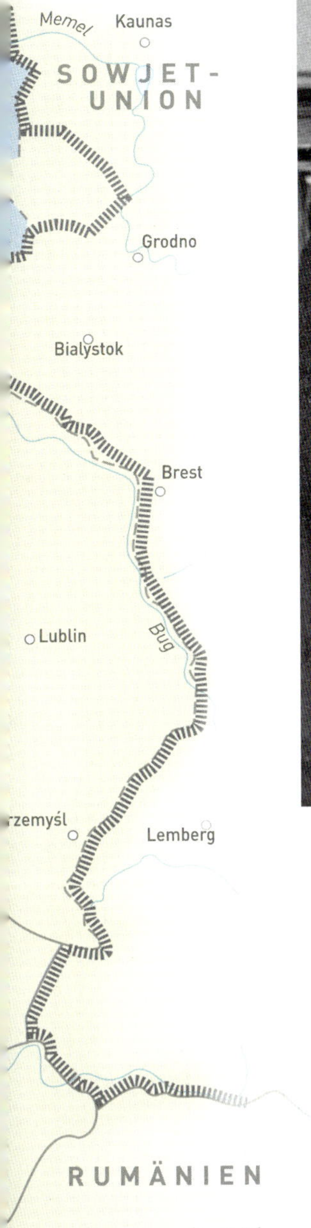

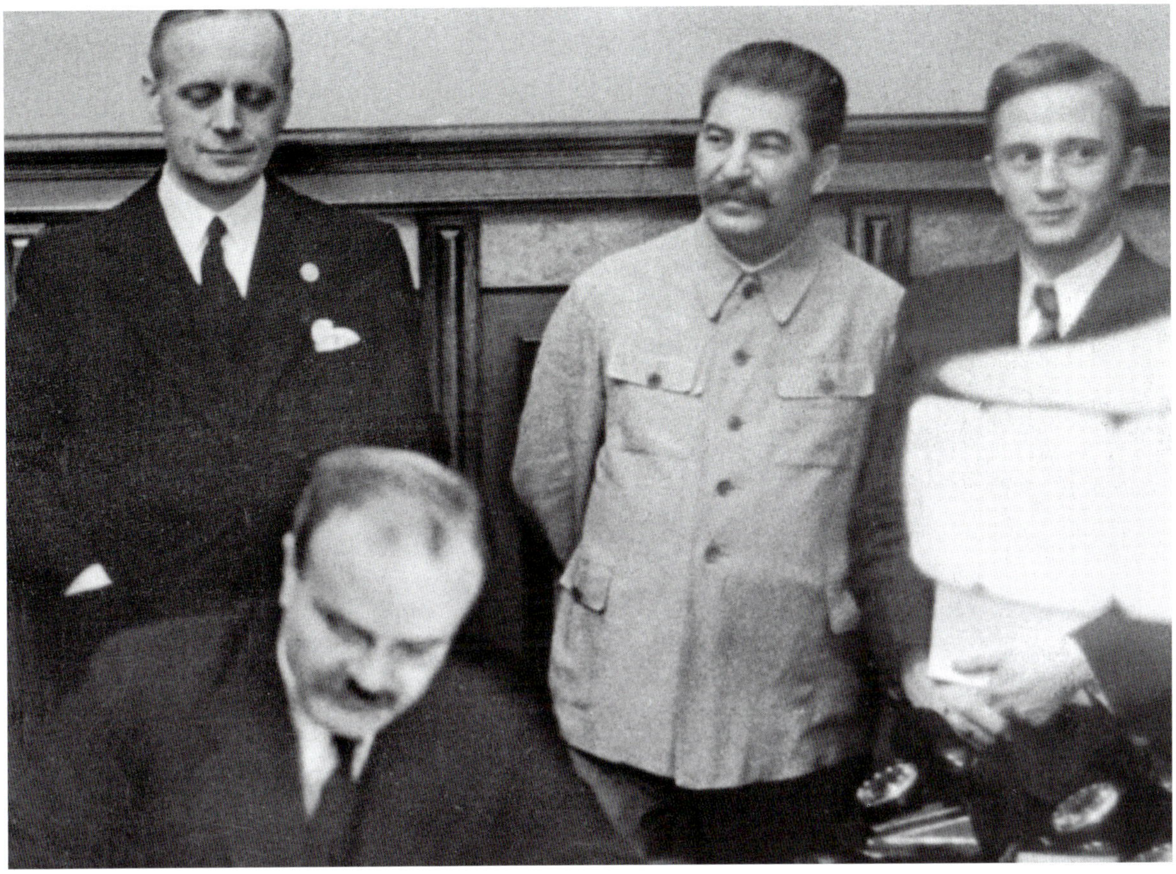

Der Deutsch-Sowjetische Nichtangriffsvertrag vom 23. August 1939 ist als **„Hitler-Stalin-Pakt"** in die Geschichte eingegangen. Das Foto zeigt (v. l. n. r.) Reichsaußenminister Joachim von Ribbentrop, den sowjetischen Außenminister Wjatscheslaw Molotow und Jossif Stalin bei der Unterzeichnung des Vertrags.

besetzte die Wehrmacht am folgenden Tag das verbliebene tschechische Gebiet. Als „Reichsprotektorat Böhmen und Mähren" wurde es dem Deutschen Reich eingegliedert. Hitler hatte seine Pläne damit restlos verwirklicht, aber endgültig das Vertrauen Englands und Frankreichs verloren. Beide Staaten gaben nun eine Garantieerklärung für den Fall eines deutschen Angriffs auf Polen ab.

Der Hitler-Stalin-Pakt

■ Die Nachricht vom Abschluss des Deutsch-Sowjetischen Nichtangriffspakts, der im August 1939 in Moskau unterzeichnet wurde, löste in allen politischen Lagern größtes Erstaunen aus, stand er doch in krassem Gegensatz zu Hitlers stets mit Fanatismus vertretener antibolschewistischer Grundhaltung. An dieser Haltung hatte sich auch nichts geändert: Dass mit der Sowjetunion irgendwann eine entscheidende Auseinandersetzung geführt werden müsse, stand für Hitler zu allen Zeiten fest, aber in der gegebenen politischen Situation heiligte – für ihn wie auch für den sowjetischen Diktator Stalin – der Zweck die Mittel. Um sich Polen einzuverleiben, brauchte Deutschland entweder im Westen oder aber im Osten freie Hand, für einen Zweifrontenkrieg war die Zeit noch nicht reif. Da ein Bündnis mit Großbritannien nicht mehr infrage kam, verbündete Hitler sich mit der Sowjetunion. In einem geheimen Zusatzprotokoll legten die beiden Diktaturen fest, wie die polnische Beute zu teilen sei, und steckten ihre Interessensphären in Osteuropa ab. Der Weg für einen Krieg gegen Polen war damit frei. Und es war durchaus fraglich, ob Großbritannien und Frankreich wegen Polen in einen Krieg gegen das nun mit der Sowjetunion verbündete Deutschland eintreten würden.

Der Auftakt – Überfall auf Polen

Der Zweite Weltkrieg begann in Europa mit dem deutschen Einmarsch in Polen. Die Frage, die Hitler dabei zunächst am meisten bewegte, war die nach der Reaktion Großbritanniens und Frankreichs: Würden die beiden Westmächte auch diesen Schlag tatenlos hinnehmen oder ihre Beistandsverpflichtung gegenüber Polen erfüllen? Für die polnische Bevölkerung begann mit dem Überfall der Wehrmacht eine Zeit grenzenlosen Leides.

Die letzten Friedenstage

Im August 1939 war die Welt voller Furcht vor einem neuen Krieg. Gerade einmal zwei Jahrzehnte waren seit dem Ende des Ersten Weltkriegs vergangen und die Erinnerung an seine Millionen Toten, an Not und Leid waren noch allzu präsent, als dass – außer bei fanatischen NS-Anhängern – Kriegsbegeisterung in der Bevölkerung hätte aufkommen können. Die Stimmung war düster. Gebannt und besorgt saßen die Menschen vor dem Radio, um die neuesten Nachrichten im Ringen um Krieg und Frieden zu verfolgen. Politiker und Diplomaten warfen alles in die Waagschale, um den gefürchteten Waffengang noch zu verhindern. US-Präsident Franklin D. Roosevelt appellierte ebenso an Hitler wie der polnische Staatspräsident Ignacy Moscicki. Der britische Botschafter bot seine Vermittlung für direkte

Das Foto aus dem Jahr 1939 zeigt den polnischen Staatspräsidenten **Ignacy Moscicki** bei einer Rede. Moscicki bekleidete das Amt des Staatspräsidenten seit Juni 1926. Am 17. September 1939 sah er sich mit seiner Regierung zur Flucht nach Rumänien gezwungen.

Münchener Ausgabe

Münchener Ausgabe
München, Sonntag, 6. August 1939

VÖLKISCHER BEOBACHTER

Kampfblatt der national-sozialistischen Bewegung Großdeutschlands

Warschaus Raubgier durch polnische Agitationskarten bewiesen

Annektionspropaganda mit „historischen" Grenzen
Was Engländern und Franzosen verschwiegen wird

England will sich wieder drücken

Goldene Kugeln

Werbekarte der Nationaldemokraten, in Massenauflage verbreitet

150 Verletzte bei der Londoner Explosion

Über 200 Häuser beschädigt

Im Spätsommer des Jahres 1939 wurde der Ton der nationalsozialistischen **Propaganda** gegenüber Polen immer rauer. Der „Völkische Beobachter" stellte mit seiner Schlagzeile vom 6. August 1939 gar die Möglichkeit einer polnischen Expansion in den Raum.

deutsch-polnische Verhandlungen an, Papst Pius XII. rief über den Rundfunk auf, den Frieden zu bewahren. Selbst Reichsminister Hermann Göring, seinerzeit zweitmächtigster Mann in Deutschland, versuchte, gegen Hitlers Befehl über einen schwedischen Kontaktmann zu vermitteln. Alle diese Bemühungen liefen jedoch ins Leere. Hitler war fest entschlossen, Polen anzugreifen und – zunächst nur bis zur deutsch-sowjetischen Demarkationslinie – dem Deutschen Reich einzuverleiben.

▣ Das Verhältnis Deutschlands zu Polen war seit Ende des Ersten Weltkriegs mit Spannungen und Konflikten behaftet. Die Deutschen empfanden die damals erzwungene Abtretung großer Territorien im Osten an den wiederentstandenen polnischen Staat als schwere Demütigung. Ostpreußen gehörte zwar weiterhin zum Deutschen Reich, war aber durch einen 1919 eingerichteten „Korridor", der Polen den direkten Zugang zur Ostsee sicherte, vom Reichsterritorium abgeschnitten. Die alte Hansestadt Danzig stand als Freie Stadt unter dem Mandat des Völkerbunds. Die Forderung nach Revision der östlichen Grenze war eines der außenpolitischen Hauptziele der Weimarer Republik gewesen. Aus taktischen Gründen hatte Hitler zunächst die Annäherung

SCHLAGWORT

Polnischer Korridor

Die Bildung des Polnischen Korridors, mit dem Polen einen Zugang zur Ostsee erhielt, wurde nach dem Ersten Weltkrieg am 28. Juni 1919 im Vertrag von Versailles beschlossen. Die Übernahme der zuvor deutschen Gebiete durch Polen fand mit Inkrafttreten des Vertrags im Januar 1920 statt. Der Korridor war ein etwa 30 bis 90 Kilometer breiter Landstreifen, der Ostpreußen und die Freie Stadt Danzig vom deutschen Kernland abtrennte. Er bestand aus einem großen Teil der ehemaligen Provinz Westpreußen und Teilen der ebenfalls abgetretenen Provinz Posen. Polen wurde im Versailler Vertrag verpflichtet, den ungehinderten Personen-, Waren-, Post- und Telefonverkehr durch den Korridor zu gewährleisten.

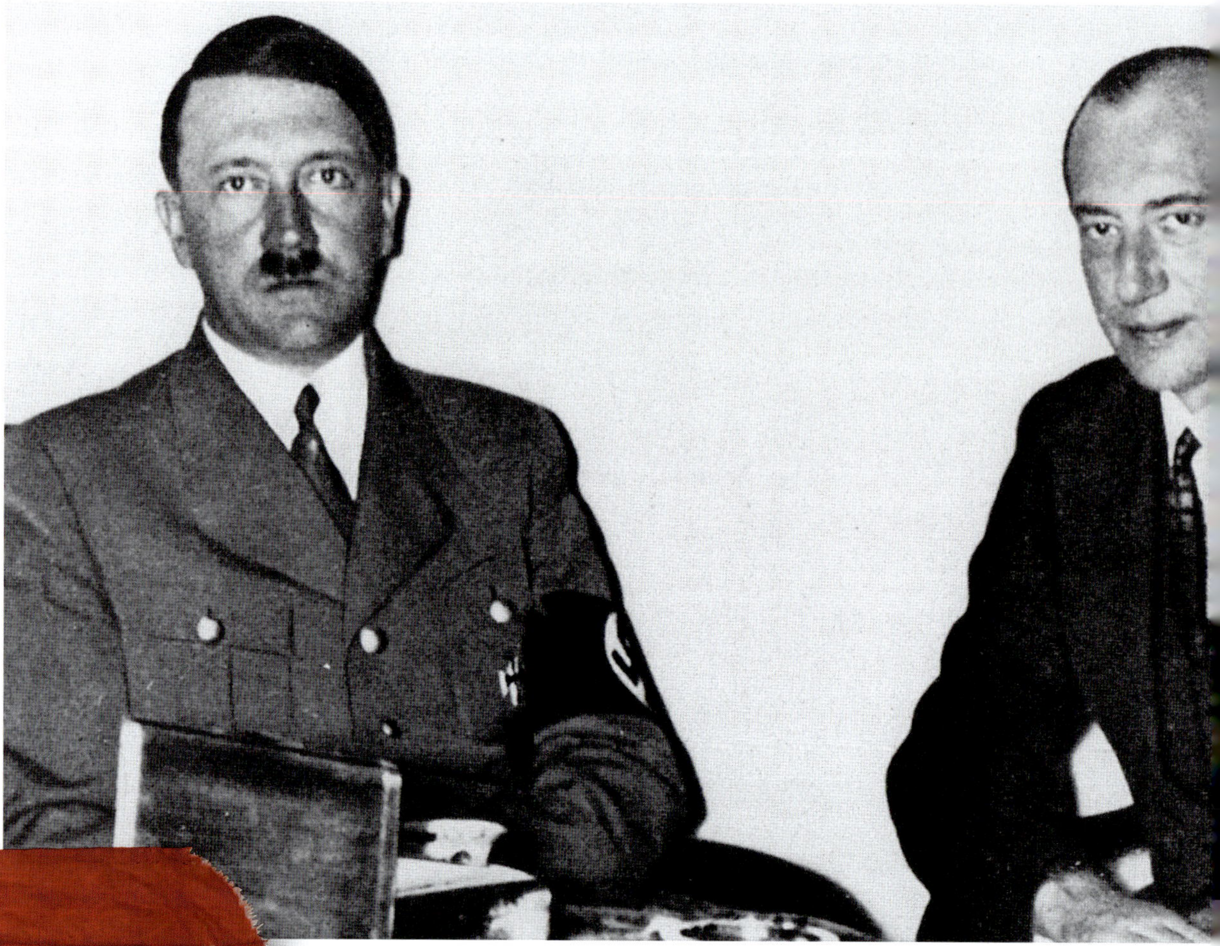

Einer der Interessenkonflikte zwischen Polen und Deutschem Reich war mit der **Freien Stadt Danzig** (links deren Flagge) verbunden, die durch den Polnischen Korridor vom Reichsgebiet getrennt war.

an Polen gesucht: Am 26. Januar 1934 unterzeichneten die beiden Staaten einen Nichtangriffspakt, der aber keinen Verzicht auf Gebietsansprüche von deutscher Seite enthielt. 1935 sprach Hitler gegenüber Göring sogar von der Möglichkeit einer gemeinsamen deutsch-polnischen Front gegen die Sowjetunion. Als jedoch die deutsche Wiederaufrüstung fortgeschritten und auch die Annexion Österreichs bereits vollzogen war, wandelten sich Haltung und Ton gegenüber dem ungeliebten Nachbarn im Osten dramatisch: Im März 1939 verlangte Hitler die Rückgabe Danzigs und Zugeständnisse im Korridor in Form einer exterritorialen Eisen- und Autobahnlinie. Am 3. April 1939 gab er Weisung zur Vorbereitung des Krieges, Ende des Monats kündigte er den Nichtangriffspakt. Den Oberbefehlshabern der Wehrmacht erläuterte Hitler, mit der Unterwerfung Polens solle „Lebensraum im Osten“ gewonnen werden.

▣ Am 23. August, dem Tag, an dem in Moskau der Deutsch-Sowjetische Nichtangriffspakt unterzeichnet wurde, legte Hitler den 26. August als Tag des Angriffs gegen Polen fest. Seine Hoffnung, dass Frankreich und Großbritannien diesen militärischen Schlag hinnehmen würden, erwies sich bald als trügerisch. Am 25. August schlossen Großbritannien und Polen einen Beistandspakt und am selben Tag teilte zudem Mussolini dem „Führer“ mit, dass das verbündete Italien nicht kriegsbereit sei. Hitler zog den Angriffsbefehl

Noch 1935 konnte sich Hitler sogar eine **Kooperation mit Polen** vorstellen. Am 3. Juli 1935 empfing er (links) den polnischen Außenminister Oberst Jozef Beck zu einem Meinungsaustausch in der Reichskanzlei.

daraufhin zurück und startete diplomatische Aktivitäten, um Großbritannien doch noch zu bewegen, sich aus dem bevorstehenden militärischen Konflikt herauszuhalten. Die englische Regierung selbst war bis zuletzt bemüht, Deutschland und Polen an den Verhandlungstisch zu bringen. Am 29. August erklärte Hitler sich dazu bereit und forderte die Entsendung eines bevollmächtigten polnischen Unterhändlers nach Berlin für den nächsten Tag. Auch Polen gab dem Drängen Londons nach, ließ dem deutschen Außenminister Joachim von Ribbentrop über seinen Botschafter in Berlin jedoch lediglich mitteilen, die englische Anregung zu Gesprächen „in günstigem Sinne“ prüfen zu wollen.

▣ Die Halbherzigkeit dieser gegenseitigen Annäherungsversuche rührte auch daher, dass eine diplomatische Lösung für beide Seiten mit unerwünschten Folgen verbunden gewesen wäre: Für Polen hätte sie politische Demütigung und territoriale Verluste bedeutet, für Hitler einen Kompromiss, der seinen Plänen einer völligen Unterwerfung des östlichen Nachbarstaats zuwiderlief. Am 31. August gegen 18 Uhr war die letzte Möglichkeit vertan, den Frieden zu retten. Bereits am Mittag dieses letzten Friedenstags und somit vor dem endgültigen Scheitern der diplomatischen Missionen hatte Hitler den „Fall Weiß“, den Angriff auf Polen, für den folgenden Tag befohlen.

Im Rahmen der **britisch-polnischen Beistandsverhandlungen** traf sich der Hauptinspekteur der britischen Überseestreitkräfte, General Edmond Ironside (links), am 19. Juli 1939 in Warschau zu Unterredungen mit dem polnischen Außenminister Jozef Beck.

In einer der **ersten Aktionen** des Zweiten Weltkriegs entfernen deutsche Soldaten einen Schlagbaum an der deutsch-polnischen Grenze.

Die ersten Schüsse

■ Im Morgengrauen des 1. September 1939, um exakt 4.45 Uhr, fielen ohne jede Kriegserklärung die ersten Schüsse des Zweiten Weltkriegs – abgegeben aus den schweren Geschützen des Linienschiffs „Schleswig-Holstein“ auf ein polnisches Munitionsdepot auf der Westerplatte, einer Halbinsel bei Danzig. Zur gleichen Zeit überschritten deutsche Truppen an zahlreichen Stellen die polnische Grenze. Zwei deutsche Heeresgruppen waren an der Offensive beteiligt: Die Heeresgruppe Nord (630 000 Mann unter Generaloberst Fedor von Bock) hatte die Vorgabe, die Verbindung zwischen dem Reich und Ostpreußen herzustellen und sich mit der 3. Armee aus Ostpreußen und der 4. Armee aus Pommern im Korridor zu vereinen, während die Heeresgruppe Süd (886 000 Soldaten unter Generaloberst Gerd von Rundstedt) von Schlesien und der Slowakei aus Richtung Warschau vorstoßen sollte. Die Luftwaffe begann ihre Angriffe ebenfalls noch in den Morgenstunden des ersten Kriegstags: Die Stadt Wielun, etwa 80 Kilometer südlich von Lodz gelegen, war erstes Ziel systematischer Flächenbombardements und wurde zu 70 Prozent zerstört. In Angriffen auf die Stützpunkte der Luftstreitkräfte schalteten die deutschen Flieger die polnische Luftwaffe bereits am ersten Tag weitgehend aus. Zahlenmäßig zeigte die Truppenstärke insgesamt nur leichte Vorteile für die deutsche Seite, was die Rüstungstechnik und die Beweglichkeit der Verbände anging, war die Wehrmacht jedoch deutlich überlegen. Die weit fortgeschrittene Motorisierung und das effiziente Zusammenspiel von Heer und Luftwaffe waren von Beginn an die entscheidenden Faktoren im Krieg gegen Polen.

■ In Berlin war Hitler unterdessen bemüht, den Überfall als einen Akt der Verteidigung hinzustellen, um die Intervention der Westmächte zu verhindern. Auf Weisung des Propagandaministeriums war die Verwendung des Wortes „Krieg“ im Zusammenhang mit den militärischen Ereignissen in Polen daher zunächst untersagt. In einer vom Rundfunk übertragenen Reichstagsrede am Morgen des 1. September behauptete Hitler, polnische Soldaten hätten in der Nacht zuvor auf deutschem Gebiet geschossen, daher werde nun „zurückgeschossen“, Ziel sei lediglich die Lösung der Probleme, die wegen Danzig und Korridor bestanden, und die

Zunächst verlief der deutsche Vormarsch beinahe reibungslos. Das Foto zeigt Truppen der Wehrmacht auf dem **Vormarsch in Polen.**

„Seit 4 Uhr 45 wird jetzt zurückgeschossen ..." erklärte Adolf Hitler am 1. September 1939 in einer Reichstagsrede und versuchte so, Polen als Aggressor darzustellen.

Marschall **Edward Rydz-Smigly** stand als Oberbefehlshaber an der Spitze der polnischen Streitkräfte.

Herbeiführung des friedlichen Zusammenlebens beider Völker. Bei der angeblich polnischen Aktion auf deutschem Territorium handelte es sich um einen fingierten Überfall auf den deutschen Radiosender Gleiwitz in Oberschlesien, bei dem verkleidete SS-Männer die Radiostation stürmten und einen polnischen Aufstand vorgaben. Auch an der Grenze kam es zur Inszenierung von Überfällen und Feuergefechten durch die SS. Der Aufwand war allerdings vergebens, niemand im Ausland glaubte dieser Darstellung der Ereignisse.

▣ Noch am 1. September machten Großbritannien und Frankreich mobil und drohten mit militärischem Eingreifen zugunsten des verbündeten Polen, falls die deutschen Truppen nicht unverzüglich zurückgezogen würden. Da auf dieses Ultimatum keine Antwort einging, erfolgte zwei Tage später, am 3. September 1939, die Kriegserklärung der beiden europäischen Westmächte an Deutschland. Das Commonwealth (u. a. Kanada, Australien und Neuseeland) schloss sich der Kriegserklärung an und auch der amerikanische Präsident Roosevelt ließ keinen Zweifel daran, dass seine Sympathie den demokratischen Staaten galt. Hitler hatte bis zuletzt nicht mit dieser Reaktion Großbritanniens gerechnet, wütend und besorgt reagierte er auf die Kriegserklärungen. In Polen hingegen lösten sie großen Jubel aus, der aber schon bald wieder verklang, weil der erhoffte militärische Beistand ausblieb. Frankreich war für einen modernen Krieg noch nicht gerüstet und verhielt sich ruhig. Großbritannien verlegte sich vor allem auf Propaganda und flog lediglich einige Angriffe auf deutsche Schiffe in der Nordsee. So stand einem schnellen deutschen Sieg trotz tapferer und verbitterter polnischer Gegenwehr nur wenig im Wege.

Der „Blitzkrieg“

▣ Der deutsche Vormarsch in Polen verlief zügig und weitgehend nach Plan. Die Heeresgruppe Nord stellte schon am 3. September 1939 die erste Landverbindung zwischen dem Reich und Ostpreußen her, im Süden nahm die 14. Armee am 6. September Krakau ein. In einer umfassenden Zangenbewegung stießen die 57 deutschen Divisionen, unterstützt von zwei Luftflotten mit nahezu 2000 Maschinen, gegen die polnische Hauptstadt vor. Nachdem Warschau am 9. September praktisch eingeschlossen war, drangen deutsche Panzer am folgenden Tag erstmals in die Stadt ein, mussten sich nach Verlusten aber wieder zurückziehen. Den sehr beweglichen deutschen Panzerverbänden gelang es wiederholt, in den Rücken polnischer Fronten zu gelangen, sodass der Gegner umfasst und eingekesselt werden konnte. Zwei große Kesselschlachten entschieden den Krieg. Bei Radom, etwa 60 Kilometer südlich der Hauptstadt und noch westlich der Weichsel gelegen, hatten sich sechs Divisionen der polnischen Prusy-Armee gesammelt, die am 11. September zunächst von der deutschen Luftwaffe angegriffen und einen Tag danach von der 10. Armee zur Kapitulation gezwungen wurden. 60 000 polnische Soldaten gerieten in Gefangenschaft. Westlich von Warschau, am Fluss Bzura, gerieten gleich zwei polnische Armeen in die Umkesselung deutscher Verbände. Unterstützt von über 800 Flugzeugen begann am

Hitler lässt sich an der polnischen Front von Generaloberst Wilhelm List (links) über den Verlauf des deutschen Vormarsches unterrichten. Bereits nach 36 Tagen war der **„Blitzkrieg“** in Polen beendet.

Eine deutsche Heinkel wirft ihre Bomben über dem Warschauer Stadtteil Wola ab. Die verheerenden Luftangriffe trugen wesentlich zur **Kapitulation Warschaus** am 27. September 1939 bei.

16. September 1939 der deutsche Großangriff in der größten Schlacht des Krieges in Polen. Nach schweren Verlusten und einem gescheiterten Ausbruchversuch ergaben sich die polnischen Einheiten, 170 000 Soldaten zogen in Gefangenschaft. Damit hatte die polnische Armee die entscheidende Schlacht und ihre schlagkräftigsten Truppen verloren.

Polnische **Kriegsgefangene** auf ihrem Weg ins Gefangenenlager. Etwa 700 000 polnische Soldaten gerieten in deutsche Kriegsgefangenschaft.

▣ Die verbliebenen polnischen Truppen waren hoffnungslos überlastet, zumal Polen seit dem 17. September einen Zweifrontenkrieg führen musste. Denn am frühen Morgen jenes Tages drangen zwei sowjetische Heeresgruppen mit sieben Armeen in Ostpolen ein und stießen nur auf geringen Widerstand. Dieser Einmarsch der Roten Armee vereitelte den Aufbau einer neuen polnischen Verteidigungslinie im Osten des Landes. Noch am selben Abend flohen Staatspräsident Moscicki und die polnische Regierung nach Rumänien. Die deutsche Wehrmacht zog indessen nach dem Sieg an der Bzura den Ring um Warschau immer enger. Vom 25. September an flog die deutsche Luftwaffe drei Tage lang verheerende Attacken auf die Hauptstadt, denen auch etwa 10 000 Zivilisten zum Opfer fielen. Die rund 120 000 Verteidiger Warschaus kapitulierten am 27. September und gerieten ebenfalls in deutsche Gefangenschaft. Als am folgenden Tag auch die erbittert verteidigte Festung Modlin die Waffen streckte, war der Krieg in Polen praktisch beendet. Letzte versprengte Truppen leisteten bei Kock und Lublin noch bis zum 6. Oktober 1939 Widerstand, dann war der „Blitzkrieg" nach 36 Tagen beendet. Die deutschen Verluste bezifferte Hitler in einer Rede vor dem Reichstag auf 10 572 Gefallene und 3409 Vermisste. Die Verluste auf polnischer Seite waren bedeutend höher: Etwa 130 000 Soldaten waren gefallen, an die 700 000 Soldaten in deutsche, 217 000 in sowjetische Kriegsgefangenschaft geraten. Den militärischen Ereignissen waren auch Zehntausende von Zivilisten zum Opfer gefallen, das bei Weitem größere Leid stand der polnischen Zivilbevölkerung allerdings noch bevor. Es begann erst mit der Einrichtung der deutschen Besatzung und Verwaltung.

Die polnische Armee war der deutschen Wehrmacht in vielerlei Hinsicht unterlegen. Das Foto vom September 1939 zeigt **polnische Pioniere,** die in Warschau einen Panzergraben ausheben.

Deutsche Truppen erreichten am 8. September 1939 die westlichen **Vororte von Warschau.** Das Foto zeigt deutsche Infanteriesoldaten, die am Rand der Stadt Schützengräben ausheben.

Die Karte zeigt die wesentlichen **militärischen Vorstöße** im September 1939 **auf polnischem Gebiet.** Während die deutschen Truppen die im Westteil konzentrierten polnischen Verbände rasch besiegten, marschierte die sowjetische Rote Armee am 17. September 1939 in den **Ostteil des Landes ein.**

Mit dem Fall der **Festung Modlin** – das Foto zeigt sie nach der Kapitulation – war der polnische Widerstand fast gänzlich gebrochen.

▣ Gemäß dem geheimen Zusatzprotokoll des Hitler-Stalin-Pakts und einigen später vorgenommenen Modifizierungen teilten Deutschland und die Sowjetunion die polnischen Gebiete nach dem militärischen Erfolg unter sich auf. Der Staat Polen, wie er seit 1921 existiert hatte, war damit zerstört. Die endgültige Demarkationslinie zwischen deutscher und russischer „Interessensphäre" markierte eine Linie, die von der Südspitze Litauens am Bug entlang nach Süden führte und dort dem Lauf des San folgte. Die Gebiete östlich dieser Linie, in weiten Teilen von Ostslawen, Weißrussen und Ukrainern bewohnt, wurden dem sowjetischen Machtbereich eingegliedert. Die westlichen, teilweise von Deutschen besiedelten Territorien wurden als „Warthegau" und „Reichsgau Danzig-Westpreußen" dem Deutschen Reich ebenso angeschlossen wie Teile Schlesiens. Die restlichen Gebiete, darunter Zentralpolen mit Warschau, bildeten seit dem 12. Oktober 1939 das „Generalgouvernement für die besetzten polnischen Gebiete" und unterstanden fortan einem Generalgouverneur.

Im Hitler-Stalin-Pakt wurde eine **Demarkationslinie** festgelegt. Das Foto zeigt einen deutschen und einen sowjetischen Grenzpfahl an dieser Linie, die Polen nun in deutsches und sowjetisches Interessengebiet teilte.

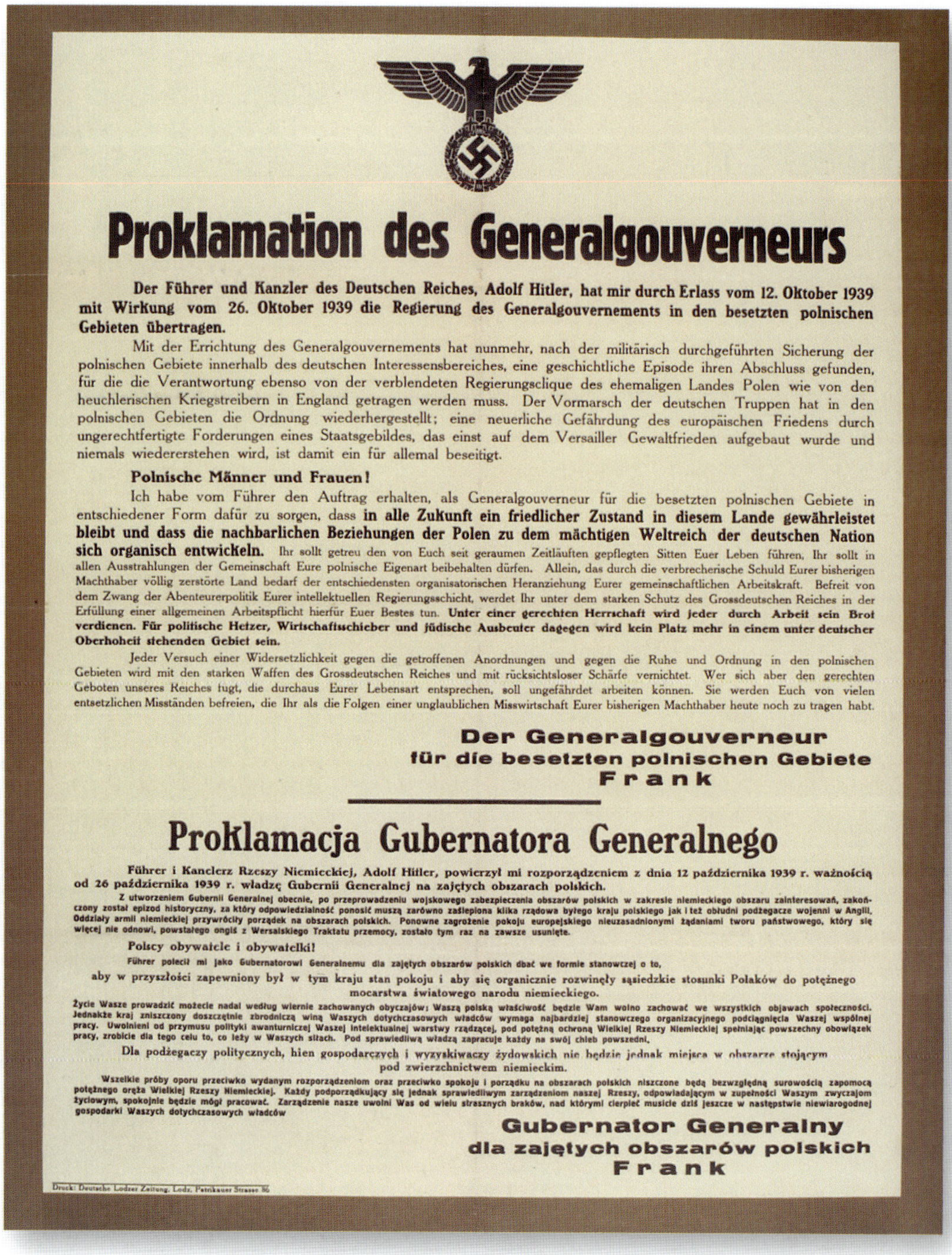

Proklamation des Generalgouverneurs

Der Führer und Kanzler des Deutschen Reiches, Adolf Hitler, hat mir durch Erlass vom 12. Oktober 1939 mit Wirkung vom 26. Oktober 1939 die Regierung des Generalgouvernements in den besetzten polnischen Gebieten übertragen.

Mit der Errichtung des Generalgouvernements hat nunmehr, nach der militärisch durchgeführten Sicherung der polnischen Gebiete innerhalb des deutschen Interessensbereiches, eine geschichtliche Episode ihren Abschluss gefunden, für die die Verantwortung ebenso von der verblendeten Regierungsclique des ehemaligen Landes Polen wie von den heuchlerischen Kriegstreibern in England getragen werden muss. Der Vormarsch der deutschen Truppen hat in den polnischen Gebieten die Ordnung wiederhergestellt; eine neuerliche Gefährdung des europäischen Friedens durch ungerechtfertigte Forderungen eines Staatsgebildes, das einst auf dem Versailler Gewaltfrieden aufgebaut wurde und niemals wiedererstehen wird, ist damit ein für allemal beseitigt.

Polnische Männer und Frauen!

Ich habe vom Führer den Auftrag erhalten, als Generalgouverneur für die besetzten polnischen Gebiete in entschiedener Form dafür zu sorgen, dass **in alle Zukunft ein friedlicher Zustand in diesem Lande gewährleistet bleibt und dass die nachbarlichen Beziehungen der Polen zu dem mächtigen Weltreich der deutschen Nation sich organisch entwickeln.** Ihr sollt getreu den von Euch seit geraumen Zeitläuften gepflegten Sitten Euer Leben führen, Ihr sollt in allen Ausstrahlungen der Gemeinschaft Eure polnische Eigenart beibehalten dürfen. Allein, das durch die verbrecherische Schuld Eurer bisherigen Machthaber völlig zerstörte Land bedarf der entschiedensten organisatorischen Heranziehung Eurer gemeinschaftlichen Arbeitskraft. Befreit von dem Zwang der Abenteurerpolitik Eurer intellektuellen Regierungsschicht, werdet Ihr unter dem starken Schutz des Grossdeutschen Reiches in der Erfüllung einer allgemeinen Arbeitspflicht hierfür Euer Bestes tun. **Unter einer gerechten Herrschaft wird jeder durch Arbeit sein Brot verdienen. Für politische Hetzer, Wirtschaftsschieber und jüdische Ausbeuter dagegen wird kein Platz mehr in einem unter deutscher Oberhoheit stehenden Gebiet sein.**

Jeder Versuch einer Widersetzlichkeit gegen die getroffenen Anordnungen und gegen die Ruhe und Ordnung in den polnischen Gebieten wird mit den starken Waffen des Grossdeutschen Reiches und mit rücksichtsloser Schärfe vernichtet. Wer sich aber den gerechten Geboten unseres Reiches fügt, die durchaus Eurer Lebensart entsprechen, soll ungefährdet arbeiten können. Sie werden Euch von vielen entsetzlichen Misständen befreien, die Ihr als die Folgen einer unglaublichen Misswirtschaft Eurer bisherigen Machthaber heute noch zu tragen habt.

Der Generalgouverneur
für die besetzten polnischen Gebiete
Frank

Proklamacja Gubernatora Generalnego

Führer i Kanclerz Rzeszy Niemieckiej, Adolf Hitler, powierzył mi rozporządzeniem z dnia 12 października 1939 r. ważnością od 26 października 1939 r. władzę Gubernii Generalnej na zajętych obszarach polskich.

Z utworzeniem Gubernii Generalnej obecnie, po przeprowadzeniu wojskowego zabezpieczenia obszarów polskich w zakresie niemieckiego obszaru zainteresowań, zakończony został epizod historyczny, za który odpowiedzialność ponosić muszą zarówno zaślepiona klika rządowa byłego kraju polskiego jak i też obłudni podżegacze wojenni w Anglii. Oddziały armii niemieckiej przywróciły porządek na obszarach polskich. Ponowne zagrożenie pokoju europejskiego nieuzasadnionymi żądaniami tworu państwowego, który się więcej nie odnowi, powstałego ongiś z Wersalskiego Traktatu przemocy, zostało tym raz na zawsze usunięte.

Polscy obywatele i obywatelki!

Führer polecił mi jako Gubernatorowi Generalnemu dla zajętych obszarów polskich dbać we formie stanowczej o to,

aby w przyszłości zapewniony był w tym kraju stan pokoju i aby się organicznie rozwinęły sąsiedzkie stosunki Polaków do potężnego mocarstwa światowego narodu niemieckiego.

Życie Wasze prowadzić możecie nadal według wiernie zachowanych obyczajów; Waszą polską właściwość będzie Wam wolno zachować we wszystkich objawach społeczności. Jednakże kraj zniszczony doszczętnie zbrodniczą winą Waszych dotychczasowych władców wymaga najbardziej stanowczego organizacyjnego podciągnięcia Waszej wspólnej pracy. Uwolnieni od przymusu polityki awanturniczej Waszej intelektualnej warstwy rządzącej, pod potężną ochroną Wielkiej Rzeszy Niemieckiej spełniając powszechny obowiązek pracy, zrobicie dla tego celu to, co leży w Waszych siłach. Pod sprawiedliwą władzą zapracuje każdy na swój chleb powszedni.

Dla podżegaczy politycznych, hien gospodarczych i wyzyskiwaczy żydowskich nie będzie jednak miejsca w obszarze stojącym pod zwierzchnictwem niemieckim.

Wszelkie próby oporu przeciwko wydanym rozporządzeniom oraz przeciwko spokoju i porządku na obszarach polskich niszczone będą bezwzględną surowością zapomocą potężnego oręża Wielkiej Rzeszy Niemieckiej. Każdy podporządkujący się jednak sprawiedliwym zarządzeniom naszej Rzeszy, odpowiadającym w zupełności Waszym zwyczajom życiowym, spokojnie będzie mógł pracować. Zarządzenie nasze uwolni Was od wielu strasznych braków, nad którymi cierpieć musicie dziś jeszcze w następstwie niewiarogodnej gospodarki Waszych dotychczasowych władców

Gubernator Generalny
dla zajętych obszarów polskich
Frank

Druck: Deutsche Lodzer Zeitung, Lodz, Petrikauer Strasse 86

Proklamation des Generalgouverneurs. Im Generalgouvernement Polen wurde Hans Frank, ein langjähriger Gefolgsmann Hitlers, zum obersten Repräsentanten des Deutschen Reichs bestimmt. Die Abbildung zeigt seine erste Proklamation vom 12. Oktober 1939 – einen Aufruf zur Mäusebekämpfung. In der Folgezeit erhielt der überzeugte „Herrenmensch" Frank aufgrund zahlreicher Gräueltaten gegenüber der Zivilbevölkerung die Bezeichnung „Schlächter von Polen".

Das Generalgouvernement

Das Generalgouvernement hatte den Status eines „Nebenlandes" ohne eigene Staatlichkeit. Es lebten dort etwa zwölf Millionen Polen, die nun als staatenlos galten und bald völlig entrechtet waren. Zum Generalgouverneur ernannte Hitler den notorischen Slawen- und Judenhasser Hans Frank, der in Krakau residierte und von Beginn an ein gnadenloses Regime führte. Eine Vorgabe für die Behandlung des unterworfenen Landes hatte Hitler am 6. Oktober 1939 gegeben, als er in einer Reichstagsrede von den Polen als „minderwertiger Rasse" sprach. Die Grundzüge der brutalen Besatzungspolitik im Generalgouvernement lagen in der Vernichtung der polnischen Intelligenz als widerstandsfähigstem Teil der Bevölkerung, in gewaltsamen Umsiedlungen und wirtschaftlicher Ausbeutung sowie der Einrichtung jüdischer Gettos. Für Polen bestand Arbeitspflicht, für Juden Arbeitszwang. Zusätzlich zur Zwangsarbeit vor Ort wurden polnische Arbeiter massenhaft ins Reich deportiert. Das polnische Volk sollte seiner Führungsschicht beraubt werden und nur noch als entrechtete Masse der Besatzungsmacht zur Disposition stehen. Zur Umsetzung dieser Vorgaben stellte Hitler dem Generalgouverneur den Reichsführer SS Heinrich Himmler als „Reichskommissar zur Festigung des deutschen Volkstums" zur Seite. „Einsatzgruppen" aus

Nach der militärischen Niederlage stand der polnischen Zivilbevölkerung ein **langer Leidensweg** bevor. Das Foto zeigt polnische Kinder, die von Fahrgästen in einem vorbeifahrenden Zug Lebensmittel erbetteln.

Mit dem Ende der Kampfhandlungen begann die deutsche **Schreckensherrschaft**: Im Garten des polnischen Parlaments erschießt ein Angehöriger des Sicherheitsdienstes im Oktober 1939 Zivilisten.

Angehörigen der Gestapo, des Sicherheitsdienstes (SD), der SS und der Polizei verrichteten den Großteil der schmutzigen Arbeit. Ihr Wüten richtete sich zunächst gegen die polnische Elite: Lehrer, Ärzte, Juristen, Geistliche wurden ermordet. Die jüdische Bevölkerung war in all ihren Schichten bedroht und generell mit Gewaltaktionen konfrontiert.

▣ Waren schon zu Zeiten der Herrschaft der Wehrmacht in Polen mehr als 10 000 Zivilisten Ausschreitungen, Exekutionen, Massenerschießungen und antijüdischen Übergriffen zum Opfer gefallen, so gilt die deutsche Besatzungsherrschaft im Generalgouvernement als schrecklichste Erscheinungsform des nationalsozialistischen Terrorsystems. Was zu Beginn der Besatzungszeit mit gewaltsamen Umsiedlungsaktionen begann, indem Polen und Juden von außerhalb ins Generalgouvernement gebracht, dort ansässige Deutschstämmige aber ausgesiedelt wurden, führte über willkürliche Exekutionen in einer späteren Phase des Krieges schließlich zum systematischen Massenmord in eigens dafür eingerichteten Vernichtungslagern.

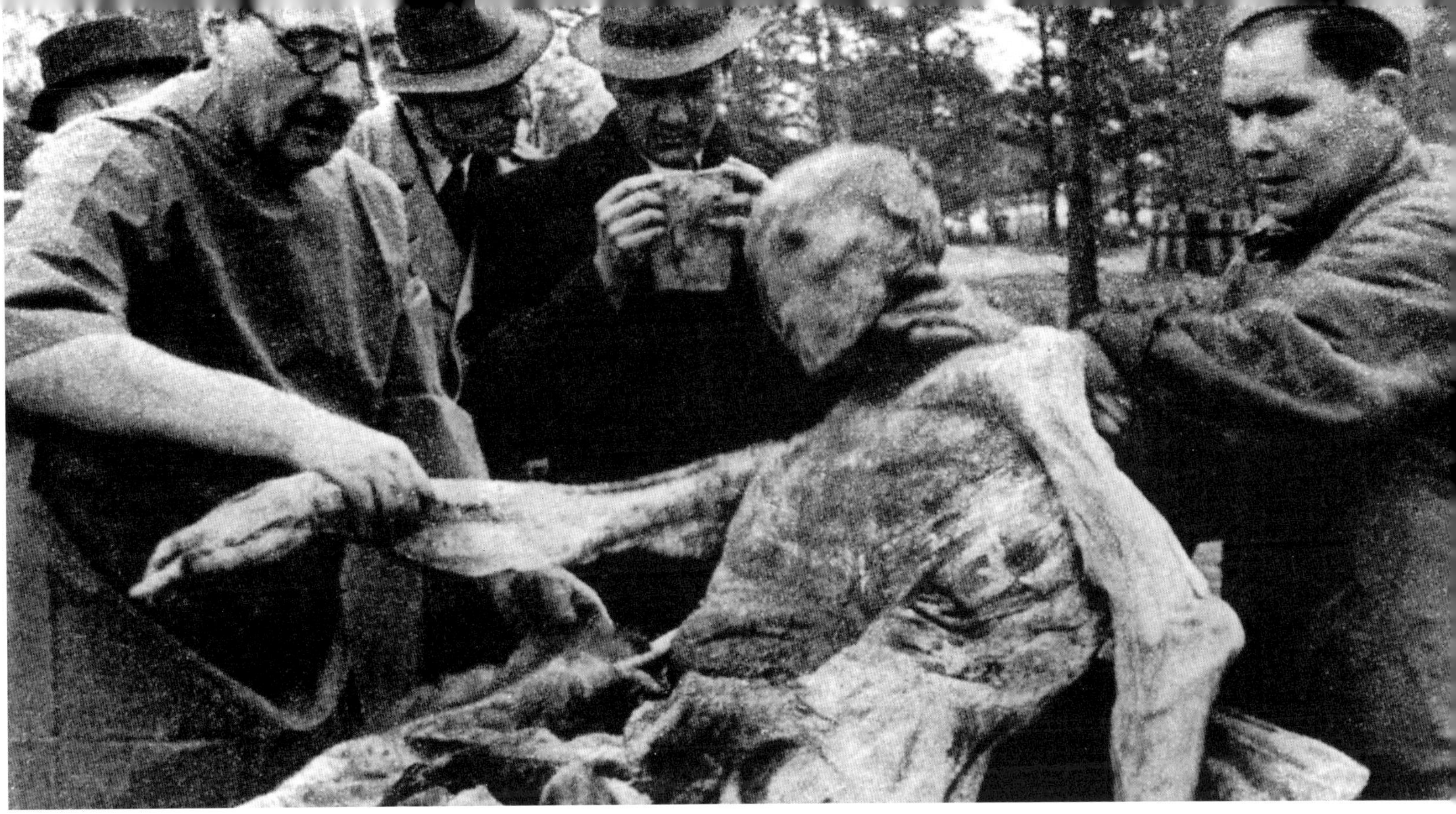

In einem Wald beim russischen Ort **Katyn** wurden 1943 die Überreste von 15 000 polnischen Offizieren aufgefunden, die 1940 Opfer eines Massakers seitens sowjetischer Einheiten geworden waren.

Im Verlauf der Besetzung Polens wurde das Besatzerregime immer gnadenloser und verbrecherischer: Das Foto zeigt ein Hinrichtungskommando bei einer **Massenerschießung** in Polen.

Das Massaker von Katyn

Auch in den von der Sowjetunion besetzten Gebieten blieb die polnische Bevölkerung nicht von Gräueln verschont. Kriegsgefangene wurden ermordet, Tausende Menschen verhaftet und in Arbeitslagern interniert oder in den Osten des großen Sowjetreichs verschleppt, nach Sibirien und Kasachstan. Die Militärführung der Sowjets rief zudem Weißrussen und Ukrainer zur Gewalt gegen Polen auf und fand vielerorts Gehör. Das grausamste und größte Verbrechen war der Mord an 15 000 polnischen Offizieren, der als Massaker von Katyn bekannt geworden ist. Diese Offiziere waren in Gefangenschaft der Roten Armee geraten und galten den Sowjets als Elite der polnischen Nation und damit als eingefleischter, unverbesserlicher Feind. Der sowjetische Geheimdienst schleuste Spitzel in die Lager der Offiziere ein und kam zu dem Ergebnis, dass sie ein besonderes Sicherheitsrisiko darstellten und somit ohne Anklage zu erschießen seien. Im Frühjahr 1940 sanktionierten Stalin und andere Politbüromitglieder die Ermordung der polnischen Offiziere. Die deutsche Wehrmacht, die die Region um Katyn 1941 eroberte, entdeckte 1943 die Massengräber. Die sowjetische Propaganda versuchte jahrzehntelang, die Gräueltat den Deutschen anzulasten.

Der finnisch-sowjetische Winterkrieg

Im Herbst 1939 konfrontierte die Sowjetunion ihren skandinavischen Nachbarn Finnland mit Gebietsforderungen, die sie in erster Linie mit Sicherheitsinteressen für die Stadt Leningrad begründete. Stalin zweifelte kaum daran, dass die Regierung in Helsinki angesichts der offensichtlichen Übermacht der UdSSR nachgeben würde. Es kam jedoch ganz anders als von den Sowjets vermutet: Die Finnen setzten der Expansion heldenhaften Widerstand entgegen.

Im Oktober 1939 zwang die Sowjetunion die baltischen Staaten zu **„Beistandspakten"** und vereinnahmte so ihre alten Ostseeprovinzen, die im Hitler-Stalin-Pakt ihrem Interessenbereich zugeschlagen worden waren. Die Karikatur stammt aus „Der Nebelspalter" vom 27. Oktober 1939.

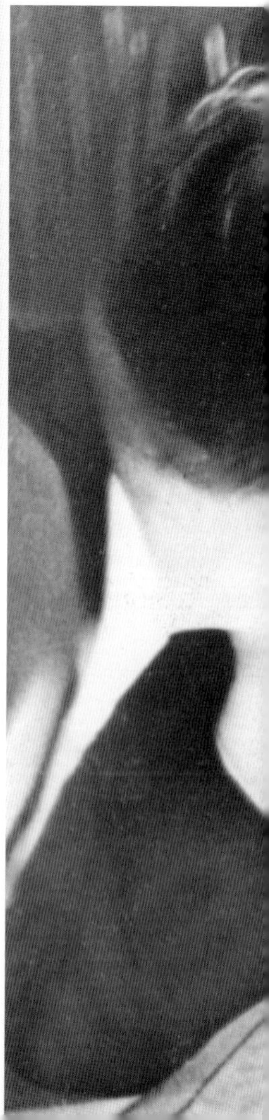

Strategische Ziele

▣ Im geheimen Zusatzprotokoll des Deutsch-Sowjetischen Nichtangriffspakts sowie in einem weiteren Abkommen aus dem September 1939 waren die baltischen Staaten und Finnland dem sowjetischen Einflussbereich zugeschlagen worden. Als der Krieg in Polen beendet war, ging die Sowjetunion unverzüglich daran, ihren Anteil an der Ostseeküste zu vergrößern und ihre Macht auf die baltischen Staaten und

Teile Skandinaviens auszudehnen. Moskau wollte zum einen alte russische Positionen an der Ostsee zurückgewinnen, indem es die nach dem Ersten Weltkrieg vom Reich losgelösten Provinzen wieder in seinen Herrschaftsbereich brachte. Vor allem aber war den Machthabern daran gelegen, die strategische Position in diesem Raum vor dem Hintergrund einer früher oder später zu erwartenden militärischen Auseinandersetzung mit Deutschland günstiger zu gestalten. Die Küste der baltischen Staaten zusammen mit dem Hinterland der zweitgrößten russischen Stadt Leningrad (St. Petersburg) galten als potenzielles Einfallstor militärischer Gegner. Auf politischen und militärischen Druck der Sowjetunion hin mussten sich Estland, Lettland und Litauen dem übermächtigen Nachbarn beugen und sogenannte Beistandspakte schließen, die den Sowjets erlaubten, Stützpunkte für Luftwaffe und Marine einzurichten sowie Truppen zu stationieren. So rasch die Sowjetunion sich in ihren einstigen Ostseeprovinzen durchsetzen konnte, so wenig glückte die Einverleibung Finnlands nach dem gleichen Muster. Das skandinavische Land, das während seiner Zugehörigkeit zum russischen Zarenreich als Großfürstentum eine recht unabhängige Stellung innegehabt hatte und 1918 selbstständig geworden war, wehrte sich gegen die Annexion mit allem, was ihm zur Verfügung stand.

Der Winterkrieg

▣ Am 5. Oktober 1939 forderte die Sowjetunion die finnische Regierung auf, Delegierte nach Moskau zu entsenden, um über »konkrete politische Fragen« zu verhandeln. Eine Woche später wurden dieser Delegation die sowjetischen Forderungen präsentiert: Die finnische Grenze auf der Karelischen Landenge, im Hinterland Leningrads, sollte weiter nach Norden verlegt werden, um die Stadt besser vor dem potenziellen Angriff einer feindlichen Macht über finnisches Territorium schützen zu können. Die Sowjets verlangten

Im **Moskauer Kreml** tragen Mitglieder der deutschen Delegation die mit Stalin ausgehandelte Grenze zwischen der Sowjetunion und dem Deutschen Reich ein. Damit waren die baltischen Staaten und Finnland dem sowjetischen Einflussbereich zugeordnet.

Finnische Truppen in Schneeuniformen gehen an der Frontlinie in Stellung und greifen russische Positionen an. Trotz militärischer Unterlegenheit konnten sich die Finnen zunächst erfolgreich verteidigen.

zudem die Abtretung von Inseln im Finnischen Meerbusen und des Gebiets um Petsamo am nördlichen Eismeer sowie die Verpachtung der Halbinsel Hankö an der Südküste des Landes. Als Kompensation wurden Finnland Gebietserweiterungen in Mittelfinnland in Aussicht gestellt. In fast allen Punkten waren die Finnen zu Zugeständnissen bereit, die Überlassung Hankös jedoch lehnten die Verhandlungsführer ab, da eine sowjetische Basis nahe der Hauptstadt die Selbstständigkeit des Landes gefährdete. Die finnischen Zugeständnisse befriedigten die Wünsche Moskaus nicht. Am 13. November 1939 wurden die Verhandlungen schließlich ohne Resultat abgebrochen. Finnland hatte schon Wochen zuvor mobil gemacht.

▣ Als schlecht inszenierter Vorwand für den Angriff der UdSSR auf Finnland diente ein vermeintlicher Grenzzwischenfall am 26. November 1939: Moskau behauptete, bei der Ortschaft Mainila seien sowjetische Truppen von finnischer Artillerie beschossen worden, und kündigte am Tag darauf den 1932 geschlossenen Nichtangriffspakt mit Finn-

Für die Sowjets völlig unerwartet fügten die Finnen ihrer Streitmacht im **Winterkrieg** schwere Verluste zu und sicherten sich im Ergebnis ihre staatliche Souveränität. Das Foto zeigt Reste eines über Helsinki abgeschossenen sowjetischen Bombers.

Ganz anders als es ihre Zielsetzung gewesen war, konnte die Sowjetunion im **Ergebnis des Winterkriegs** lediglich große Teile Kareliens im Süden Finnlands sowie zwei größere Gebietsstreifen in der Mitte und im Norden des Landes annektieren.

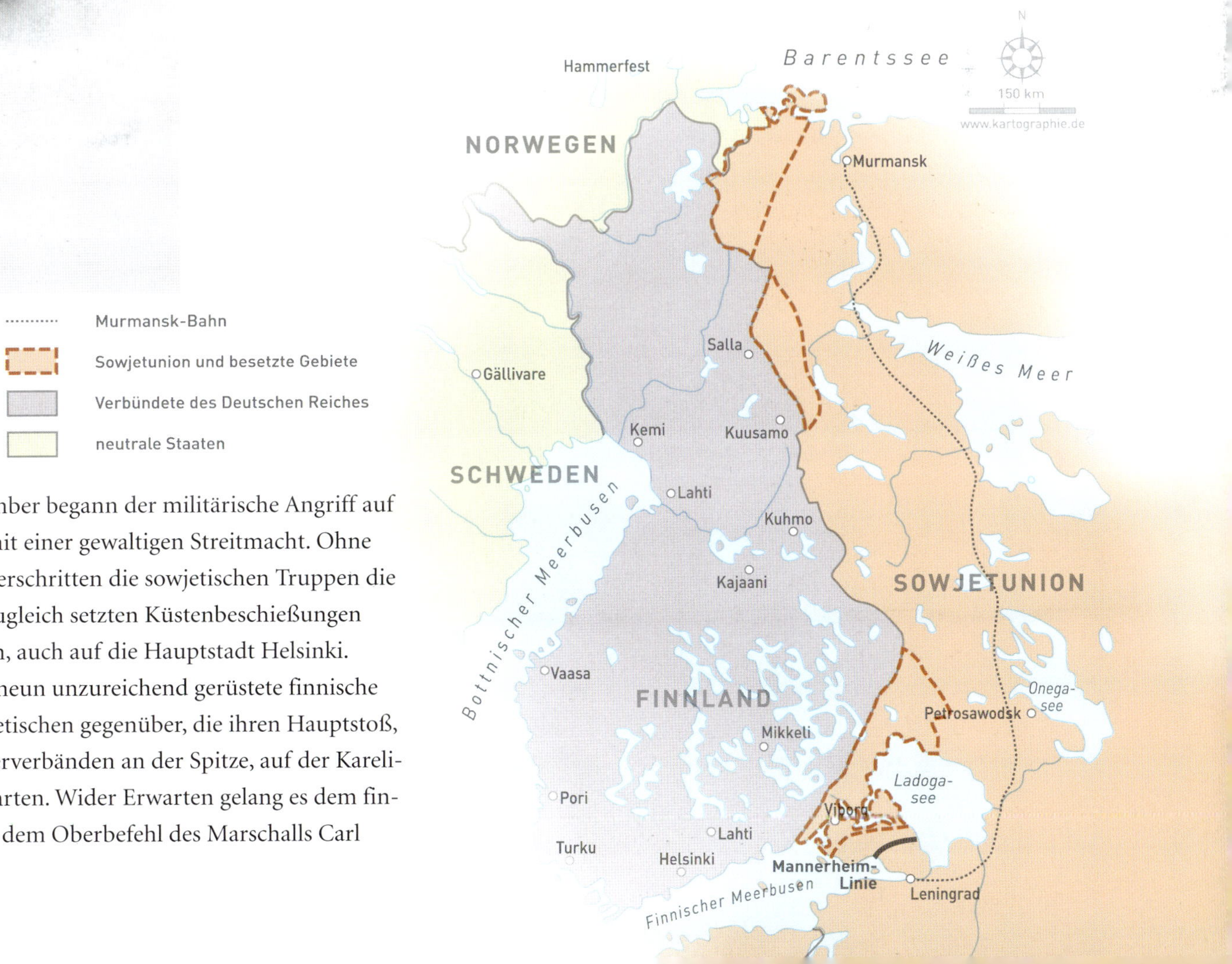

land. Am 30. November begann der militärische Angriff auf breiter Front und mit einer gewaltigen Streitmacht. Ohne Kriegserklärung überschritten die sowjetischen Truppen die finnische Grenze, zugleich setzten Küstenbeschießungen und Luftangriffe ein, auch auf die Hauptstadt Helsinki. Dabei standen nur neun unzureichend gerüstete finnische Divisionen 30 sowjetischen gegenüber, die ihren Hauptstoß, mit schweren Panzerverbänden an der Spitze, auf der Karelischen Landenge führten. Wider Erwarten gelang es dem finnischen Heer unter dem Oberbefehl des Marschalls Carl

Der finnische Marschall und Politiker **Carl Gustav Freiherr von Mannerheim** organisierte als Oberbefehlshaber der finnischen Streitkräfte deren überraschend erfolgreichen Widerstand gegen die Invasoren.

Gustaf Freiherr von Mannerheim, der Übermacht standzuhalten. Der sowjetische Panzervorstoß nutzte sich bald an der geschickten Verteidigung der mit dem Gelände vertrauten Finnen ab. Die überragende Skitechnik und der enorme Kampfeswille der Verteidiger ermöglichten den erstaunlichen Erfolg: Sehr bewegliche Streiftrupps auf Skiern gelangten wiederholt in den Rücken des Gegners, spalteten Frontabschnitte auf und bildeten erfolgreich Kessel. Die große Kälte des Winters und die gute Versorgung kamen ihnen dabei entgegen. Im Norden des Landes und im Mittelabschnitt der Front schlossen die Finnen vier sowjetische Divisionen ein und vernichteten sie. Bis Mitte Dezember war der Angriff an allen Fronten zum Stehen gebracht, auch die zahlreichen Luftangriffe hatten den Widerstandswillen der Finnen eher gestärkt denn geschwächt.

▣ Auf Dauer war die Übermacht dennoch nicht zu bändigen, zumal die Unterstützung aus dem Ausland weitgehend ausblieb. Eine schwedische Freiwilligenbrigade und materielle Unterstützung aus Skandinavien und England waren bis dahin die einzigen Hilfen. Norwegen und Schweden befürchteten, in den Krieg hineingezogen zu werden, und bewahrten ihre strikte Neutralität. Im Januar 1940 reorganisierte und verstärkte Moskau seine Streitkräfte und setzte im Februar zur großen Durchbruchsschlacht auf der Karelischen Enge an. Am 17. Februar 1940 mussten sich die Finnen in rückwärtige Stellungen absetzen, ihre Verteidigungsfront brach zusammen, auch weil mittlerweile die Reserven erschöpft waren, besonders fehlte es an Munition. Die Lage

Ein finnischer Soldat steht im Februar 1940 neben **gefallenen sowjetischen Soldaten.** Auf die schweren Verluste reagierte die sowjetische Führung mit einer weitreichenden Reorganisation ihrer Armee und schränkte beispielsweise die Befugnisse der militärisch meist unerfahrenen politischen Kommissare ein.

Finnische Soldaten auf Schlitten. Die Finnen waren deutlich besser als ihre sowjetischen Gegner dazu in der Lage, sich an Klima und Gelände anzupassen. Auch in der taktischen Ausbildung hatten sie gegenüber den Sowjets erhebliche Vorteile.

für Finnland war äußerst kritisch und zwang Regierung und Militärs zum Einlenken.

■ Am 29. Februar 1940 erklärte sich die finnische Regierung daher zu Friedensverhandlungen bereit und die UdSSR ging darauf ein, um der bevorstehenden militärischen Intervention Großbritanniens und Frankreichs zuvorzukommen, die Finnland über Nordnorwegen zu Hilfe kommen wollten.

Der Frieden von Moskau

■ Der Abbruch des Krieges nach viermonatigen Gefechten am 12. März 1940 ließ Finnland trotz seiner misslichen militärischen Lage zu jenem Zeitpunkt recht glimpflich davonkommen. Zwar diktierten die Sowjets in Moskau die Bedingungen für den Frieden, doch konnte Finnland seine Souveränität bewahren und das Schicksal der baltischen Staaten, die für Jahrzehnte unter sowjetische Herrschaft gerieten, blieb dem Land folglich erspart. Neben diversen Inseln im Finnischen Meerbusen nahm die Sowjetunion große Teile Kareliens sowie Gebietsstreifen in Mittel- und Nordfinnland in Besitz, die Halbinsel Hankö für 30 Jahre in Pacht. 450 000 Finnen, gut ein Zehntel der Gesamtbevölkerung, verloren ihre Heimat und siedelten sich in anderen Regionen des Landes an. Moskau verleibte sich zehn Prozent des finnischen Ackerlands und der Industrie ein. Die Zahl der Kriegsopfer war allerdings aufseiten der Angreifer wesentlich höher als aufseiten der Verteidiger: Über 20 000 finnische Soldaten fielen in den Kämpfen; die Angaben für die Rote Armee gehen weit auseinander, sie hatte aber zumindest das Doppelte bis Dreifache an Toten zu beklagen. Zudem litt die Reputation der sowjetischen Streitmacht in diesem Krieg sehr. Sowohl Hitler als auch die westlichen Großmächte hielten ihre Kampfkraft für sehr begrenzt und neigten in der Folge zur Unterschätzung. Die militärische Führung in Moskau reagierte auf die hohen Verluste und geringe Effizienz ihrer Streitkräfte im Winterkrieg mit Reformen in der Ausbildung und in Fragen von Strategie und Technik.

In Westeuropa ernteten die Sowjets viel **Häme für den Winterkrieg.** Im Bild eine französische Karikatur aus der Zeitschrift „Le Pelerin".

Die Lage Ende 1939

▣ Nach dem Überfall der deutschen Wehrmacht auf Polen am 1. September 1939 blieb der Krieg zunächst auf europäische Schauplätze begrenzt. An breiter Front gekämpft wurde in Polen, wo die deutschen Truppen plangemäß vorrückten und der Gegner bald kapitulierte, und in Finnland, wo sich die Sowjetunion Teile des skandinavischen Staates einverleiben wollte.

▣ An der Westfront hingegen blieb es trotz der Kriegserklärungen von Frankreich und Großbritannien an das Deutsche Reich weitgehend ruhig: Im Gegensatz zum „Blitzkrieg“ im Osten war die erste Kriegsphase im Westen ein „Sitzkrieg“, von den Franzosen als „komischer Krieg“ (drôle de guerre) bezeichnet. Feindberührungen gab es nur in einigen Scharmützeln. In der Luft und zur See kam es allerdings auch im Westen schon 1939 zu Kämpfen, vornehmlich zwischen Briten und Deutschen. Sowohl die deutsche Luftwaffe als auch die britische Royal Air Force flogen Angriffe, zumeist auf Marinestützpunkte und Schiffe. Im Atlantik begann die deutsche U-Boot-Flottille ihre Jagd auf britische Kreuzer und Passagierschiffe, britische Zerstörer versenkten ihrerseits bis Ende des Jahres 18 deutsche Schiffe. Seit Ende September rollten die in Polen nicht mehr benötigten deutschen Divisionen an die Westfront, für die Westmächte war damit die große Gelegenheit zu einem entscheidenden Offensivstoß verpasst. Die Masse des deutschen Heeres lag nunmehr in einem Streifen vom Emsland über die Eifel, das Saarland und die Pfalz bis hin zum Schwarzwald. Hitler hatte erwogen, noch 1939 auch im Westen zum Angriff überzugehen und dem Gegner keine Gelegenheit zu weiterer Aufrüstung zu geben. Die Generalität aber war nicht gewillt, sich auf dieses Abenteuer einzulassen, und gegen Ende des Jahres ließen auch ungünstige Witterungsbedingungen eine Offensive nicht mehr zu.

▣ Hitler konnte sich dennoch als der große Sieger des Jahres 1939 fühlen. Hatte er schon in Friedenszeiten alle seine territorialen Ziele mit Gewalt durchsetzen können, so gerieten die ersten Kriegsmonate aus Sicht der Nationalsozialisten zu einem einzigen großen Erfolg. Alles, was Hitler anfasste, schien zu gelingen. Der „Blitzsieg“ in Polen verschaffte ihm in der Heimat zusätzliche Anerkennung. Der Abschluss des Deutsch-Sowjetischen Nichtangriffspakts kurz vor dem Krieg erwies sich in diesem Sinn als politischer Geniestreich. Dass es letztlich aber zu einem Krieg zwischen Deutschland und der Sowjetunion kommen würde, darüber waren sich 1939 sowohl Hitler als auch Stalin im Klaren. Wie der deutsche Diktator in Polen, so versuchte daher der sowjetische in Finnland, eine strategisch günstige Position für diese früher oder später zu erwartende militärische Auseinandersetzung zu finden. Die brutale Besatzungspolitik Deutschlands in den besetzten polnischen Gebieten ließ keinen Zweifel daran, dass in Hitlers Kampf um »Lebensraum im Osten« jedes Mittel recht und die Zerschlagung Polens nur ein erster Schritt in der geplanten Eroberung und Germanisierung des Ostens war.

▣ Die Vereinigten Staaten von Amerika hatten ihre Außenpolitik in den 1930er-Jahren darauf ausgerichtet, das Land aus internationalen Konflikten herauszuhalten, um die inneren Krisen bewältigen zu können. Nach dem Ausbruch des Krieges in Europa proklamierten die USA daher ihre Neutralität, auch wenn Präsident Roosevelt nicht verhehlte, dass seine Sympathien aufseiten der Westmächte lagen. Im November 1939 lockerten die USA ihre strikte Neutralitätspolitik und ermöglichten Großbritannien und Frankreich, Waffen und Munition jenseits des Atlantiks zu kaufen. Damit begann sich die spätere Allianz gegen Hitler abzuzeichnen.

Vorstoß nach Norden

Die Besetzung Norwegens aus wirtschaftlichen und militärischen Erwägungen spielte seit Kriegsbeginn eine wichtige Rolle in der Strategie der deutschen Führung. Auch Großbritannien bereitete jedoch eine Invasion vor. Anfang April 1940 kam es zwischen den beiden Rivalen zum militärischen Wettlauf um die wichtige Region im äußersten Norden Europas.

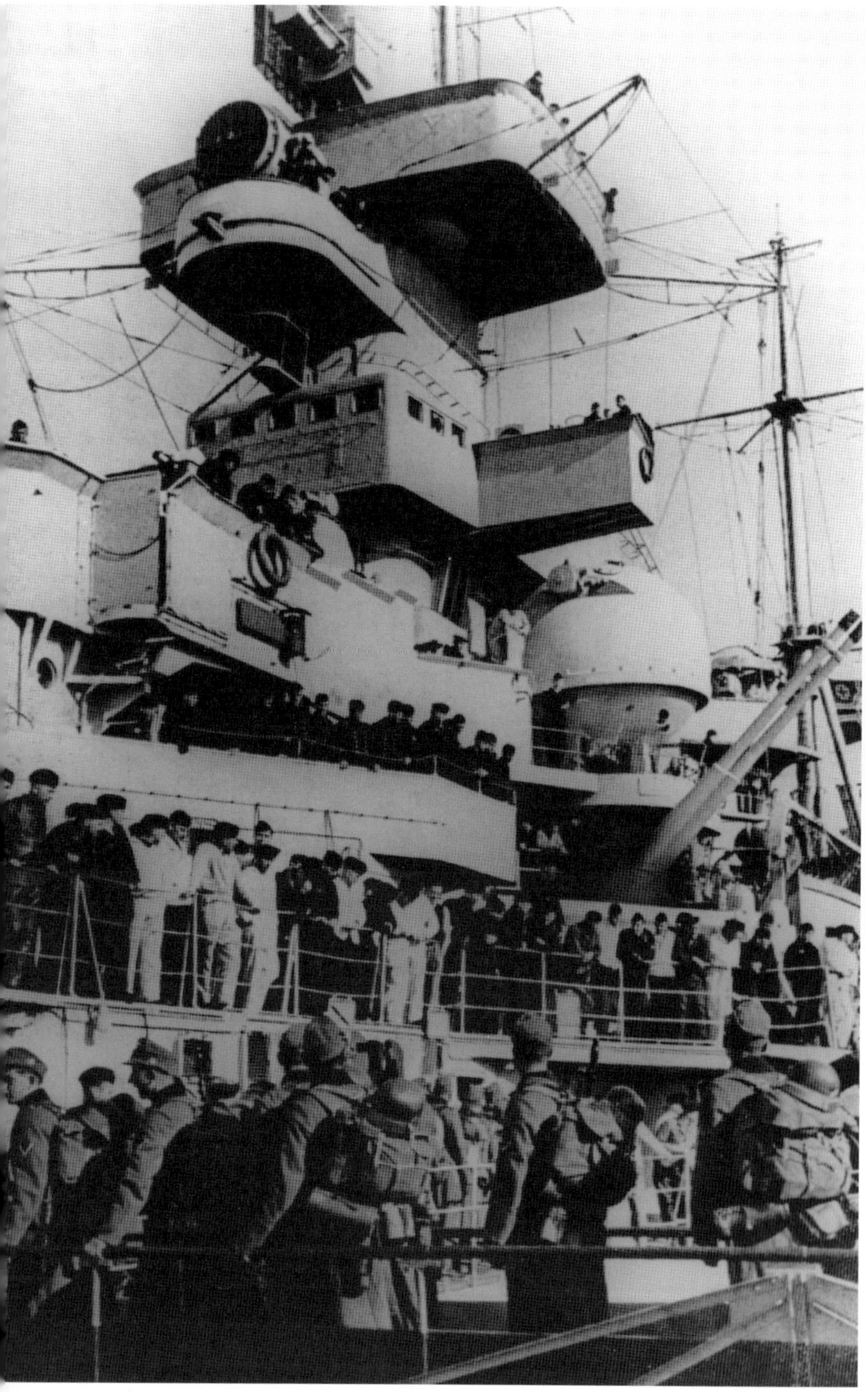

Erze für das Dritte Reich

„Weserübung" – so lautete der harmlos klingende Deckname für Hitlers Angriffsplan auf die neutralen skandinavischen Staaten Dänemark und Norwegen. Die Planung und Entwicklung des militärischen Unternehmens im hohen Norden wurde im Wesentlichen von den führenden Köpfen der Kriegsmarine vorangetrieben. Wichtigstes Kriegsziel war die Sicherung der Erzlieferungen aus den schwedischen Gruben. Das Deutsche Reich bezog etwa 50 Prozent seines Erzbedarfs für die kriegswichtige Stahl- und Rüstungsproduktion aus dem ebenfalls neutralen Schweden. Die Erze wurden größtenteils entlang der norwegischen Küste verschifft und waren somit potenziell durch die britische Flotte bedroht.

Hier stießen also deutsche und britische Interessen im neutralen Raum aufeinander. So hatte das Oberkommando der Wehrmacht (OKW) seit Kriegsbeginn mehrfach auf eine Invasion in Nordeuropa gedrängt, weil das Deutsche Reich bei einem Ausfall der Erzlieferungen nur sechs Monate kriegsfähig bleiben könnte. Anfang 1940 schaltete sich der Oberbefehlshaber der Marine, Großadmiral Erich Raeder, in die Diskussion ein. Er betonte die vom OKW vorgebrachten Argumente, erhoffte sich aber zudem einen Prestigegewinn für die Kriegsmarine, die bisher als einziger Wehrmachtsteil noch keine „spektakulären"Erfolge aufzuweisen hatte.

Einschiffung deutscher Soldaten für den Einsatz in Norwegen: Angehörige der 3. Gebirgsdivision gehen am 6. April 1940 an Bord des schweren Kreuzers **„Admiral Hipper"**. Erstmals operierten die Wehrmachtsteile Kriegsmarine, Luftwaffe und Heer bei der „Operation Weserübung" gemeinsam.

Anfang 1940 beschlossen Großbritannien und Frankreich in Paris, **Truppen nach Narvik** zu schicken. Im Bild (v. l.): G. Lachambre, Lord Halifax, E. Daladier, A. Neville Chamberlain und W. Churchill.

Operation „Weserübung"

Schließlich erließ Hitler am 1. März 1940 die Weisung „Weserübung" – er entschied sich dafür, mit dieser Operation noch vor dem wichtigeren Westfeldzug zu beginnen. Mit dem handstreichartigen Überfall auf die nordischen Nachbarstaaten sollte nämlich nicht nur der Zugang zu den schwedischen Erzlagern, sondern auch eine günstige Operationsbasis gegen England gesichert werden. Denn von Norwegen aus konnten beispielsweise der Norden Englands sowie Schottland aus der Luft angegriffen werden. Am 8. April setzten die britischen und die deutschen Seestreitkräfte zum militärischen Wettlauf um Norwegen an.

In einer erstmalig kombinierten Operation aller drei Wehrmachtsteile entschieden die deutschen Truppen das Ringen für sich: Die Marine trat bis zur Anlandung in Erscheinung, die Luftwaffe überbrückte die Zeit bis zur Sammlung bzw. bis zum Aufmarsch der Landtruppen durch Kampf- sowie Transporteinsätze, das Heer führte schließlich die endgültige Eroberung und Besetzung durch. Die Truppen gingen gleichzeitig an sieben Stellen der 1500 Kilometer langen westnorwegischen Küstenlinie an Land – darunter in Oslo, Stavanger, Bergen, Drontheim und Narvik. Sie kamen der britischen Norwegenaktion dabei nur um wenige Stunden zuvor – Großbritannien hatte bereits mit der Verminung der norwegischen Küstengewässer begonnen.

Britische Truppen auf dem Weg nach Norwegen. Sie kommen allerdings zu spät, um die Landung der deutschen Truppen in den norwegischen Häfen zu verhindern.

Blick auf eine JU 52 Transportmaschine während der Startvorbereitungen zum **Einsatz in Norwegen.** Die deutsche Luftwaffe war an der „Operation Weserübung" nicht nur durch Transport-, sondern auch durch Kampfeinsätze beteiligt.

Zur Sicherung der Nachschubverbindungen und der Ostseezugänge erfolgte gleichzeitig die Besetzung Dänemarks. Es wurde durch motorisierte Einheiten über Jütland und von See her über die wichtigsten Ostseezugänge besetzt. In offiziellen Noten an die Regierungen in Oslo und Kopenhagen hieß es, die Invasion wäre notwendig, um die Neutralität beider Länder vor einem Zugriff der Alliierten zu schützen. Die Regierungen wurden ultimativ aufgefordert, keinen Widerstand zu leisten und die militärische Aktion anzuerkennen. Die Entwicklung auf dem nordischen Nebenkriegsschauplatz verlief in den folgenden Wochen für die Wehrmacht jedoch viel schwieriger und verlustreicher, als ursprünglich geplant.

Schneller Erfolg und Widerstand

Zwar kapitulierte die dänische Armee angesichts der militärischen Übermacht der Deutschen nahezu kampflos schon nach einem Tag. König Christian X. fügte sich unter Protest und forderte sein Volk auf, jeglichen Widerstand aufzuge-

Vormarsch der Wehrmacht in **Dänemark** am 9. April 1940: Das Foto zeigt eine motorisierte Einheit und einen Soldaten an einer Flak, die zur Marschsicherung eingesetzt wurde.

Deutsche Soldaten am 12. April 1940 auf dem Fischmarkt in **Kopenhagen**. Nach nur einem Tag des deutschen Vormarschs kapitulierte Dänemark.

ben. Da in Dänemark bei der Invasion so kaum Widerstand geleistet wurde und die Regierung entschlossen war, die Verhältnisse im Land selbst zu regeln, blieben König, Regierung, Parlament, Verwaltung und sogar Armee und Marine unangetastet und intakt. Unter dem bisherigen Ministerpräsidenten Thorvald Stauning wurde unter Einbeziehung aller großen Parteien ein Kabinett des Nationalen Zusammenschlusses gebildet. Unterhalb dieser öffentlichen politischen Ebene formierte sich jedoch Widerstand. Gegen Endes des Krieges gehörten rund 50 000 Dänen der Widerstandsbewegung an.

▣ Die norwegische Regierung hingegen ging auf das deutsche Ultimatum nicht ein, sondern ordnete am 10. April 1940 die Mobilmachung der 60 000 Mann starken Armee an. Ab dem 14. April landeten britische, französische sowie polnische Verbände zur Verstärkung der sechs norwegischen Divisionen, die zwei Monate erbitterten Widerstand leisteten. In der heftig geführten Schlacht um Narvik erlitt vor allem die deutsche Kriegsmarine erhebliche Verluste. Narvik spielte in den deutschen Eroberungsplänen eine zentrale Rolle, da über diesen Hafen die hochwertigsten und unersetzbaren Erze verschifft wurden.

Schlacht um Narvik

FAKTEN

Nicht nur um die Versorgung des Deutschen Reichs mit Eisenerzen zu behindern, sondern auch aus eigenem Sicherheitsinteresse konnten die Alliierten Norwegen nicht einfach seinem Schicksal überlassen. So griffen im April 1940 britische Zerstörer in zwei Angriffsaktionen den Hafen von Narvik an, wo sie insgesamt zehn deutsche Kriegsschiffe versenkten – bei lediglich zwei eigenen Schiffsverlusten. In der Folge landeten 24 500 alliierte Truppen, die bis Narvik vordrangen, wo ihnen lediglich 4600 deutsche Soldaten gegenüberstanden. Die Kapitulation der deutschen Verbände war bereits absehbar, da entschlossen sich die Alliierten, ihre Streitkräfte an die neue Front in Frankreich abzuziehen. Am 8. Juni 1940 gewann die Wehrmacht die Kontrolle über Narvik zurück.

Wenige Tage nach der Aufnahme dieses Fotos am 1. Juni 1940, das **britische und französische Soldaten** mit ihren Panzern am Björnafjord zeigt, zogen die Alliierten ihre Truppen zurück.

Dieses **Ärmelschild** wurde auf deutscher Seite als Auszeichnung an Teilnehmer der Schlacht um Narvik ausgegeben.

Norwegen wird nazifiziert

▣ Trotz der Unterstützung durch die Alliierten konnte der Vormarsch der Deutschen Armee nicht gestoppt werden. Der deutsche Angriff auf Frankreich und die Beneluxstaaten zwang die Westmächte, ihre Truppen abzuziehen und das Norwegenunternehmen am 10. Juni abzubrechen. Am gleichen Tag forderte der norwegische König Hakon VII. die Streitkräfte zur Kapitulation auf. Daraufhin erfolgte die Installierung eines Besatzungsregimes, zum „Reichskommissar für die besetzten norwegischen Gebiete" wurde der Essener Gauleiter Josef Terboven ernannt. Unterstützung erhielten die deutschen Besatzer von der von Vidkun Quisling geführten nationalsozialistischen „Nasjonal Samling" (Nationale Sammlung). Diese Partei sollte mit ihren rund 50 000 Mitgliedern Ausgangspunkt einer umfassenden Nazifizierung Norwegens sein. Bereitwillig hatte Quisling die Wehrmacht bei der Eroberung Norwegens unterstützt und anschließend rund 6000 Norweger für die Waffen-SS rekrutiert. Am 1. Februar 1942 bildete er als neuer Ministerpräsident eine Kollaborationsregierung und setzte die norwegische Verfassung außer Kraft.

▣ Gleichzeitig verstärkte sich aber der Widerstand der norwegischen „Hjemmefront" (Heimatfront). Die militärische Abteilung der Widerstandsbewegung bildete bis Kriegsende mit Unterstützung Großbritanniens rund 45 000 Untergrundkämpfer für Anschläge und Sabotageaktionen aus.

Nach dem Abzug der alliierten Truppen aus seinem Land veranlasste der norwegische König **Hakon VII.** von London aus seine Truppen zur Kapitulation.

Bilanz der „Weserübung“

Durch das Unternehmen „Weserübung“ gelang es dem Deutschen Reich, seine Machtposition innerhalb von acht Wochen auf Europas Norden auszudehnen. Es nimmt einen besonderen Platz in der Geschichte des Zweiten Weltkriegs ein – als erste gemeinsame Aktion von Heer, Marine und Luftwaffe. Unter operativen Gesichtspunkten war diese Offensive für die Kriegsmarine wegen hoher Verluste eher ein Fehlschlag – stellte also nicht den angestrebten „spektakulären“ Erfolg dar. Trotzdem war sie aus deutscher Sicht für die Fortführung des Krieges von großer Bedeutung, denn der Export der schwedischen Eisenerze ins Deutsche Reich blieb für die gesamte Dauer des Krieges gesichert. Die Besetzung und militärische Nutzbarmachung Dänemarks und Norwegens erweiterte zudem die strategischen Möglichkeiten gegenüber Großbritannien beträchtlich. Für neutrale Länder waren diese Eroberungen Hitlers eine erschreckende Lehre: Neutralität bedeutete in einer totalitär beherrschten Welt offensichtlich keinen Schutz mehr.

Die Karte zeigt die Bewegungslinien deutscher Verbände im Zuge des **Unternehmens „Weserübung“** sowie die der britischen Seestreitkräfte, die alliierte Truppen nach Norwegen brachten.

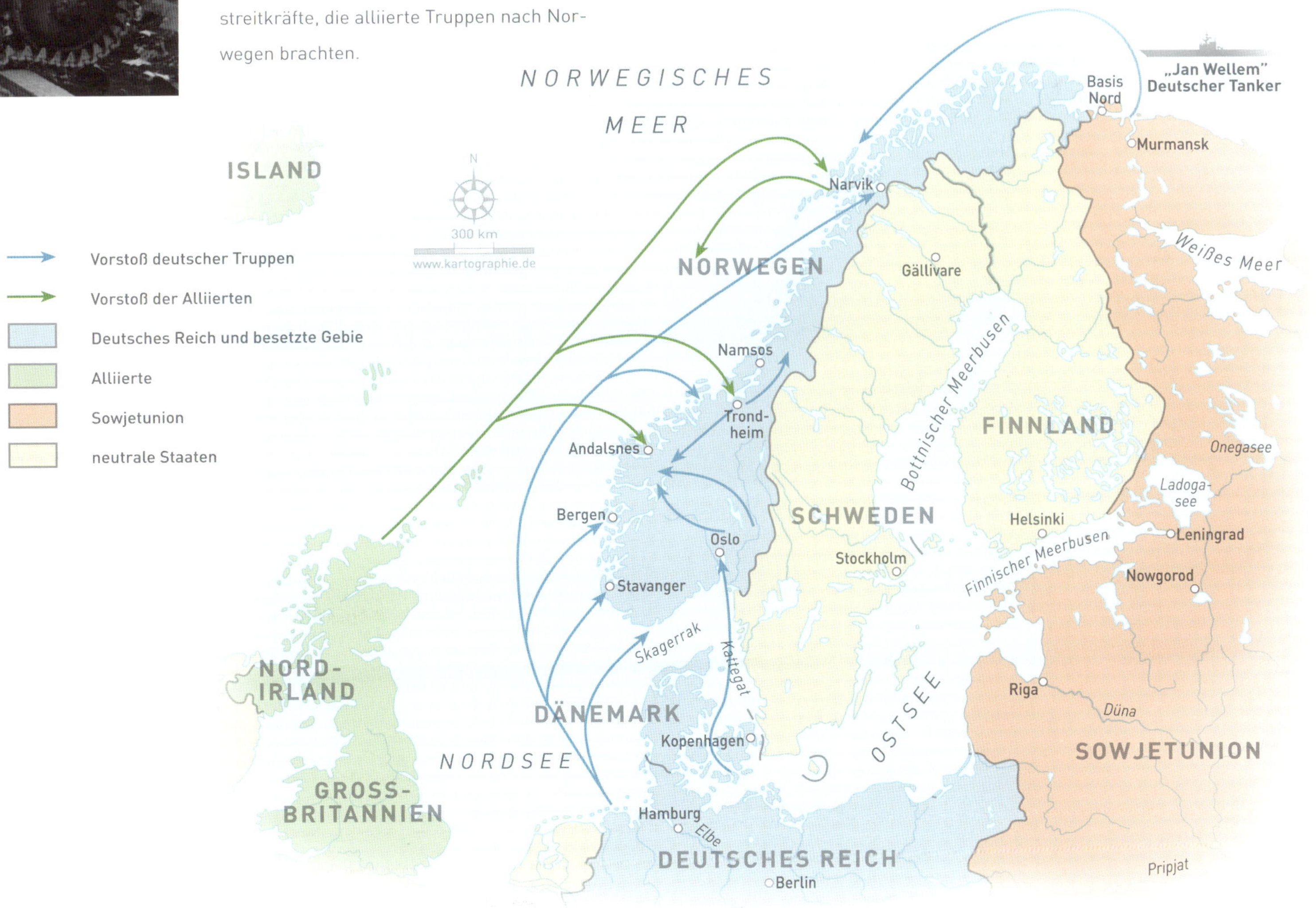

Der deutsche Westfeldzug

Schon unmittelbar nach dem schnellen Sieg in Polen hatte Hitler den Angriffsbefehl gegen Frankreich im Westen für Anfang November 1939 geben wollen. In Erinnerung an die Erfahrungen im Ersten Weltkrieg warnten die führenden Generäle der Wehrmacht aber vor einem überstürzten Angriff, um zunächst die militärischen Vorbereitungen weitertreiben zu können. Im Winter 1939/40 war es dann vor allem die Wetterlage, die den Beginn des Westfeldzugs unmöglich machte, und schließlich führte die kurzfristig angesetzte Besetzung Dänemarks und Norwegens zu einem weiteren Aufschub. Insgesamt 29 Mal musste der „Fall Gelb“, die deutsche Großoffensive im Westen, verschoben werden, ehe im Mai 1940 alle Voraussetzungen für die erfolgreiche Durchführung gegeben schienen.

Der Angriff der Wehrmacht am 10. Mai 1940 auf die neutralen Staaten **Belgien und Niederlande** überraschte die alliierten Truppen. Das Foto vom 12. Mai 1940 zeigt britische gepanzerte Fahrzeuge am Straßenrand, die von belgischen Flüchtlingen passiert werden.

Operation „Sichelschnitt“

- Die Strategie des Angriffs auf die westeuropäischen Länder war seit Herbst 1939 von Generalleutnant Erich von Manstein ausgearbeitet worden. Sein Operationsplan „Sichelschnitt“ galt dem Oberkommando des Heeres als sehr riskant, Hitler aber entschied sich dafür: Der Angriff auf die neutralen Niederlande und Belgien sollte das Vorrücken der französischen und britischen Verbände nach Belgien provozieren, um dann den verschleierten Hauptstoß über Luxemburg und die Ardennen durch Nordfrankreich zur Kanalküste zu führen und somit die alliierten Truppen einzuschließen. Hitler hatte dabei keinerlei Bedenken, die Neutralität der drei westlichen Nachbarstaaten zu verletzen.

- Am Südflügel der Westfront, der sehr stark befestigten französischen Maginot-Linie, die sich von der Schweizer Grenze durch das Elsass und Lothringen bis zur Maas bei Sedan zog, waren indessen nur kleinere Scheingefechte vorgesehen.

Die stark befestigte **Maginot-Linie** – im Bild Fort Villier – wurde von den deutschen Truppen weitgehend umgangen.

Die militärischen Kräfte, die sich an der gesamten Westfront gegenüberstanden, waren in etwa gleichwertig: Beide Seiten verfügten über 137 Divisionen, die sich hinsichtlich Stärke und Bewaffnung allerdings unterschieden. Während die Deutschen mit über 3800 Flugzeugen 1500 Maschinen mehr als die Alliierten einsetzen konnten, hatten sie an Panzern deutlich weniger zur Disposition. Dass diese in Panzerdivisionen zusammengefasst, die französischen hingegen der Infanterie zugeteilt waren, machte aber den zahlenmäßigen Nachteil wett. Bei diesem weitgehend ausgeglichenen Kräfteverhältnis kam überraschender Taktik und Strategie die ausschlaggebende Bedeutung zu.

Mit dem Einsatz alliierter Truppen verband nicht zuletzt die **Zivilbevölkerung der angegriffenen Staaten** zunächst große Hoffnungen. Im Bild begrüßen belgische Zivilisten eine britische Einheit.

Deutsche Artillerie überquert im Mai 1940 die Maas über eine Pontonbrücke. Das Überschreiten der Flüsse Maas, Waal und Lek war ein Schlüssel zum Erfolg des **Angriffs auf die „Festung Holland"**.

▣ Am 10. Mai 1940, gegen 5.35 Uhr, begann die deutsche Offensive im Westen. Trotz des wochenlangen deutschen Aufmarschs an der Westgrenze des Reiches kam der Angriff zwischen Luxemburg im Süden und der niederländischen Stadt Nimwegen für die Alliierten überraschend. Die Heeresgruppe A unter Generaloberst von Rundstedt stieß gegen Luxemburg und Südbelgien vor, die Heeresgruppe B unter Generaloberst von Bock gegen Nordbelgien und die Niederlande. Das Hauptaugenmerk im Norden des Angriffs galt zunächst der „Festung Holland", einer Verteidigungslinie der niederländischen Armee, die die Städte Amsterdam, Utrecht und Rotterdam umfasste. Dabei kamen die 1935 neu aufgestellten Fallschirmtruppen der Wehrmacht zum Einsatz, um strategisch wichtige Ziele hinter der gegnerischen Verteidigungslinie einzunehmen. Zwar scheiterte die Einnahme dreier Flughäfen bei Den Haag unter großen Verlusten am heftigen niederländischen Widerstand, die Luftlandetruppen konnten jedoch in einem Handstreich die wichtigsten noch unzerstörten Flussübergänge über Maas, Waal und Lek einnehmen. Am 12. Mai 1940 stießen deutsche Panzerspitzen über diese Brücken in die Festung Holland vor und zerschnitten so die Landverbindung zwischen den niederländischen Truppen und den verbündeten Alliierten im Süden.

Ein Kradfahrer der Wehrmacht überquert in **Maastricht** im äußersten Südosten der Niederlande die Maas auf einer Behelfsbrücke.

Rotterdam nach der Bombardierung durch die deutsche Luftwaffe am 14. Mai 1940, im Bild der Stadtkern mit der Laurentiuskirche, der bei dem durch die Bombardierung ausgelösten Feuersturm vollständig zerstört wurde.

▣ Während die deutschen Verbände einen großen Teil des Landes in kurzer Zeit überrannten, entbrannten die heftigsten Kämpfe um die Hafenstadt Rotterdam. Die Verteidiger, niederländische Eliteeinheiten der Marine, schlugen sich tapfer, ihre Lage gestaltete sich jedoch bald aussichtslos. Versuche, englische und französische Truppen zur Unterstützung über See heranzubringen, kamen zu spät. Um die Niederländer zur Aufgabe zu zwingen, befahl der Befehlshaber der deutschen Luftwaffe, Generalfeldmarschall Hermann Göring, am 14. Mai die Bombardierung Rotterdams. Nachdem das Fluggeschwader bereits gestartet war, kapitulierte die Kommandantur, es konnte jedoch nur noch ein Teil der Maschinen zurückbeordert werden. Der Abwurf von 100 Tonnen Bomben auf Rotterdam und der dadurch ausgelöste Feuersturm zerstörten das Zentrum der Stadt vollständig. An die 900 Zivilisten starben, fast 80 000 wurden obdachlos. Um weitere Bombardements zu verhindern, unterzeichnete Oberbefehlshaber General Henri Winkelman am folgenden Tag, dem 15. Mai 1940, die niederländische Kapitulation. Königin Wilhelmina und die Regierung waren schon vor Beginn der Kapitulationsverhandlungen geflüchtet und gingen nach England ins Exil. Die Niederlande wurden daraufhin vollständig besetzt und von einer deutschen Zivilverwaltung regiert, Arthur Seyß-Inquart, der schon beim „Anschluss" Österreichs eine bedeutende Rolle im Dienst der Nationalsozialisten gespielt hatte, wurde zum Reichskommissar der besetzten Niederlande ernannt.

Der Ardennenvorstoß

▣ Unterdessen verlief auch weiter südlich im Kampfgebiet, in Belgien, die Offensive erfolgreich. Bereits in den Morgenstunden des ersten Kriegstages setzten Lastensegler deutsche Luftlandetruppen auf der als uneinnehmbar geltenden bel-

Die großen belgischen Städte wie **Brüssel, Antwerpen und Lüttich** waren bereits vier Tage nach Beginn der Operation „Sichelschnitt" eingenommen. Danach begann der Besatzungsalltag. Das Foto vom Sommer 1940 zeigt eine deutsche Militärkapelle vor dem Rathaus von Brüssel.

Eine Wehrmacht-Kolonne im Mai 1940 auf dem **Vormarsch durch die Ardennen.** Darüber ein deutsches Aufklärungsflugzeug.

gischen Festung Eben-Emael nördlich von Lüttich ab. Das Fort am westlichen Ufer der Maas wurde ebenso eingenommen wie strategisch wichtige Brücken und Flugplätze, die den nachrückenden Truppen den Weg erleichterten. Bis zum 18. Mai 1940 waren Brüssel, Lüttich und Antwerpen von deutschen Truppen besetzt. Da die Alliierten den deutschen Angriffsschwerpunkt eben hier, im Norden Belgiens, vermuteten, setzten sie ihre Truppen bei Beginn der deutschen Offensive in diese Region in Marsch, entblößten so ihre rechte Flanke in den Ardennen, wo nur belgische Verbände zur Sicherung standen, und gingen damit in die strategische Falle.

▣ Obwohl zerklüftetes Gebirgsgelände wie in den Ardennen einem schnellen Vormarsch motorisierter Verbände eigentlich abträglich ist, konnten die Einheiten der Heeresgruppe A von Südbelgien und Luxemburg aus zügig vorrücken und bereits am 14. Mai die Maas überschreiten. Damit stand das nordfranzösische Hinterland offen. Westlich der Maas erreichten die deutschen Spitzen ideales Panzergelände und konnten nun plangemäß dem Meer zustürmen. Meist trafen sie lediglich auf Reserveformationen, die weder ausgerüstet noch ausgebildet waren, Panzer zu bekämpfen. Tief im Rücken des Gegners operierten die deutschen Panzerverbände so schnell und effizient, dass die Verbindung zur nachrückenden Infanterie wiederholt abriss und die Flanken ungesichert blieben. Am 20. Mai 1940 erreichte die 2. Panzerdivision an der Mündung der Somme die Kanalküste, damit war der „Sichelschnitt" ausgeführt: Die nördlich dieser Linie operierenden alliierten Truppen waren in Westflandern eingeschlossen – in einem großen Kessel, der von der Schelde bis zur Somme reichte.

Der Kessel von Dünkirchen

▣ Die Vorzeichen, diesen Kessel gegen die angeschlagenen gegnerischen Kräfte immer enger ziehen zu können, standen gut, als die deutschen Panzerdivisionen den ihnen unverständlichen Befehl erhielten, mitten im siegreichen Vorgehen anzuhalten. Gegen den Willen des Oberbefehlshabers des Heeres, Generaloberst Walther von Brauchitsch, gab Hitler am 24. Mai den Haltebefehl, um die Truppen für den

Bei der **„Operation Dynamo"**, der Evakuierung alliierter Truppen aus Dünkirchen, lief der französische **Zerstörer „Bourrasque"** am 30. Mai auf eine Mine auf und wurde anschließend von deutschen Einheiten versenkt.

Für die **„Operation Dynamo"** wurden alle verfügbaren Schiffe mobilisiert. Selbst dieser alte **Schaufelraddampfer** wurde bei der Rückholung der alliierten Truppen aus Dünkirchen eingesetzt.

geplanten Angriff auf Paris zu schonen. Die eingekesselten alliierten Truppen sollten lediglich aus der Luft angegriffen werden. Diese unerwartete Atempause nutzten die Alliierten, um neue Abwehrfronten aufzubauen und die Truppen von der Front in einen flachen Brückenkopf um die Hafenstadt Dünkirchen zurückzuziehen. Dort begann am 27. Mai 1940 die spektakuläre „Operation Dynamo", die Evakuierung der eingekesselten britischen Truppen sowie ihrer Verbündeten über See auf die Britischen Inseln: Bis zum 4. Juni wurden 338 000 Soldaten auf Zerstörern, Schleppern, Fischerbooten und Jachten über den Ärmelkanal in Sicherheit gebracht. Als die Aktion auf deutscher Seite bekannt

Die englischen und französischen Soldaten, die in langen Reihen am weißen Strand von Dünkirchen auf ihre Einschiffung warten, wurden auf eine schwere Geduldsprobe gestellt. Am Ende wurde die **„Operation Dynamo"** mit der Rückholung von 338 000 Soldaten ein wichtiger und spektakulärer Erfolg für die Alliierten.

Um Ballast zu sparen, ließen die Alliierten Teile ihrer Ausrüstung am **Strand von Dünkirchen** zurück. Das Foto zeigt Wehrmachtsoldaten, die Helme britischer und französischer Soldaten besichtigen.

wurde, hob Hitler den Haltebefehl sofort auf, der sich im weiteren Kriegsverlauf als entscheidender Nachteil erweisen sollte. Die Schlacht um Dünkirchen begann und wurde für die deutsche Seite entschieden. Mit der Einnahme Dünkirchens war der erste Abschnitt der Westoffensive nicht einmal einen Monat nach ihrem Beginn beendet. Die deutsche Wehrmacht hatte infolge ihrer überlegenen Strategie und Taktik unter erträglichen Verlusten einen gewaltigen Erfolg errungen.

▣ Am 28. Mai kapitulierte auf Befehl von König Leopold III. die belgische Armee. Der Monarch wählte nicht das Exil, sondern begab sich in deutsche Kriegsgefangenschaft. Da er den Beschluss zur Aufgabe gegen den Willen des Kabinetts

Sie sind den vorrückenden Deutschen und damit der Kriegsgefangenschaft entkommen – **britische Soldaten** blicken an Bord der „Royal Sovereign" zurück auf das brennende Dünkirchen.

Alliierte Soldaten am Strand unter Beschuss. Die Angriffe der deutschen Luftwaffe forderten hohe Verluste. Nach der **Schlacht um Dünkirchen** gingen etwa 40 000 alliierte Soldaten, zum größten Teil Franzosen, in deutsche Kriegsgefangenschaft.

Um den Nachschub des Gegners zu behindern, attackierte die Luftwaffe **strategische Ziele im französischen Hinterland** – hier eine Eisenbahnlinie.

gefällt hatte, setzte ihn ein belgisches Exilparlament im französischen Limoges am 31. Mai ab. Das Kommando im Land übernahm Ende Juni der deutsche Militärbefehlshaber von Belgien und Nordfrankreich, General Alexander Ernst Freiherr von Falkenhausen.

„Fall Rot“

Am 5. Juni 1940, nur einen Tag nach dem Fall von Dünkirchen, begann unter dem Decknamen „Fall Rot“ der zweite Abschnitt des Westfeldzugs: die „Schlacht um Frankreich“. Über die Somme stießen die deutschen Verbände südwärts Richtung Paris vor. Der französische Widerstand war nun bedeutend wirksamer. Bei Abbéville an der Mündung der Somme gelang es zunächst nur aus dem Brückenkopf am Südufer des Flusses auszubrechen, bei Amiens und Péronne kam der deutsche Angriff zu Beginn nicht voran. Erst als das tiefgestaffelte französische Stellungssystem der improvisierten sogenannten Weygand-Linie an Somme und Aisne an einigen Stellen durchbrochen war, ließ der Widerstand nach und die Panzerverbände konnten im Hinterland zügig in die Normandie und die Bretagne vorrücken. Im Mittelabschnitt der Front fiel die Stadt Reims am 10. Juni in die Hände der Angreifer.

▣ Auch in Ostfrankreich, wegen der sehr wehrhaften Maginotlinie zu Beginn des Westfeldzugs nicht bekämpft, rückten die deutschen Truppen nun vor, nachdem es ihnen gelungen war, in den Rücken der Verteidigungsstellung zu gelangen und dann an der Saarfront auch einen Frontalangriff auf die Linie erfolgreich zu gestalten: Am 17. Juni erreichten die Angriffsspitzen die Schweizer Grenze.

Die Reserven der französischen Armee waren nun so gering, dass die Schutzstellungen vor Paris praktisch nicht mehr verteidigt werden konnten. Die französische Regierung erklärte daher die Hauptstadt zur „offenen Stadt", was im Sinne des Kriegsrechts bedeutet, dass sie nicht verteidigt wird. Eine offene Stadt genießt nach der Haager Landkriegsordnung besonderen Schutz, darf weder angegriffen noch bombardiert werden.

Ein Kampfgeschwader der deutschen **Luftwaffe während der Westoffensive** über Frankreich.

Von einem erhöhten Standpunkt aus blickt dieser Wehrmachtsoldat auf die **Verwüstungen,** die beim deutschen Vormarsch in einer französischen Ortschaft angerichtet wurden.

Erinnerungsteller für Teilnehmer des Westfeldzugs 1940. Die Landkarte zeigt den Weg der Abteilung beim Einmarsch in Frankreich.

Nach dem Einmarsch der deutschen Truppen in Paris am 14. Juni 1940 feierte die Wehrmacht ihren schnellen Erfolg mit einer **Parade auf der Pariser Prachtstraße Champs-Élysées.** Im Hintergrund der Arc de Triomphe.

Einzug in Paris

- Am 14. Juni 1940 zog die deutsche 18. Armee unter ihrem führenden General Georg von Küchler kampflos in Paris ein. Die Seine-Metropole machte einen gespenstischen Eindruck. Viele Hauptstädter waren geflohen, die Verbliebenen hatten sich in ihre Wohnungen zurückgezogen, sodass die deutschen Soldaten durch menschenleere Straßen marschierten. Schon am folgenden Tag fanden auf den großen Boulevards und Plätzen Siegesparaden der nachfolgenden Truppen statt.

- Die Schlacht um Frankreich war aber damit noch nicht zu Ende. Die französische Regierung hatte sich vor den anrückenden gegnerischen Truppen in den Süden nach Bordeaux zurückgezogen und auch die deutschen Divisionen drangen weiter südwärts in Richtung Orléans vor.

ZITAT

Aufruf zum Widerstand

Nachdem Marschall Pétain Regierungschef geworden war und einen Waffenstillstand anstrebte, rief General Charles de Gaulle seine Landsleute am 18. Juni 1940 über Radio London zur Fortsetzung des Kampfes auf. Im Folgenden der Wortlaut seiner kurzen Ansprache, deren Text später auch über Handzettel verbreitet wurde:

An alle Franzosen!
Frankreich hat eine Schlacht verloren! Aber den Krieg hat Frankreich nicht verloren! Zufallsregierende mögen kapituliert haben, in Panik verfallen sein, die Ehre vergessen und das Land der Knechtschaft ausgeliefert haben. Dennoch: Nichts ist verloren! Nichts ist verloren, denn dieser Krieg ist ein Weltkrieg. Enorme Kräfte in der freien Welt sind noch gar nicht zum Einsatz gekommen. Eines Tages werden diese Kräfte den Feind zerschmettern. An diesem Tag muss Frankreich im Sieg präsent sein. Dann wird es seine Freiheit und Größe wiederfinden. Dies ist mein Ziel, mein einziges Ziel! Darum lade ich alle Franzosen, wo immer sie auch sind, ein, sich mir anzuschließen, tätig, opferbereit, hoffnungsbeseelt. Unser Vaterland ist in Todesgefahr.
Kämpfen wir alle, um es zu retten!
Es lebe Frankreich!

General de Gaulle

Mit dem Waffenstillstandsvertrag vom 22. Juni 1940 begann die militärische Verwaltung des bestzten Frankreich durch die Deutschen unter General Otto von Stülpnagel. Widerstandskämpfer hatten keine Gnade zu erwarten. Das Plakat zeigt die **Zweisprachige Bekanntmachung** der Hinrichtung eines vom Kriegsgericht verurteilten Mechanikers.

Die französische Führung war in der Frage, ob sie den Krieg fortführen oder kapitulieren sollte, gespalten. Ministerpräsident Paul Reynaud, ein Befürworter des Weiterkämpfens, fand in seinem Kabinett keinen Rückhalt mehr und trat zurück. Sein Nachfolger Marschall Philippe Pétain, 84 Jahre alt und ein Held des Ersten Weltkriegs, bildete am 18. Juni eine neue Regierung und bemühte sich umgehend um Waffenstillstandsverhandlungen mit Deutschland. In London erklärte sich unterdessen General Charles de Gaulle zum Führer des Nationalkomitees des Freien Frankreich und rief seine Landsleute zur Fortsetzung des Widerstands an der Seite Großbritanniens auf. Die tatsächlichen militärischen Verhältnisse waren für die Franzosen allerdings hoffnungslos: Nach kaum drei Wochen war auch der zweite Abschnitt des Westfeldzugs beendet, Frankreich überrollt und gefallen.

■ Am 22. Juni 1940 schlossen Frankreich und Deutschland einen Waffenstillstandsvertrag, der das eroberte Land in eine besetzte und eine unbesetzte Zone teilte. Der Ort, an dem dieser Vertrag unterzeichnet wurde, hätte symbolträchtiger nicht sein können: Frankreich musste seine schmachvolle Niederlage in eben jenem Eisenbahnwaggon im Wald von Compiègne besiegeln, in dem das siegreiche Frankreich nach dem Ersten Weltkrieg dem Verlierer Deutschland seine Waffenstillstandsbedingungen diktiert hatte. Das Abkommen verlangte unter anderem die Demobilisierung der französischen Streitkräfte, die Auslieferung aller Kriegswaffen, die sich im nicht besetzten Teil des Landes befanden, und die Verpflichtung, sich jeder feindseligen Handlung gegen das Deutsche Reich zu enthalten.

■ Die Grenze zwischen dem besetzten und dem unbesetzten Landesteil verlief grob zwischen dem Genfer See im Osten und der Stadt Tours im Westen. Der besetzte Teil umfasste drei Fünftel des französischen Territoriums mit den bedeutendsten Industriestädten und wurde einer Militärverwaltung unter General Otto von Stülpnagel unterstellt. Ziel der Besatzer war es, mit geringem militärischem und verwaltungstechnischem Aufwand die vom „Altreich" zur Kriegführung benötigten industriellen und landwirtschaftlichen Lieferungen sicherzustellen. Die Kosten der Besatzung mussten die Franzosen bezahlen – nicht weniger als 20 Millionen Reichsmark täglich.

Der **Westfeldzug** begann am 10. Mai 1940 und endete bereits sechs Wochen später mit dem Waffenstillstandsvertrag zwischen Frankreich und Deutschland. Die geschwungenen Pfeile im Norden symbolisieren den „Sichelschnitt".

Vorstoß deutscher Truppen
Frontverlauf
Demarkationslinie zwischen besetzter und unbesetzter Zone
Vorstoß deutscher Truppen 28.05.1940
Vorstoß deutscher Truppen 13.06.1940
Vorstoß deutscher Truppen 19.06.1940
Vorstoß deutscher Truppen 22.06.1940
Deutsches Reich
Verbündete des Deutschen Reiches
Alliierte
neutrale Staaten

Während der **Verhandlungen von Compiègne** am 22. Juni 1940: Blick in den Salonwagen, in dem wenig später der Waffenstillstandsvertrag geschlossen wurde.

Vichy-Frankreich

▣ Der Kurort Vichy, westlich von Lyon in Zentralfrankreich gelegen, avancierte zum Regierungssitz des unbesetzten Südens des Landes. An der Spitze der Regierung stand Philippe Pétain, der einen Kurs begrenzter Kollaboration verfolgte und aktiven Widerstand gegen die deutschen Besatzer ablehnte, um eine vollständige Besatzung Frankreichs zu verhindern. Sein autoritäres Regime proklamierte im Zeichen der moralischen Erneuerung des Landes eine „nationale Revolution“ unter der Parole „Arbeit, Familie, Vaterland“. Pétains Stellvertreter Pierre Laval trat hingegen für eine konsequente Annäherung an Hitler und die rückhaltlose Erfüllung seiner Forderungen ein.

▣ Nach Abschluss des Waffenstillstandsvertrags setzte eine große Flucht von Franzosen und verfolgten Ausländern vom besetzten Norden in den Süden ein. Für die im französi-

Die Propaganda der Vichy-Regierung stellte Marschall **Philippe Pétain als Retter Frankreichs** und als „Geschenk für das Vaterland“ dar. Kolorierter Holzstich, 1941.

Nach dem bisher größten Erfolg seiner Aggressionspolitik eilte **Adolf Hitler** noch im Juni 1940 nach Paris – und posierte **unter dem Eiffelturm** für die Fotografen.

Die **Vichy-Regierung bei einer Sitzung** im Juli 1940. Regierungschef Pétain ist ganz links, sein Stellvertreter Laval ganz rechts zu sehen.

schen Exil, vor allem in Paris, lebenden deutschen Flüchtlinge barg der Abschluss des deutsch-französischen Waffenstillstands fatale Konsequenzen. Der Vertrag sah nämlich auch die Auslieferung der deutschen und österreichischen Emigranten an das Deutsche Reich vor. In großer Panik setzten sich die meisten in Richtung Süden in Bewegung und überschritten illegal die Demarkationslinie. Wem nicht die Flucht über die Pyrenäen nach Spanien oder das Abtauchen in den Untergrund gelang, wurde in Südfrankreich in Lagern interniert und musste stets mit der Auslieferung an die Geheime Staatspolizei (Gestapo) rechnen.

Das Vichy-Regime zeigte sich in der Verfolgung und dem Aufspüren von Emigranten sehr kooperativ. Aufseiten der Bedrohten entstand eine Reihe von Fluchthilfe- und Untergrundorganisationen.

Nach der Kapitulation Frankreichs bildete sich die französische Widerstandsbewegung, die **„Résistance“.** Das Foto zeigt eine Gruppe Kämpfer der Partisanengruppierung „Maquis“ in den französischen Alpen.

Das **Propagandagemälde „Der Führer Im Kampfgelände“** von Conrad Hommel (1940) entstand im Zuge des Westfeldzugs und zeigt Adolf Hitler und Hermann Göring (links neben ihm) sowie die bekanntesten Größen der Wehrmacht, darunter Generalfeldmarschall Wilhelm Keitel (rechts neben Hitler).

„Der größte Feldherr aller Zeiten"

▣ Nie war Hitlers Ansehen in der Heimat so groß wie nach dem siegreich und in rasantem Tempo abgeschlossenen Westfeldzug. In wenigen Wochen hatte er die als Schmach empfundenen Bestimmungen des Versailler Vertrags nun auch gegenüber dem „Erzrivalen" Frankreich pulverisiert und war damit Herr über Europa vom Nordkap bis zur spanischen Grenze.

▣ In Berlin fand am 6. Juni 1940 eine große Siegesparade statt. Unter dem Jubel der Massen zog der „Führer" und zugleich Oberste Befehlshaber der Wehrmacht an der Spitze von Kampfverbänden in die Reichshauptstadt ein. Der Chef des Oberkommandos der Wehrmacht, Generalfeldmarschall Wilhelm Keitel, ließ es sich nicht nehmen, dem Diktator zum grandiosen Sieg im Westen zu gratulieren und ihn dabei kurzerhand als „größten Feldherrn aller Zeiten" zu glorifizieren.

Italiens Eintritt in den Krieg

Die von Benito Mussolini geführte faschistische Bewegung hatte in Italien seit 1922 ein diktatorisches Einparteiensystem aufgebaut. Um ihre weitreichenden außenpolitischen Ambitionen im Mittelmeerraum umzusetzen, fehlte den Faschisten jedoch die militärische Stärke. Bei Ausbruch des Zweiten Weltkriegs verharrte Mussolini daher zunächst in einer Position des Abwartens, um dann einen sogenannten „Parallelkrieg" zu führen.

Schlecht gerüstet

Bei Beginn des Zweiten Weltkriegs hatte Benito Mussolini die „Nichtkriegsführung“ Italiens proklamiert, aber angekündigt, zum passenden Zeitpunkt die militärische Kraft seines Landes aufseiten Deutschlands in den Kampf zu werfen und damit seine aus dem deutsch-italienischen „Stahlpakt“ vom Mai 1939 rührenden Verpflichtungen zu erfüllen. Die Zurückhaltung rührte vor allem von dem Umstand her, dass Italien für den Krieg nicht gerüstet war. Militärische Operationen im ostafrikanischen Abessinien (1935/36), die Intervention mit 70 000 Soldaten aufseiten Francos im Spanischen Bürgerkrieg (1936–1939) und die Besetzung Albaniens im Frühjahr 1939 hatten die militärischen Kräfte des Landes weitgehend erschöpft. Die Streitkräfte befanden sich noch in einem Stadium der Modernisierung und Aufrüstung und so musste Mussolini schweren Herzens zusehen, als Hitler einen militärischen Erfolg nach dem anderen errang. Angesichts des erfolgreichen deutschen Feldzugs gegen Frankreich im Juni 1940 sah der „Duce“ die letzte Gelegenheit gekommen, das wenige noch vorhandene Prestige Italiens zu retten und bei der zu erwartenden Neuaufteilung Europas am Tisch der Sieger zu sitzen.

Am 10. Juni 1940 verkündete Mussolini – gegen den Rat der führenden Militärs und gegen die entschiedene Antikriegsstimmung der Bevölkerung – den Kriegseintritt Italiens an der Seite Deutschlands. Hauptkriegsziel des faschistischen Diktators, der fest an seine Sendung als Erbe des alten römischen Reiches glaubte, war die Wiederherstellung der einstigen italienischen Vormachtstellung im Mittelmeerraum. Unter dem Schlagwort vom „Mare nostrum“ (unser Meer) sollte an den Glanz und die Macht des antiken Imperium Romanum angeknüpft werden.

Am 10. Juni trat Italien, das Ursprungsland des Faschismus, in den Zweiten Weltkrieg ein. Das Foto zeigt eine **Kundgebung begeisterter Mussolini-Anhänger** zu diesem Anlass. Die Mehrheit der italienischen Bevölkerung blieb jedoch kriegsskeptisch.

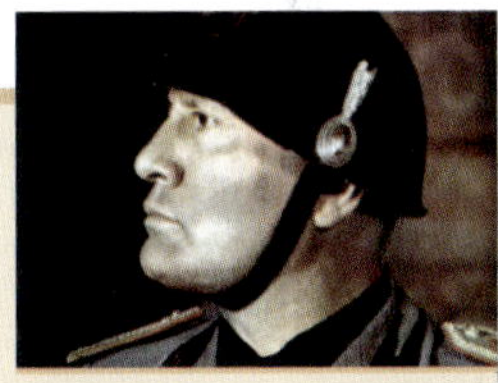

Benito Mussolini

BIOGRAFIE

Im Jahr 1919 gründete der am 29. Juli 1883 geborene Benito Mussolini in Italien die antisozialistische und antikapitalistische Bewegung „Fascio di combattimento“, die 1921, in eine faschistische Partei umgewandelt, ins italienische Parlament einzog. Im Folgejahr gewann Mussolini, der sich den Titel „Duce“ (Führer) zugelegt hatte, durch den „Marsch auf Rom“ die Macht im Staat. In der Folge instrumentalisierte er die Massenmedien, die um seine Person einen Mythos als „Duce del Fascismo“ kultivierten, und begann den Aufbau einer Einparteiendiktatur. All dies diente später Hitler als Vorbild. Mit Hitler-Deutschland verband Mussolini sein Land 1936 in der Achse Berlin-Rom, 1940 führte er es in den Zweiten Weltkrieg. 1943 wurde Mussolini abgesetzt. Am 28. April 1945 wurde der „Duce“ bei dem Versuch, sich in die Schweiz abzusetzen, von italienischen Widerstandskämpfern erschossen.

Die militärischen Voraussetzungen dafür waren aber auch im Juni 1940 längst nicht gegeben. Bei Kriegseintritt konnten lediglich 19 von 73 vorhandenen Divisionen als kampfbereit eingeschätzt werden, 34 weitere Divisionen waren zwar kampffähig, aber personell stark unterbesetzt, die restlichen wiesen große Lücken hinsichtlich Bewaffnung und Motorisierung auf. Lediglich die Marine war zahlenmäßig gut aufgestellt, ebenso wie der Luftwaffe mangelte es ihr aber an Treibstoff. Der Chef des Generalstabs schätzte, dass Italien lediglich etwa zu 40 Prozent die Voraussetzungen für eine Mobilmachung erreicht hatte. Unter diesen Bedingungen musste das überstürzte Eingreifen in die Kampfhandlungen notwendigerweise zu einem militärischen Abenteuer geraten, zumal zwischen den beiden Diktatoren Hitler und Mussolini nicht einmal grob ein gemeinsamer Kriegsplan abgesprochen war und dem deutschen Generalstab nichts von den italienischen Absichten bekannt war.

Alpenfront

Am 19. Juni 1940, als das Schicksal Frankreichs bereits entschieden war, ließ Mussolini seine Truppen an der Alpenfront in Aktion treten. Der Angriff in den Seealpen kam aufgrund entschlossenen französischen Widerstands nur mühsam voran und brachte nicht den erhofften Geländegewinn: Nach zwei Tagen und wenigen Kilometern des Vorrückens war die italienische Offensive festgefahren, die Unzuläng-

Eine italienische Militärkolonne am 24. Juni 1940 an der **Alpenfront.** Die Nachrichten vom bevorstehenden **Waffenstillstand** werden mit Freude und Erleichterung aufgenommen.

Im Jahr 1940 verstärkte Großbritannien seine Truppen in **Ägypten** erheblich. Das Foto vom 19. November zeigt eine neu eingetroffene Einheit bei einem Übungsmarsch.

lichkeiten der Armee offen zutage getreten. Auch an der Mittelmeerküste gelang lediglich die Einnahme der kleinen Stadt Menton, die geplante Eroberung Nizzas scheiterte. Die Kämpfe an der Alpenfront gerieten zum Debakel. Die Italiener hatten weit mehr Verluste zu vermelden als die Franzosen. Die französischen Alpenfestungen gaben erst nach, als sie im Rücken von deutschen Verbänden umfasst waren. Hitler deckte jedoch die Schmach seines Verbündeten und gewährte den Italienern die offizielle Beteiligung an den Waffenstillstandsverhandlungen. Am 24. Juni schlossen Italien und Frankreich in der Nähe Roms einen Waffenstillstand und stellten die Kämpfe am folgenden Tag ein.

▣ Die ersten Operationen zur See zeigten ihrerseits bald die Mängel hinsichtlich Ausrüstung, Strategie und Taktik der italienischen Kriegsmarine auf: In Gefechten mit britischen

Italienische Spähpanzer bei einem Vorstoß in der Wüste. Ende des Jahres 1940 mussten sich die Italiener aus Ägypten zurückziehen und sogar Teile ihrer Kolonie Libyen den Briten überlassen.

Schlachtschiffen und Kreuzern machte sich vor allem das Fehlen eigener Marine-Luftstreitkräfte bemerkbar. Die Zusammenarbeit mit der eigentlichen Luftwaffe funktionierte nur schlecht. Wegen mangelhafter Aufklärung wurden zwei italienische Kreuzer am 19. Juli 1940 bei Kap Spada im Nordwesten von Kreta versenkt. Im Juli und August konnten die Engländer mehrere Geleitzüge mit Verstärkungen an Menschen und Material ohne Verluste und größere Bedrängnis durch italienische Verbände in ihre Stellungen auf Malta und in Ägypten bringen. Durch den Eintritt Italiens in den Krieg war automatisch der gesamte Mittelmeerraum betroffen und somit der Kriegsschauplatz entsprechend stark erweitert.

Offensive in Afrika und auf dem Balkan

▣ Während Hitler nach dem siegreichen Feldzug gegen Frankreich Überlegungen um eine Invasion auf den Britischen Inseln anstellte und der Luftkampf um England begann, eröffneten italienische Truppen in Afrika die Kämpfe gegen britische Truppen und errangen anfänglich einige Erfolge. In Ostafrika nahmen sie am 19. August 1940 Britisch-Somaliland und die französische Kolonie Dschibuti ein. Am 13. September drangen sie von der italienischen Kolonie Libyen aus auf ägyptisches Territorium in Richtung Kairo und Suezkanal vor und begannen mit dem Angriff auf britische Stellungen: Am 16. September fiel den Italienern die Stadt Sidi Barrani in die Hände. Von jeglichem Nachschub auf dem Landweg abgeschlossen und zunehmend auf britischen Widerstand stoßend, kam die Offensive aber auch hier bald zum Stehen.

▣ Mit dem vorübergehenden Abflauen der Kämpfe in Afrika verlagerte sich Mussolinis Interesse auf den Balkan. Als Kompensation für den Prestigeverlust an der Alpenfront und die stockende Offensive in Ägypten sollte Griechenland erobert werden, um die Ansprüche Italiens in Südosteuropa nachdrücklich herauszustellen. Mussolini ließ seinen Generälen weniger als zwei Wochen, um die Operation vorzubereiten. Ohne Deutschland zu unterrichten, eröffnete die italienische Armee nach einem provozierten Grenzzwischenfall am 28. Oktober 1940 vom besetzten Albanien aus die Kämpfe und marschierte in Griechenland ein – und wieder entwickelte sich das schlecht vorbereitete Unternehmen zu einem Desaster. Britische Heeres- und Luftwaffenverbände

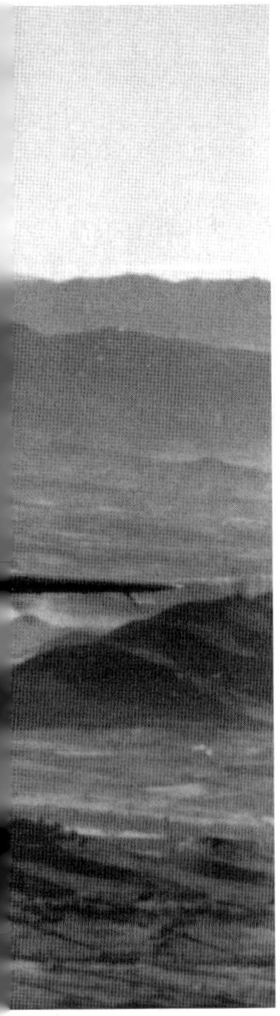

Italienische Kampfflugzeuge beim **Feindflug gegen Griechenland** Ende 1940/Anfang 1941. Insgesamt verfügten die Italiener über knapp 400 Flugzeuge, die Griechen nur über 139 Maschinen.

kamen den Griechen zu Hilfe, auch viele Albaner schlossen sich den Griechen an, und außerdem behinderte ein früher Wintereinbruch den Nachschub. Die griechische Armee ging zum Gegenangriff über und eroberte am 21. November ein Drittel Albaniens. Das italienische Heer geriet selbst in dem Bemühen, die albanischen Grenzen zu halten, in arge Bedrängnis. Über die Adria mussten große Verstärkungen an Menschen und Material herangebracht werden, was Kriegs- und Handelsmarine auch leisteten, aber zu Lasten des Nachschubs für die Truppen in Afrika. Dort gingen die Briten am 9. Dezember zum Gegenangriff über, eroberten Sidi Barrani im ersten Ansturm zurück und rückten zügig auf das libysche Tobruk vor.

▣ Auf allen Kriegsschauplätzen hatten sich die Italiener unterlegen gezeigt. Es konnte kein Zweifel bestehen, dass ohne die engere Zusammenarbeit der Achsenpartner – also ohne deutsche Unterstützung – keine Aussicht bestand, eine Niederlage sowohl in Afrika als auch auf dem Balkan abzuwenden.

Auf Maultieren transportiert diese italienische Kolonne **Nachschub an die Front in Griechenland.**

Der Luftkampf um England

Nach dem triumphalen Erfolg Hitlers über Frankreich stellte sich die Frage, wie das nun isolierte Großbritannien auf die neue Situation reagieren würde. In Deutschland waren viele Beobachter davon überzeugt, dass London nichts anderes übrig bliebe, als sich mit dem übermächtig scheinenden Großdeutschen Reich zu arrangieren. Die Briten dachten jedoch zu keiner Zeit daran, sich dem Diktator vom Kontinent zu beugen.

Strategische Ziele

Auch nach der siegreichen deutschen Westoffensive gegen Frankreich war Hitler weiterhin darum bemüht, den Kampf mit Großbritannien zu beenden, um freie Hand im Osten zu bekommen. Im Juli 1940 machte er den Briten ein Friedens- und Verhandlungsangebot, das die britische Regierung unter Premierminister Winston Churchill jedoch völlig unbeachtet ließ. So gab Hitler schließlich den Befehl, die Invasion der Insel vorzubereiten, damit der Krieg im Westen noch vor dem Angriff auf die Sowjetunion mit einem Sieg über England beendet werden konnte. Voraussetzung für

Auf britischer Seite wurde die **Spitfire,** ein einsitziger Abfangjäger, zum Symbol der Schlacht um England.

das Gelingen der Landung jenseits des Kanals waren nach Meinung des Generalstabs die Schaffung minenfreier Routen im Ärmelkanal, die Ausschaltung der britischen Marine an der Kanalküste sowie die Herrschaft im britischen Luftraum. Daher begann die „Operation Seelöwe", so der Codename für die geplante Invasion, mit einem Großangriff deutscher Luftwaffenverbände.

„Adlertag"

▣ Schon seit Mitte Juli 1940 maßen Maschinen der Luftwaffe und der Royal Air Force (RAF) über dem Ärmelkanal ihre Kräfte. Deutsche Flieger griffen Schiffskonvois im Ärmelkanal und in der Themsemündung sowie Marinestützpunkte entlang der Küste an. Am 12. August flogen sie in einem

Bei der **Luftschlacht um England** kam dem technisch fortschrittlichen britischen Radar, das heranfliegende Flugzeuge bereits über dem Meer erfassen konnte, eine besondere Bedeutung zu.

Deutsche **Dornier Do 17** Bomber am 7. September 1940 über England. Wegen seines schlanken Rumpfs wurde das Flugzeug auch „Fliegender Bleistift“ genannt.

Erprobungsflug Angriffe auf Radarstationen bei Dover und Portland. Die bis dahin größte Luftoffensive des Zweiten Weltkriegs begann am „Adlertag“, am 13. August 1940. Von Flughäfen und Rollfeldern in den besetzen Niederlanden, in Belgien und Nordfrankreich starteten deutsche Verbände der Luftflotten 2 und 3 eine Serie von Großangriffen auf die Südküste Großbritanniens: auf Einrichtungen der Royal Air Force, auf küstennahe Radarstationen und Einrichtungen der Marine. Die Briten konnten sich aber auf das modernste und effektivste Frühwarn- und Luftverteidigungssystem der Welt stützen. Es ortete die deutschen Bomber schon beim Start auf dem Kontinent und verfolgte ihre Flugrouten. Die Informationen über Entfernung, Anflugkurs und die ungefähre Anzahl der angreifenden Maschinen wurden in unterirdischen Zentralen ausgewertet und an die eigenen Jagdgeschwader vermittelt. Noch bevor die deutschen Flieger die Küste erreicht hatten, waren die Abfangjäger meist schon in der Luft.

Da Deutschland die britische Luftverteidigung im Süden für konzentriert und im Norden des Landes daher für schwach hielt, griff die deutsche Luftflotte 5 am 15. August den Norden an. Die Einschätzung, auf lediglich geringen Widerstand zu treffen, erwies sich jedoch als fataler Fehler: Zahlreiche Bomber wurden abgeschossen. Die Verluste waren so hoch, dass sich die Flotte 5 während der gesamten Luftschlacht davon nicht mehr erholen konnte. Auf britischer Seite wird dieser Tag bis heute als „greatest day“ der Luftschlacht bezeichnet. Als „hardest day“ gilt hingegen der 18. August 1940, an dem beide Seiten die höchsten Verluste der gesamten Schlacht zu verzeichnen hatten. Die RAF verlor an diesem Tag 136 Maschinen und 30 Piloten, die Luftwaffe nur 100 Maschinen, aber 62 Piloten.

Diese Bilanz war typisch: Der Schwund unter den deutschen Piloten war selbst bei geringeren Verlusten an Flugzeugen regelmäßig höher als unter den britischen, da diese über dem Heimatland kämpften und nach einer Notlandung neuerlich eingesetzt werden konnten, während die deutschen Flieger bei Überleben in Gefangenschaft gerieten. Bei Angriffen, die weit ins britische Hinterland hineingin-

Obere Gerätetafel des Jagdflugzeugs **Messerschmitt Bf 109 E,** das gegenüber den britischen Jägern eine Reihe von Vorteilen hatte.

Einige britische Soldaten begutachten eine deutsche **Messerschmitt Me-110,** die im Sommer 1940 nach Beschuss durch einen britischen Jäger bei Hastings notlanden musste.

Winston Churchill

BIOGRAFIE

Der am 30. November 1874 geborene Winston Churchill schlug zunächst die Offizierslaufbahn ein. Seine politische Karriere begann 1900, als er für die Konservative Partei ins Unterhaus gewählt wurde. In der Zeit zwischen 1906 und 1928 hatte er verschiedene Regierungsämter inne. Im Mai 1940 wählten ihn die Briten zum Premierminister einer Allparteienregierung, in dieser Funktion symbolisierte er während des Zweiten Weltkriegs den britischen Widerstandsgeist. 1945 vom Wähler in die Opposition geschickt, prägte er als deren Führer den Begriff „Eiserner Vorhang". 1951 wurde er nach dem Wahlsieg seiner Partei erneut Premierminister und behielt dieses Amt bis 1955. 1953 wurde Churchill für seine Darstellung des Zweiten Weltkriegs mit dem Nobelpreis für Literatur ausgezeichnet. Winston Churchill starb am 24. Januar 1965 in London.

Premierminister **Winston Churchill** (Bildmitte) inspiziert im September 1940 die Schäden, die ein deutscher Luftangriff im Londoner Stadtbezirk Battersea angerichtet hat.

gen, stellte sich zudem als entscheidender Nachteil heraus, dass die deutschen Jagdmaschinen den Bomberverbänden nur unzureichend Begleitschutz gewähren konnten, da sie wegen zu geringer Treibstoffkapazitäten oft vorzeitig umkehren mussten.

Battle of Britain

▣ Als sich bereits nach wenigen Tagen abzeichnete, dass der Kampf gegen die britischen Jäger und die Angriffe auf die Stützpunkte der RAF nicht zum erhofften schnellen Sieg führten, flog die Luftwaffe am 24. August erste Angriffe auf strategische Ziele im Raum London. Dabei fielen auch Bomben auf die Innenstadt, vermutlich, weil die Piloten die Orientierung verloren hatten. Daraufhin ließ Premierminister Churchill Berlin bombardieren, was Hitler wiederum zum Anlass nahm, sogenannte Vergeltungsangriffe auf London zu befehlen. In einem Wutanfall erklärte er, die deutsche Luftwaffe werde die britischen Städte „ausradieren". Der erste dieser „Vergeltungsangriffe" wurde am 7. September gegen London geflogen. 500 Tote und 1500 Schwerverletzte waren in der Hauptstadt zu beklagen. Die Verluste der deutschen Luftwaffe stiegen indessen von Tag zu Tag. Allein am 15. September, dem sogenannten „Battle-of-Britain"-Tag, gingen 56 Maschinen verloren, 30 mehr als bei der Air Force. Nach dieser deutlichen Niederlage verstärkte die Luftwaffe ihre Angriffe auf britische Städte, um die Moral der Zivilbevölkerung zu brechen.

▣ 57 Nächte nacheinander warfen deutsche Flugzeuge ihre Bomben über London ab. Erstmals kamen dabei auch Brandbomben zum Einsatz. Im Zentrum der britischen Hauptstadt wüteten Feuerstürme. Um dem Inferno zu entkommen, floh die Zivilbevölkerung in die Schächte der U-Bahn. Auch die Menschen in Sheffield, Birmingham und Bristol, in Liverpool, Glasgow und Belfast bekamen zu spüren, was die Flächenbombardierung von Städten bedeutet. Am heftigsten traf es Coventry: In der Nacht zum 15. November flogen 500 deutsche Bomber einen Großangriff gegen die Stadt in Mittelengland und warfen 500 Ton-

London war immer wieder Opfer deutscher Luftangriffe. Das Foto zeigt eines der Wahrzeichen der Stadt, die **St Paul's Cathedral,** am 29. Dezember 1940 inmitten eines Infernos von Feuer und Rauch.

In der Nacht zum 15. November 1940 wurde die Innenstadt von **Coventry** nahezu vollständig zerstört. Am 17. November, als dieses Foto entstand, waren von dieser einst belebten Straße nur noch Steinhaufen und Fassadenteile übriggeblieben.

nen Sprengbomben und Luftminen ab. 90 Prozent der Gebäude der Stadt, einschließlich der Kathedrale, wurden zerstört, das Zentrum war dem Boden gleichgemacht, fast 1000 Menschen starben. Mit der Bezeichnung „coventrieren“ bezeichnete die deutsche Propaganda fortan vergleichbare Angriffe gegen zivile Ziele. Die Widerstandskraft der Engländer aber, von Churchill auf „Blut, Mühsal, Tränen und Schweiß“ zur Verteidigung der Freiheit eingeschworen, konnte damit nicht gebrochen werden. Im Gegenteil: Die gemeinsam durchlittene Zeit der Not und Bedrängnis stärkte den Durchhaltewillen der Bevölkerung, zudem rückten die USA näher an ihre „europäischen Verwandten“ heran, gewährten vermehrt moralische und materielle Hilfe.

▣ In der Luftschlacht um England erlitten Deutschland und Hitler ihre erste Niederlage in diesem Krieg – und zwar eine sehr empfindliche. Das Deutsche Reich verlor 2265 Maschinen, 2000 Piloten waren gefallen, 2600 weitere galten als vermisst. Diese Verluste der Luftwaffe waren in den kommenden Monaten kaum auszugleichen. Was nicht weniger schwer wog: Der Mythos von der unaufhaltbaren und unbesiegbaren deutschen Angriffsmaschinerie war dahin. In der Einsicht, dass die Herrschaft über den britischen Luftraum nicht gewonnen werden könnte, hatte Hitler die Pläne für die Invasion Englands bereits am 17. September 1940 für „unbestimmte Zeit“ auf Eis gelegt. Der Luftkrieg gegen britische Ziele wurde zwar auch nach 1940 fortgesetzt, allerdings mit vermindertem Einsatz. Im Oktober 1940 versuchte Hitler, neue Verbündete für den Kampf gegen England zu gewinnen. Auf einer Westeuropareise traf er sich mit Vertretern Spaniens und Vichy-Frankreichs, um die Front gegen Großbritannien zu verstärken. Die Mission blieb aber erfolglos: General Franco ließ die Entscheidung über den Kriegseintritt Spaniens offen und blieb schließlich neutral, Pétain stimmte zwar einer intensiveren Zusammenarbeit (Kollaboration) zu, lehnte aber die gemeinsame Kriegsführung gegen Großbritannien ab. Selbst der Sowjetunion machte Hitler das Angebot einer Anti-England-Koalition. Um Moskau den Beitritt zum Dreimächtepakt, den Deutschland am 27. September 1940 mit Italien und Japan geschlossen hatte, schmackhaft zu machen, bot er der UdSSR an, sich an der geplanten Aufteilung des britischen Weltreichs zu beteiligen. Die Unterredung mit dem Volkskommissar für Äußere Angelegenheiten Wjatscheslaw Molotow am 12. November 1940 in Berlin verlief aber ebenfalls unbefriedigend, da sie aufzeigte, dass die deutschen und sowjetischen Interessen nicht zu vereinbaren waren.

Zwischen den Ruinen ihrer Häuser haben Familien nach einem **Luftangriff auf London** am 15. September 1940 Reste ihrer Habe gestapelt.

Das Ziel, mit ihren Bomben die britische Zivilbevölkerung zu zermürben, erreichte die deutsche Luftwaffe nicht. Diese Engländer zeigen ihren **Widerstandswillen**, indem sie an ihrem zerstörten Haus die britische Flagge, den „Union Jack", anbringen.

Die Lage Ende 1940

- Durch die Offensiven im Norden und Westen zog Deutschland im Jahr 1940 fast ganz Europa in den Krieg. Nach der Eroberung Dänemarks und Norwegens sowie dem erfolgreichen Westfeldzug gegen Frankreich kontrollierten Hitlers Truppen einen riesigen Raum, der vom norwegischen Nordkap bis zur spanischen Grenze in den Pyrenäen, von der Bretagne und der Atlantikküste bis an die sowjetische Grenze im Osten Polens reichte.

- Mit dem Kriegseintritt Italiens weitete sich der Kriegsschauplatz auf das gesamte Mittelmeer, auf Südosteuropa und Nordafrika aus. Die nicht mit dem deutschen Verbündeten abgestimmten „Parallelkriege“ Mussolinis gegen Griechenland sowie gegen die Briten in Libyen und Ägypten kamen Hitler zu diesem Zeitpunkt gar nicht gelegen. Die militärischen Unternehmungen des italienischen „Duce“ gerieten zudem sämtlich zum Debakel. Die wenigen Kampfhandlungen auf See zeigten, dass die italienische Marine selbst vor der eigenen Haustür mit der britischen nicht konkurrieren konnte. Nach einigen anfänglichen Schwierigkeiten besaßen die Engländer wieder eindeutig die Seeherrschaft im Mittelmeer. Ihre Nachschubtransporte nach Malta und Ägypten liefen nahezu ungestört, die wenigen im Mittelmeer kreuzenden britischen Schlachtschiffe beschossen sogar Häfen in der italienischen Kolonie Libyen und im italienisch besetzten Albanien. Das italienische Heer war noch schlechter aufgestellt und ausgerüstet: Es zeigte sich bald so deutlich unterlegen, dass im Herbst 1940 kaum noch Zweifel daran bestanden, dass die deutsche Wehrmacht in Nordafrika und auf dem Balkan zur Unterstützung des Bündnispartners würde eingreifen müssen. Das erforderte jedoch eine viel engere Zusammenarbeit, als sie bisher von beiden Partnern der „Achse Berlin-Rom“ gepflegt worden war.

- Mit der Niederwerfung der Niederlande, Belgiens und Frankreichs waren die gesamte Ärmelkanalküste und die französische Atlantikküste bis Mitte 1940 unter deutsche Kontrolle geraten, was die strategische Position für die folgenden militärischen Unternehmungen in diesem Raum erheblich verbesserte. Die Mehrzahl der Häfen war nach kurzer Zeit benutzbar, im bretonischen Lorient lief bald das erste deutsche U-Boot ein. Der Gedanke, nun auch die beinahe in Sichtweite liegenden britischen Inseln anzugreifen, lag nahe. Da sich die Wehrmachtteile mit der Taktik amphibischer Operationen nicht beschäftigt und die für eine Landung erforderlichen Spezialfahrzeuge nicht entwickelt hatten, schien die Invasion nur möglich, wenn die Luftwaffe England zuvor sturmreif bomben würde. Die Niederlage in der Luftschlacht um England war der erste militärische Rückschlag in der aggressiven Annexionspolitik des Deutschen Reichs.

  Die systematischen Bombardements Londons und anderer britischer Städte in der zweiten Phase dieser Schlacht dokumentierten die schreckliche Dimension des Zermürbungskriegs gegen die Zivilbevölkerung und sollten später auf deutsche Städte und ihre Bevölkerung zurückfallen. In der Sache waren sie eher kontraproduktiv: In der britischen Bevölkerung wuchs der Wille zum Widerstand und die USA engagierten sich merklich stärker in der moralischen und materiellen Unterstützung des letzten verbliebenen demokratischen Staates in Westeuropa.

- In der Folgezeit sollte sich das militärische Hauptaugenmerk wieder nach Osten richten. Gegen Ende des Jahres 1940 gab Hitler die Weisung, den Feldzug gegen die Sowjetunion vorzubereiten. Damit trat der Krieg 1941 in ein neues, entscheidendes Stadium und er entwickelte sich schließlich vom europäischen zum Weltkrieg.

Der Wüstenkrieg in Nordafrika

Um die Schwächung der Achse Berlin-Rom zu verhindern, sah sich Hitler gezwungen, die in Nordafrika kämpfenden italienischen Divisionen durch den Einsatz deutscher Truppen zu unterstützen. Ein Sieg der Briten und die Stärkung ihrer Stellung im Mittelmeerraum hätten nämlich eine britische Invasion in Italien und die Eröffnung einer neuen Front in Südeuropa zur Folge haben können.

Panzer des deutschen **Afrikakorps in Tripolis** (Libyen). Beim Ausschiffen seiner Truppen ließ General Erwin Rommel seine Panzer immer wieder durch Tripolis' Straßen fahren, um so den Anschein einer viel mächtigeren Streitmacht zu erwecken.

Der „Wüstenfuchs“

▣ Der Auftrag Hitlers, den Vormarsch der Briten in Nordafrika zu stoppen, glich einem Himmelfahrtskommando. Zu überlegen schien die britische Übermacht dem deutschen Afrikakorps unter seinem Befehlshaber General Erwin Rommel und den zerschlagenen, schlecht ausgerüsteten italienischen Verbänden. Unter der Bedingung, dass auch diese dem deutschen Oberbefehlshaber unterstellt waren, landeten am 11. Februar 1941 dennoch deutsche Truppen in der libyschen Hauptstadt Tripolis.

▣ Bereits bei der Ankunft überraschte Rommel seine Gegner mit einem ebenso dreisten wie einfachen Täuschungsmanöver: Beim Ausschiffen der deutschen Truppen schickte er die wenigen Panzer immer wieder um den Häuserblock und gaukelte Beobachtern so eine mächtige Streitmacht vor – auch einem britischen Spion, der seinem Hauptquartier meldete, dass die Deutschen mit mehr als tausend Panzern in Afrika gelandet seien. So bezeichnend diese Finte für den unkonventionellen Heerführer Rommel war, allzu großen Eindruck machte sie auf die Briten nicht. In einer Lagebeurteilung des britischen Generalstabs hieß es über die deutschen Truppen: keine Erfahrung im Wüstenkrieg, keine ausreichenden Kräfte.

▣ Den besagten Mangel an Erfahrung versuchte die deutsche Heeresführung mit einem „Leitfaden für den Soldaten in Libyen“ auszugleichen, der den Kampf gegen die lebenswidrige Umgebung in einem Wüstenkrieg thematisierte. Die

Um den erfolglosen **Bündnispartner Italien** bei der Verteidigung seiner Kolonie Libyen zu unterstützen, entsandte Hitler Truppen nach Afrika. Das Foto zeigt die Ankunft eines deutschen Verbands im Februar 1941.

Erwin Rommel

BIOGRAFIE

Eine Staubbrille und ein schwarzer Ledermantel waren seine Markenzeichen: Erwin Rommel, bekannt auch als der „Wüstenfuchs“. Die nationalsozialistische Propaganda baute den hochdekorierten Generalfeldmarschall zu einem Volkshelden auf. Vom ersten Tag an wurde Rommels Feldzug in Afrika, bei dem sich der Heerführer auch dadurch auszeichnete, dass er persönlich immer die Nähe zur Front suchte, auf Film und Foto festgehalten und so der Mythos Rommel geschaffen. Doch als er nach dem Afrikafeldzug in den Verdacht geriet, am Attentat auf Hitler vom 20. Juli 1944 beteiligt gewesen zu sein, wurde er zum Selbstmord gezwungen. Am 14. Oktober 1944 schluckte Erwin Rommel eine tödliche Dosis Zyankali. Nach einem großen Staatsakt in Ulm wurde er in Herrlingen beigesetzt. Mit dieser Inszenierung wollte die NS-Führung verhindern, dass das deutsche Volk erfährt: Auch „Wüstenfuchs“ Rommel gehörte zu den Verschwörern. Zwar zählte er nicht zum engeren Kreis des Widerstands, der das Attentat auf Hitler plante und ausführte, aber er gehörte zu den in die Verschwörung eingeweihten höheren Offizieren.

Tropenhelm mit Staubschutzbrille der Luftwaffe des deutschen Afrikakorps. Im Verlauf des Zweiten Weltkriegs erstreckte sich das Einsatzgebiet des Afrikakorps von Tunesien über Libyen bis Ägypten.

Tipps reichten von Bekleidungshinweisen („Trage nachts eine Leibbinde, du hütest dich vor Erkältungen“) bis zu Ernährungsratschlägen („Trinke nur abgekochtes Wasser“). Selbst an das ideologische Rüstzeug hatten die Experten im fernen Berlin gedacht: „Besuche nur das von der Truppenführung freigegebene Bordell. Geschlechtsverkehr mit farbigen Frauen ist Rassenschande.“

Kampf um die Cyrenaika

▣ Das deutsche Afrikakorps begann Ende März bei Mersa Brega mit der Rückeroberung der libyschen Halbinsel Cyrenaika. Rommels Truppen warfen das britische Heer unter General Archibald Wavell über Bengasi und Derna 800 Kilometer zurück, denn der Abzug von mehreren Tausend Sol-

Kübelwagen des deutschen Afrikakorps mit aufmontierter **Panzerattrappe** zur Täuschung der feindlichen Aufklärung. Das Foto wurde im April 1941 in der Cyrenaika aufgenommen.

daten aus Afrika zur Front in Griechenland hatte die ursprünglich überlegenen britischen Verbände erheblich reduziert. Lediglich rund 7000 von ursprünglich 36 000 Mann verblieben in Nordafrika.

▣ Schließlich begünstigte ein weiterer, kurioser Faktor Rommels Sieg: Experten hatten just zu diesem Zeitpunkt den als absolut sicher geltenden Code der deutschen Verschlüsselungsmaschine „Enigma" geknackt. Die britische Führung kannte daher Details der Planung des Oberkommandos der Wehrmacht. Auch die Anweisung, nicht über El Agheila hinaus vorzustoßen, war ihr bekannt. Dementsprechend glaubten sich die Briten auf der sicheren Seite, sodass 7000 Mann als ausreichend erschienen. Rommel jedoch

Nach der Rückeroberung der Cyrenaika entstand auf der libyschen Halbinsel eine gewisse deutsche Infrastruktur. Im Bild ein **deutscher Luftwaffenstützpunkt**.

Ein deutscher Panzer kämpft sich durch den **Wüstensand der Cyrenaika.** Die Fotoreproduktion stammt aus einem Bildband über das deutsche Afrikakorps, der 1943 erschien.

Panzer des Afrikakorps beim **Vormarsch in der Wüste.** Rommel hatte sich schon in Frankreich und anderen Kriegsgebieten durch schnelle Vorstöße ausgezeichnet.

widersetzte sich der Anweisung und führte den Angriff über die befohlene Position hinaus fort. Mit so viel rommelschem Eigensinn hatte die überraschte britische Führung wohl nicht gerechnet – und musste so ihren ersten militärischen Rückschlag in Nordafrika verkraften.

Nachschubprobleme

▣ Aber auch Rommel musste sich grundlegenden Schwierigkeiten stellen, die vor allem den Nachschub betrafen. Einerseits wurde dieser durch britische Schiffe und Flugzeuge, die von der Mittelmeerinsel Malta aus agierten, blockiert. Die Eroberung der Insel hätte das Problem behoben, wurde jedoch immer wieder verschoben. Andererseits wurde Rommels Situation zudem durch Hitlers militärische Planung selbst erschwert, die Afrika nur als Nebenkriegsschauplatz betrachtete. Er versagte Rommel den benötigten Nachschub an Waffen, Ausrüstung und Mannschaften, da er voll in den Vorbereitungen für den Krieg gegen die Sowjetunion steckte. Die Versorgungsengpässe führten schließlich zum Stopp des deutschen Vormarsches Mitte April bei der ägyptischen Grenzstadt Sollum östlich von Tobruk.

Zwei deutsche Maschinen beim Anflug auf die **Festung Tobruk** in Libyen, die drei schweren Angriffen der Wehrmacht widerstehen konnte.

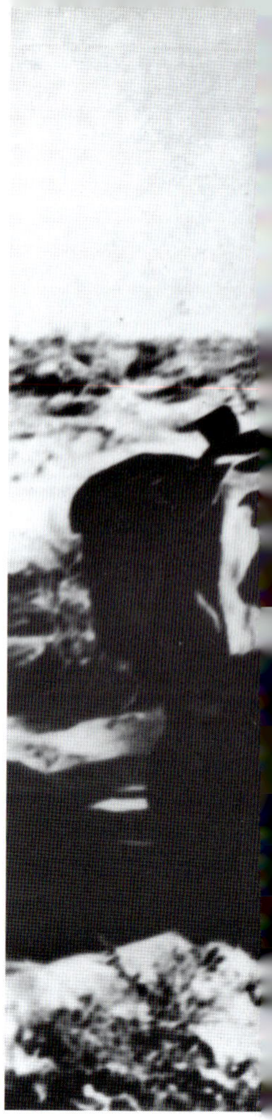

Soldaten eines **britischen Regiments** mit einem schweren Maschinengewehr. Während eines Gefechts Ende 1941 trieben die Briten die Deutschen auf ihre Ausgangsposition zurück.

Festung Tobruk

▣ Das von den Italienern zur Festung ausgebaute Tobruk war seit Januar 1941 fest in britischer Hand. Die Hafenstadt spielte allerdings als zentrale Versorgungsbasis eine Schlüsselrolle im Kampf um die Herrschaft in Nordafrika. Ein äußerer Verteidigungsring von 60 Kilometer Länge sicherte Tobruk – mehr als hundert Verteidigungsanlagen mit Panzergräben und -sperren lagen um das Stadtzentrum verteilt. Dahinter erstreckte sich ein zweiter Ring mit Drahtverhauen und Minenfeldern. 25 000 britische Soldaten standen bereit, diese Festung zu verteidigen. Bis zum 13. April 1941 unternahm die deutsche Wehrmacht drei erfolglose Angriffe. Nach schweren Verlusten befahl Rommel den Abbruch der Eroberungsversuche, da die deutschen Kräfte zu schwach waren, um den Ring um Tobruk aufzusprengen.

Auch auf dem **Nebenkriegsschauplatz Afrika** hatte die Wehrmacht zunächst überraschende Erfolge. Unter der Führung von Erwin Rommel rückte das deutsche Afrikakorps ab März 1941 entgegen anderslautenden Weisungen über El Agheila hinaus vor – und stieß jenseits davon auf vergleichsweise geringen Widerstand. Am Ende des Jahres warfen die Briten die Deutschen bei einer Gegenoffensive zurück.

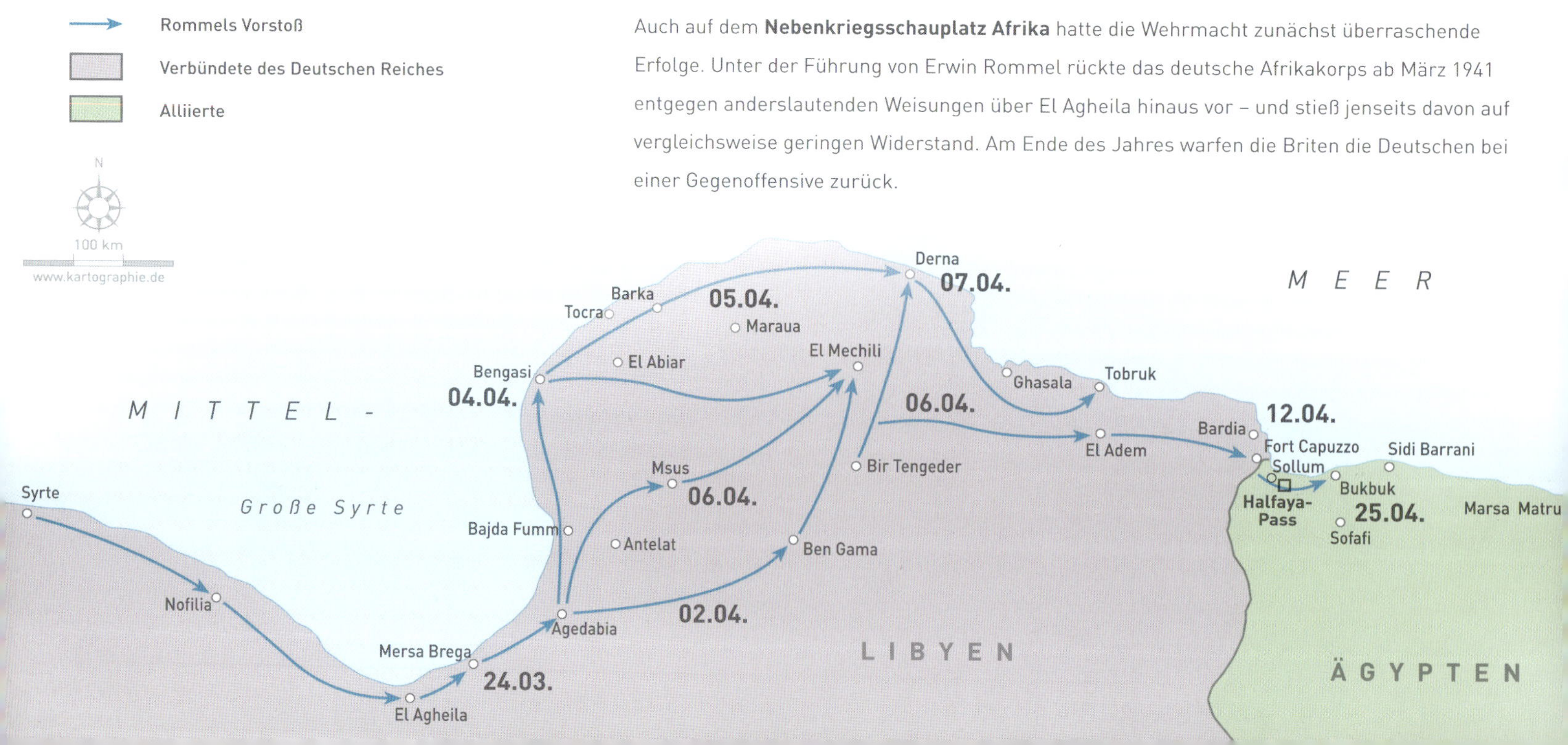

Patrouille der **Long Range Desert Group,** einer britischen Spezialeinheit, die vor allem mit Aufklärungsaufgaben betraut war.

Britische Gegenoffensive

- Den anschließenden kräftezehrenden Stellungskrieg an der libysch-ägyptischen Grenze beendeten die Briten am 18. November 1941 mit der „Operation Crusader". Der neue britische Oberbefehlshaber Claude Auchinleck stellte die stärkste Armee auf, die bis dahin in der Wüste angetreten war: Mit mehr als 100 000 Mann, 800 Panzern und 1000 Flugzeugen war diese den deutschen Verbänden an Größe absolut überlegen. Der Großangriff ermöglichte den Ausbruch der Besatzung von Tobruk aus dem Belagerungsring und warf das deutsche Afrikakorps bis Ende des Jahres 1941 auf seine Ausgangsstellung am Westrand der Cyrenaika zurück.

- Anfänglich als Unterstützung für die italienischen Verbündeten geplant, sah sich die deutsche Wehrmacht bald in der Rolle des Hauptakteurs in Nordafrika. Diese Front war für die Briten der einzige Bereich, in dem es einen direkten Kontakt mit den Deutschen gab. Deshalb wollten sie auf diesem Nebenkriegsschauplatz auf keinen Fall als Verlierer dastehen. Ein Umstand, der klar für die Briten sprach, waren die durch ihre Kolonien gesicherten Nachschubwege. Das deutsche Afrikakorps hingegen war weiterhin gezwungen, seine Versorgung über das Mittelmeer zu regeln, wo die Transporte den Angriffen der britischen Luftwaffe und der Marine ausgesetzt waren.

Die Balkanoffensive

Seit Herbst 1940 liefen in Deutschland die Vorbereitungen für den Feldzug gegen die Sowjetunion. Durch den gescheiterten Angriff Italiens auf Griechenland war aber auf dem Balkan eine Situation entstanden, die vor der großen Offensive im Osten korrigiert werden musste. Bündnisse mit Ungarn, Rumänien und Bulgarien sicherten der Wehrmacht dabei eine gute strategische Ausgangsposition.

Ungesicherte Südflanke

Die mehreren Zehntausend britischen Soldaten, die zur Unterstützung der griechischen Truppen auf dem Balkan gelandet waren, stellten hinsichtlich des geplanten deutschen Angriffs auf die UdSSR ein Risiko für die Südflanke der Offensive dar. Auch waren die für das Reich lebensnotwendigen Rohöllieferungen aus Rumänien durch die Briten potenziell gefährdet. So verschob Hitler die Großoffensive im Osten um vier bis sechs Wochen, um zunächst die Kontrolle Südosteuropas und damit die Sicherung der Südflanke zu gewährleisten. Als in Jugoslawien, das durch einen Vertrag neutral gehalten war, am 27. März 1941 die deutschfreundliche Regierung gestürzt wurde, ordnete Hitler in einem Gespräch mit der Wehrmachtsführung an, das Land gleichzeitig mit Griechenland anzugreifen und als Staatsgebilde zu zerschlagen.

Eine Kolonne der Wehrmacht im Juni 1941 auf dem **Vormarsch durch Serbien.** Nach der Kapitulation Jugoslawiens am 17. April 1941 entwickelten sich jedoch die Partisanen zu einem stets gefährlichen Gegner.

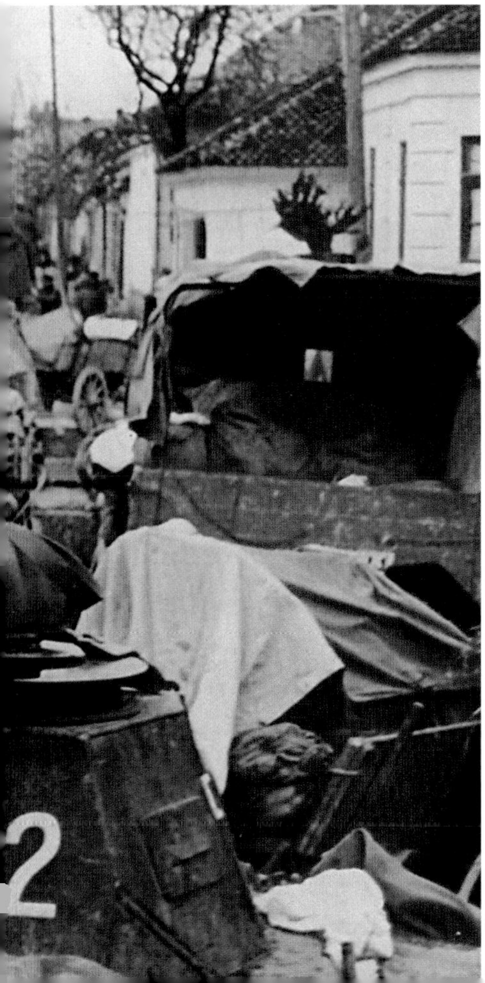

Die **„Operation 25"** gegen Jugoslawien im April 1941 dauerte gerade einmal zwölf Tage. Die deutschen Truppen – im Bild eine motorisierte Kolonne der Wehrmacht – zeichneten sich durch besonders schnelle Bewegungen aus.

„Operation 25"

In den frühen Morgenstunden des 6. April 1941 begann die Balkanoffensive gegen Jugoslawien („Operation 25") und Griechenland („Unternehmen Marita"). Von Kärnten, Ungarn, Rumänien und Bulgarien aus stießen deutsche Truppen mit schnellen Operationen sehr beweglicher Kräfte auf jugoslawisches Gebiet vor. Die Panzer- und Infanteriedivisionen wurden dabei von Bomberstaffeln unterstützt, die schwere Angriffe auf Belgrad und strategisch wichtige Positionen flogen. Auch italienische, ungarische und bulgarische Verbände nahmen an der Offensive teil. Diesem geballten Angriff konnte die kleine jugoslawische Armee nur geringen Widerstand entgegensetzen, zumal die meisten kroatischen Truppenteile die Angreifer als Befreier begrüßten und Befehle des Oberkommandos nicht befolgten. Am 12. April fiel Zagreb, am 14. April, nach heftigen Bombardements, die Hauptstadt Belgrad. Mit der Kapitulation der jugoslawischen Streitkräfte am 17. April 1941 war der südslawische Vielvölkerstaat besiegt, über 300 000 Soldaten gerieten in deutsche Gefangenschaft.

Richtung Ägäis und Athen

▣ Zeitgleich mit dem Angriff auf Jugoslawien eröffnete die Wehrmacht über bulgarisches Gebiet auch den Kampf gegen Griechenland, der sich für die deutschen Truppen, unterstützt von italienischen, erheblich schwieriger gestaltete als der gegen Jugoslawien. Verbissen verteidigten die Griechen die sogenannte Metaxaslinie in Ostmazedonien, nördlich von Saloniki. Mit schweren Waffen und massiven Luftangriffen gelang der Durchbruch schließlich, am 9. April wurde Saloniki eingenommen. Als der massive Widerstand in Nordgriechenland gebrochen war, ging der Vormarsch auf Athen und den Peloponnes zügiger voran. Am 27. April 1941 wehte die Hakenkreuzflagge auf der Akropolis, die Besetzung des Peloponnes erfolgte über den Golf von Patras und eine Luftlandung am Isthmus von Korinth. Am 30. April war das gesamte griechische Festland besetzt, 220 000 Griechen und

An der stark befestigten **Metaxaslinie** kam das „Unternehmen Marita" ins Stocken. Das Foto aus dem Jahr 1941 zeigt Zivilisten mit Packeseln vor Panzersperren im Tal der Struma.

Vorstoß deutscher Truppen 06.–30.April

britische Verdeidigungslinien zur Sicherung der Evakuierung

Evakuierungsrouten britischer Truppen

Verbündete des Deutschen Reiches

Alliierte

neutrale Staaten

Über Bulgarien und Jugoslawien rückte die Wehrmacht im Zuge des **Balkanfeldzugs** nach Griechenland vor. Nachdem sie den erbitterten Widerstand der Griechen an der Metaxaslinie gebrochen hatte, gelang ihr auch auf dem griechischen Festland ein schneller Erfolg.

Deutsche Kampfflugzeuge überfliegen die **Akropolis** in Athen. Nachdem Ende 1940 ein Versuch Italiens, Griechenland zu erobern, gescheitert war, konnte die Wehrmacht Ende April 1941 die Kapitulation des Landes erzwingen.

Lastwagen der Royal Air Force transportieren am 3. Mai 1941 auf **Kreta** britische Truppen, denen es gelungen war, sich vom griechischen Festland nach Kreta einzuschiffen und so deutscher Kriegsgefangenschaft zu entgehen.

22 000 Briten gefangengesetzt. Die meisten britischen Soldaten auf dem Balkan konnten sich der Gefangennahme durch die Wehrmacht allerdings entziehen. Am 24. April 1941 hatte das britische Oberkommando die „Operation Demon" gestartet, die Evakuierung der britischen Truppen vom Festland auf die Insel Kreta. In geschickten nächtlichen Unternehmen gelang es, über 50 000 Soldaten einzuschiffen und Richtung Süden abzutransportieren.

Landung auf Kreta

▣ Im größten deutschen Luftlandeunternehmen des Zweiten Weltkriegs sprangen über Kreta 15 000 deutsche Fallschirmjäger ab, um die strategisch wichtige Mittelmeerinsel einzunehmen. Schon beim Niedergehen der ersten Welle der Fallschirmjäger am Morgen des 20. Mai 1941 stellte sich jedoch heraus, dass die deutsche Aufklärung die Stärke des Gegners unterschätzt hatte und die Verteidiger auf die „Operation Merkur" vorbereitet waren. Die schutzlos an ihrem Schirm hängenden Soldaten waren ein leichtes Ziel für die Briten. Die von der militärischen Führung erwartete handstreichartige Eroberung der Insel schlug fehl. In schwierigem, zum Teil nahezu unzugänglichem Gelände kam es zu erbitterten Kämpfen. Schwierig gestaltete sich auch der Nachschub, da es vier Tage dauerte, ehe die Flugplätze Kretas erobert werden konnten. In siebentägigen harten Kämpfen gelang es dennoch, die gemeinsame Luft-See-Operation von Fallschirm- und Gebirgsjägern erfolgreich, aber unter großen Verlusten, abzuschließen. Die deutsche Luftwaffe fügte der britischen Mittelmeerflotte im Verlauf des Unternehmens

Die **„Operation Merkur"** war das erste große Luftlandeunternehmen der Geschichte. Die Karte zeigt die Brennpunkte der Luftlandeschlacht um Kreta, das danach bis 1945 von der Wehrmacht besetzt blieb.

Bei der **Landung auf Kreta** gerieten die deutschen Fallschirmjäger unter heftigen Beschuss der britisch-griechischen Verteidiger der Insel.

FAKTEN

Zerschlagung Jugoslawiens

Nach der militärischen Eroberung Jugoslawiens wurde das Land unter den Siegern aufgeteilt:
- Deutschland und Italien teilten Slowenien unter sich auf,
- Ungarn annektierte den an sein Territorium grenzenden Teil der Wojwodina,
- Italien vereinigte Montenegro, einen Teil Mazedoniens und den Kosovo mit Albanien,
- Bulgarien erhielt den Rest Mazedoniens,
- Serbien blieb militärisch besetzt und erhielt eine Marionettenregierung,
- in Kroatien entstand ein Vasallenstaat unter Führung der faschistischen Ustascha-Bewegung.

schwere Verluste zu, drei Kreuzer und sechs Zerstörer wurden versenkt. Die Engländer zogen sich am 29. Mai zurück: 17 000 Briten konnten über See nach Ägypten entkommen, 12 000 gerieten in deutsche Gefangenschaft.

Mit der Einnahme Kretas hatten die Achsenmächte eine strategisch wichtige Position auf der Linie Italien-Nordafrika gewonnen.

Partisanen

Sowohl in Jugoslawien als auch in Griechenland entstanden nach der Niederlage der regulären Truppen Widerstandsbewegungen gegen die Besatzungsmacht. Zunächst nur wenige Hundert Kämpfer umfassend, gewannen sie im Fortgang des Krieges an Zulauf und banden starke gegnerische Kräfte in dieser Region. Die Herrschaftspraxis der Besatzer war von Willkür und Terror gegenüber der Zivilbevölkerung geprägt: In sogenannten „Vergeltungsmaßnahmen" wurden immer wieder Massenexekutionen durchgeführt, die den Partisanen als aktiven Kämpfern gegen die verhassten Besatzer zunehmend die Sympathie und die Unterstützung der einheimischen Bevölkerung einbrachten.

Kreta wurde im Zuge des größten deutschen Luftlandeunternehmens des Zweiten Weltkriegs eingenommen. Die Fallschirmjäger erlitten dabei hohe Verluste. Im Bild ein **Abzeichen**, das der Auszeichnung von **Fallschirmjägern** diente.

Der Überfall auf die Sowjetunion

Im Juni 1941 eröffnete Deutschland ohne Kriegserklärung auf breiter Front zwischen der Ostsee und den Karpaten den Krieg gegen die Sowjetunion. Mit dem größten Truppenaufmarsch aller Zeiten sollte das kommunistische Riesenreich in einem Blitzkrieg überrannt und bis Herbst 1941 besiegt werden. Nicht nur die deutsche Führung glaubte an einen weiteren schnellen Sieg, auch die Alliierten waren vom baldigen Zusammenbruch Russlands überzeugt. Was folgte, war ein Vernichtungskrieg beispiellosen Ausmaßes.

Sehr schnell gerieten Hunderttausende sowjetische Soldaten in Kriegsgefangenschaft. Beim Umgang mit ihnen vergaßen auch große Teile der Wehrmacht sämtliche Regeln der Menschlichkeit. Das vermutlich am 15. Oktober 1941 aufgenommene Foto zeigt **sowjetische Kriegsgefangene** auf dem Weg zur Exekution.

Aufforderung zum Terror

Als Hitler 1939 den Nichtangriffspakt mit der Sowjetunion schloss, tat er das in der festen Absicht, ihn zu gegebener Zeit zu brechen. Sein schon früh formuliertes Ziel, Lebensraum im Osten zu gewinnen und auch das europäische Russland rücksichtslos zu germanisieren, hatte er bei allen ihm notwendig erscheinenden Kompromissen nie aus den Augen verloren. Nachdem im November 1940 Verhandlungen über den Beitritt der UdSSR zum Dreimächtepakt ergebnislos verlaufen waren, gab Hitler dem Oberkommando der Wehrmacht am 18. Dezember 1940 die Weisung, den Feldzug im Osten unter dem Decknamen „Fall Barbarossa" vorzubereiten. Dass dieser Krieg im Osten kein Krieg wie andere sein würde, daran ließen die im Vorfeld gegebenen Befehle und Weisungen keinen Zweifel. Unter den rassenideologischen Prämissen, dass Slawen „minderwertige" Menschen und Bolschewisten besonders gefährlich seien, kündigte Hitler den Befehlshabern der Wehrmacht am 30. März 1940 eine radikale Kriegführung ohne Bindung an kriegsrechtliche Normen an. Einer seiner Erlasse sicherte Straffreiheit für brutales Vorgehen gegen die Zivilbevölkerung zu, im sogenannten „Kommissarbefehl" erließ das OKW „Richtlinien für die Behandlung politischer Kommissare", die bei Gefangennahme unverzüglich „abzusondern" und zu „erledigen" seien. Terror gegen die Zivilbevölkerung und Kriegsverbrechen waren damit nicht nur im Vorhinein sanktioniert, sondern gleichsam als Mittel der Kriegführung gefordert. Es konnte keinem Beteiligten verborgen bleiben, dass in dem von Hitler zum „Kreuzzug gegen den Bolschewismus" und „Schicksalskampf im Osten" stilisierten Feldzug von Beginn an alle Mittel recht waren.

Aufmarsch an der Ostgrenze

Drei Millionen deutsche Soldaten, das waren etwa drei Viertel des gesamten Feldheeres, lagen im Juni 1941 an der Demarkationslinie zur Sowjetunion. Aus den verbündeten Staaten Rumänien, Ungarn, Slowakei, Italien und Finnland kamen weitere 600 000 Mann hinzu. Der Raum, in den sie vordringen sollten, hatte enorme Ausmaße: Er reichte an seinem östlichen Ende vom Kaukasus im Süden bis ans Weiße Meer – ein Nebenmeer der Barentssee – im Norden und wies in der im Osten als Ziel gesetzten Linie Archangelsk-Wolga-Astrachan eine Breite von 3000 Kilometern auf. Jeder Feldzug, der nicht schnell und grenznah zum Erfolg geführt werden konnte, drohte in diesen Weiten aufgesaugt zu werden. So sah die deutsche Taktik vor, durch einen überraschenden Vorstoß Breschen in die feindlichen Linien zu schlagen und durch diese mit schnellen Verbänden in die Tiefe vorzustoßen, um den Gegner von rückwärtigen Ver-

ZITAT

„Kommissarbefehl"

Auszug aus den „Richtlinien für die Behandlung politischer Kommissare" des Oberkommandos der Wehrmacht vom 6. Juni 1941:

„Im Kampf gegen den Bolschewismus ist mit einem Verhalten des Feindes nach den Grundsätzen der Menschlichkeit oder des Völkerrechts nicht zu rechnen. Insbesondere ist von den politischen Kommissaren aller Art als den eigentlichen Trägern des Widerstands eine hasserfüllte, grausame und unmenschliche Behandlung unserer Gefangenen zu erwarten. ... Politische Kommissare als Organe der feindlichen Truppe sind kenntlich an besonderen Abzeichen – roter Stern mit golden eingewebtem Hammer und Sichel auf den Ärmeln. Sie sind aus den Kriegsgefangenen sofort, d.h. noch auf dem Gefechtsfelde, abzusondern. Dies ist notwendig, um ihnen jede Einflussmöglichkeit auf die gefangenen Soldaten abzunehmen. Diese Kommissare werden nicht als Soldaten anerkannt; der für die Kriegsgefangenen völkerrechtlich geltende Schutz findet auf sie keine Anwendung. Sie sind nach durchgeführter Absonderung zu erledigen."

Am Morgen des 22. Juni 1941 überqueren deutsche Soldaten in Schlauchbooten den **Bug** und damit die im Hitler-Stalin-Pakt definierte Demarkationslinie.

Ein Gefreiter der deutschen Luftwaffe inspiziert im Juli 1941 einen abgeschossenen sowjetischen **T-34-Panzer,** einen zu Beginn des Krieges deutschem Kriegsgerät deutlich überlegenen Panzer, der der Roten Armee aber nur in sehr geringer Stückzahl zur Verfügung stand.

bindungen abzuschneiden und am Ausweichen zu hindern. Den marschierenden Truppen oblag dann die Aufgabe der Einkesselung und Aufreibung des Gegners. Wie bei den vorhergehenden Feldzügen kam der Unterstützung durch die Luftwaffe erneut große Bedeutung zu. Die Rote Armee war zwar zahlenmäßig stark, doch schlecht gerüstet. Große Teile des Kriegsgeräts waren veraltet, neue Waffensysteme wie der Panzer T 34 noch nicht voll entwickelt. Zudem war ein großer Teil des Offizierskorps den politischen „Säuberungen“ der 1930er-Jahre zum Opfer gefallen.

„Fall Barbarossa“

Als der deutsche Angriff auf die Sowjetunion am 22. Juni 1941 um 3.15 Uhr begann, kam er für die Rote Armee trotz aller Warnungen überraschend. Sowohl Großbritannien als auch die USA hatten den potenziellen zukünftigen Verbündeten auf die bevorstehende deutsche Offensive hingewiesen, Spione sogar Details übermitteln können. Stalin wollte aber nicht an einen Vertragsbruch Hitlers glauben, bis zuletzt war er bemüht, sich mit dem deutschen Diktator neu

Auf dem Weg zu anfänglich schnellen Gebietsgewinnen – und schließlich in den Untergang: Am **22. Juni 1941** passieren Kradschützen die russische Grenze.

zu arrangieren, betrachtete die Hinweise vonseiten der Westmächte als Provokation. So wurden viele Rotarmisten in Grenznähe im Schlaf überrascht, als die deutsche Artillerie mitten in der Nacht das Feuer eröffnete. Als vom Kreml um 7.15 Uhr die Weisung an die Grenztruppen erging, den Gegner aufzuhalten, waren die Grenzen vielerorts schon überrannt. Die taktische Überraschung glückte den deutschen Verbänden aber nicht an allen Frontabschnitten, vor allem an der Südflanke stieß der Angriff auf gut vorbereitete und verbissen kämpfende Gegner.

▣ Artilleriefeuer, Angriffe von Sturzkampfbombern (Stukas) und Panzervorstöße – der „Fall Barbarossa" begann ganz nach Plan. Von Ostpreußen aus stieß die Heeresgruppe Nord unter Generalfeldmarschall Wilhelm Ritter von Leeb durch die baltischen Staaten auf Leningrad vor. Die Heeresgruppe Mitte unter

Viele der in den **Grenzgarnisonen** liegenden Truppen **der Roten Armee** wurden vom Angriff der Wehrmacht überrascht und ergaben sich.

Stalin

BIOGRAFIE

Der 1879 in der georgischen Stadt Gori geborene Stalin wuchs unter dem Namen Jossif Dschugaschwili als Sohn eines Schuhmachers auf. 1898 schloss er sich zunächst der Sozialdemokratischen Arbeiterpartei Russlands an, nach der Spaltung der russischen Sozialdemokratie 1903 den Bolschewiki. Infolge revolutionärer Aktivitäten verbannte ihn das Zarenregime wiederholt nach Sibirien. Nach dem Sieg der Bolschewiki in der Oktoberrevolution 1917 gehörte er als Volkskommissar der Regierung unter Lenin an und stieg 1922 zum Generalsekretär der Kommunistischen Partei auf.
Nach dem Tod Lenins im Januar 1924 gelang es Stalin, seine Konkurrenten im Kampf um die Nachfolge in der Partei- und Staatsführung auszuschalten. 1929 war er der unumstrittene starke Mann in Partei und Staat. In blutigen „Säuberungen", denen Millionen Menschen zum Opfer fielen, ließ er in den 1930er-Jahren tatsächliche und vermeintliche Gegner ausschalten und führte als Alleinherrscher und Diktator ein gnadenloses Regime.
Während des Zweiten Weltkriegs verfolgte Stalin eine expansive Außenpolitik. Als Repräsentant der Siegermacht Sowjetunion installierte er nach 1945 sozialistische Regime in den Ländern Ostmitteleuropas und Südosteuropas. Stalin starb 1953 in Moskau.

Eine **deutsche Panzereinheit** im Juni 1941 auf dem Vormarsch in der Sowjetunion. Zu Beginn des „Fall Barbarossa" war die Wehrmacht deutlich besser mit Kampfgerät ausgestattet als die Rote Armee.

Den Panzern folgte die **Infanterie**. Deutsche Soldaten, teils Munitionskästen tragend, passieren mit erhobenen Händen stehende Zivilisten.

Generalfeldmarschall Fedor von Bock rückte entlang der Linie Warschau-Moskau gegen Minsk und Smolensk vor, die Heeresgruppe Süd unter Generalfeldmarschall Gert von Rundstedt auf die Westukraine. An den Außenflügeln der Ostfront, in Finnland und Rumänien, begann der Angriff einige Tage später. Die deutsche Luftwaffe war mit drei Luftflotten beteiligt, Kommandeur Göring bot mit 1945 Maschinen etwa zwei Drittel der einsatzbereiten deutschen Flieger auf.

Schneller Raumgewinn

▣ Enormer Raumgewinn der Wehrmacht kennzeichnete die erste Phase des Ostfeldzugs. Mit den im Westfeldzug erprobten keilförmigen Panzervorstößen drang die Heeresgruppe Mitte auf Moskau vor. Ihre beiden Panzergruppen bildeten dabei die Greifer einer äußerst effektiven Zange, die sich zuerst um Bialystok, dann um Minsk und schließlich am 16. Juli 1941, nur noch 400 Kilometer vor Moskau, um

Smolensk schloss. In den großen Kesselschlachten gerieten insgesamt weit über 600 000 sowjetische Soldaten in Gefangenschaft. Anfang August ließ Hitler gegen die Empfehlung des Oberkommandos des Heeres den Vormarsch auf Moskau jedoch stoppen, um zunächst zusätzliche Verbände zur Einkesselung Leningrads und der Eroberung der wirtschaftlich bedeutenden Ukraine frei zu bekommen. Die Panzerverbände der Heeresgruppe Mitte hatten sich nach Norden bzw. Süden in Bewegung zu setzen. Auf den Flügeln ging der deutsche Vormarsch nämlich weit weniger schnell und spektakulär voran. Die Führung der Roten Armee gab dort weite Gebiete preis, darunter Litauen und die Westukraine, um ihre Verbände der Einkesselung zu entziehen. Die Heeresgruppe Nord stand am 4. September vor Leningrad und

Anfangs hielten sich die **deutschen Verluste** sehr in Grenzen. Das Foto zeigt eine abgestürzte Me-109 der deutschen Luftwaffe in der Nähe Kischinjows. Landbevölkerung umringt das Flugzeugwrack.

Leichen auf dem Bolschoi-Prospekt in **Leningrad** nach einem deutschen Angriff. Der Millionenstadt stand eine jahrelange gnadenlose Belagerung bevor.

schnitt es wenige Tage später von jeglicher Landverbindung ab. Hitler befahl, den Angriff anzuhalten und die Millionenstadt, die nur über den Ladogasee notdürftig versorgt werden konnte, stattdessen auszuhungern. So sollten große Verluste im Straßenkampf vermieden, die Verteidiger hingegen mit Artilleriebeschuss und Bombardements aus der Luft mürbe gemacht werden.

▣ In der Ukraine vereinten sich Panzereinheiten der Heeresgruppe Mitte mit den Truppen der Heeresgruppe Süd und schlossen im Kessel von Kiew mehrere sowjetische Armeen mit fast einer Million Soldaten ein. Im Lauf von zwei Wochen drückte nachrückende Infanterie den Kessel ein – und damit endete die größte Kesselschlacht der Geschichte am 26. September 1941 mit der Gefangennahme von 665 000 sowjetischen Soldaten. Zehntausende tote Soldaten blieben auf dem Schlachtfeld zurück.

Deutsche Euphorie

▣ Vieles deutete zunächst darauf hin, dass Hitler und das OKW mit ihrer Einschätzung, die Rote Armee schnell niederringen zu können, Recht behalten sollten. Der Generalstabschef des deutschen Heeres, Generaloberst Franz Halder, hatte sich angesichts der schnellen Vorstöße bereits im Juli überzeugt gezeigt, dass der Krieg gegen die Sowjetunion praktisch schon gewonnen sei. Hitler verkündete seinen Entschluss, Moskau und Leningrad dem Erdboden gleich-

Eine russische Frau mit ihren Kindern vor ihrem zerstörten Haus. Brutalität gegenüber der **Zivilbevölkerung** war von den Nationalsozialisten ausdrücklich straffrei gestellt worden.

machen zu wollen, und erklärte nach der Einnahme Kiews, die Sowjetunion sei geschlagen und werde sich nie mehr erheben. In der Tat waren die ersten Kriegswochen und -monate für die Sowjetunion und die Rote Armee ein einziges Desaster. In drei Wochen waren die Angreifer, in Ausrüstung und Taktik weit überlegen, bis vor Moskau gelangt, in allesamt verlorenen Kesselschlachten Hunderttausende Soldaten gefallen, bis Ende Oktober 3,35 Millionen Rotarmisten in Gefangenschaft geraten. Am 16. Oktober verließ die Sowjetregierung die Hauptstadt und zog sich nach Kujbyschew an der Wolga zurück. Stalin aber blieb in Moskau.

Teuer erkämpfte Siege

▣ So eindrucksvoll sich die deutsche Offensive aus militärischer Sicht auch darstellte – die Siege waren teuer erkauft. Zwar lagen die Verluste an Menschen und Material weit unter denen des Gegners, doch sie waren im Gegensatz zu jenen nur schwer oder gar nicht auszugleichen. Mit jedem Tag des Krieges war der Widerstand der Roten Armee gewachsen. Die Divisionen der Wehrmacht hatten sich im ständigen Kampf aufgerieben, die Gefechtskraft der Panzerverbände hatte sich um zwei Drittel verringert. Ein Teil des Materials war infolge monatelanger Märsche und Kämpfe verschlissen, der Nachschub aufgrund der großen Entfernungen nur sehr schwer zu organisieren und kaum der Rede wert. Die Sowjetunion hingegen konnte auf ein schier unerschöpfliches Reservoir von Soldaten und Material zurückgreifen. Die Rüstungsproduktion wurde – für die deutsche Luftwaffe nicht erreichbar – hinter den Ural verlegt. Und bald sollte ein weiterer entscheidender Faktor den Verteidigern in die Hände spielen: die Witterung.

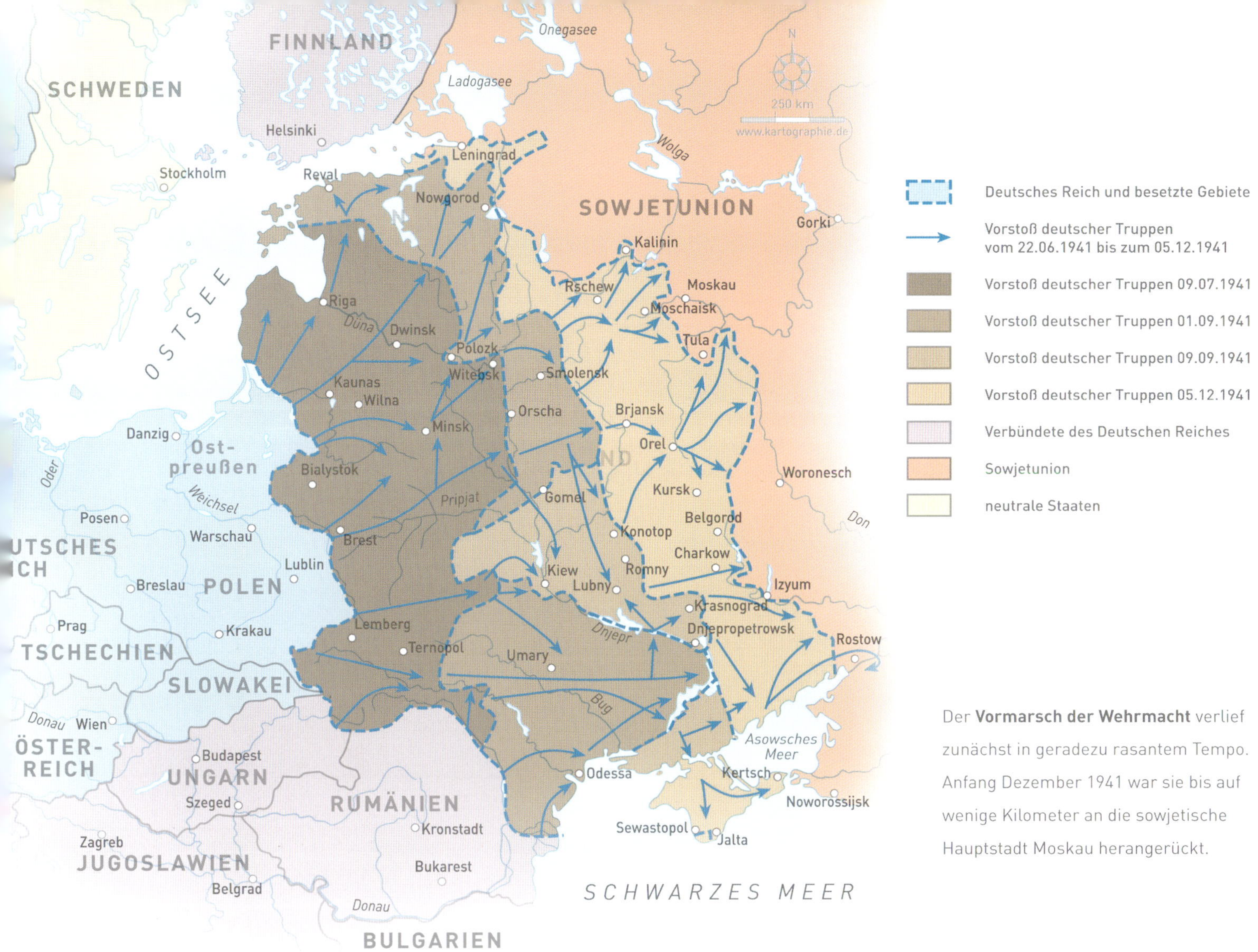

Der **Vormarsch der Wehrmacht** verlief zunächst in geradezu rasantem Tempo. Anfang Dezember 1941 war sie bis auf wenige Kilometer an die sowjetische Hauptstadt Moskau herangerückt.

Ein zur Heeresgruppe Mitte gehörender Panzer fährt im Sommer 1941 eine Uferböschung hinauf. Auch wenn der Vormarsch schnell erfolgte – die **Gefechtskraft der Verbände** sank, je weiter sie vorstießen.

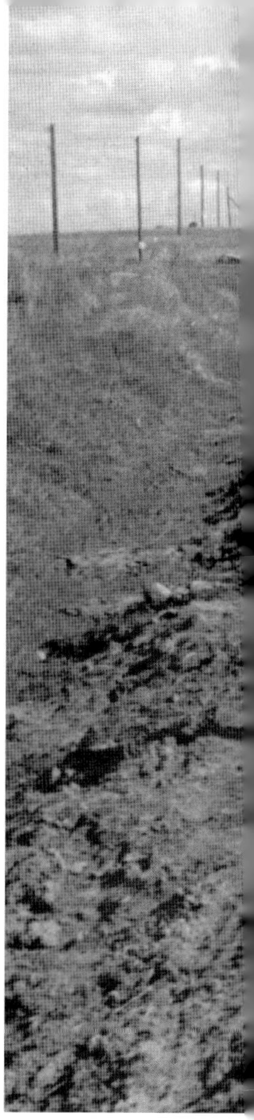

Am 5. Dezember 1941 begann vor Moskau die **sowjetische Gegenoffensive.** Das Foto zeigt sowjetische Infanterie in Tarnanzügen.

Stillstand der Offensive

Bereits Ende Juni 1941 hatte die Sowjetregierung die Verteidigung gegen die deutsche Invasion zum „Großen Vaterländischen Krieg" erklärt und die Bevölkerung der von den Deutschen überrannten Gebiete zum Partisanenkampf aufgefordert. Nachdem die deutsche Heeresgruppe Mitte nach den Siegen in der Ukraine Anfang Oktober 1941 den Befehl erhielt, den Angriff auf Moskau fortzusetzen, ließ Stalin in der Hauptstadt den Belagerungszustand ausrufen, 100 000 Mann in neuen Einheiten aufstellen und 500 000 Menschen zu Schanzarbeiten heranziehen.

Im **Herbst 1941** erschwerten Regenfälle, die die Vorstoßrouten in Schlamm und Morast verwandelten, den deutschen Vormarsch. Das Foto zeigt ein im Schlamm steckengebliebenes deutsches Krad.

Die Jahreszeit war weit vorangeschritten, doch für Hitler gab es kein Zurück. Er setzte alles auf eine Karte. Zwei Drittel des verbliebenen Weges nach Moskau legten die deutschen Verbände zurück, doch dann setzte schlechtes Wetter ein und der deutsche Vormarsch auf die Hauptstadt blieb im Schlamm stecken. Kraftfahrzeuge und Geschütze versanken im Morast. Auf die Regenperiode folgte bald Frost und die deutschen Soldaten waren für einen Winterkrieg weder ausgerüstet noch ausgebildet. Bald sanken die Temperaturen auf unter minus 20 °C und nun spielte der Gegner seine Stärken aus: Gegenangriffe führten zu tiefen Einbrüchen und Einschließungen kleinerer Verbände.

Wehrmacht erstmals auf dem Rückzug

▣ An der Front vor Moskau gingen die sowjetischen Streitkräfte am 5. Dezember 1941 zur Gegenoffensive über: An einzelnen Frontabschnitten mussten sich die deutschen Truppen um mehr als 100 Kilometer nach Westen zurückziehen. Um zu verhindern, dass die Wehrmacht ihre Kräfte in rückwärtigen Positionen neu bündeln konnte, führte die Rote Armee unter hohen eigenen Verlusten permanent Angriffe gegen die zurückweichenden Einheiten. Damit war die Phase des schnellen deutschen Raumgewinns vorbei. Bis ins verminte Vorland der Hauptstadt waren die deutschen

Vor **Moskau** wurden die Deutschen im Rahmen des „Fall Barbarossa" erstmals zum Rückzug gezwungen. Das Bild zeigt sich ergebende Wehrmachtsoldaten.

Nach den Planungen des OKW hätte die Sowjetunion bis Herbst 1941 besiegt sein sollen. Daher waren die Truppen für den Winter nicht ausgestattet. Das Foto zeigt einen Infanteristen ohne **Winteraussrüstung**.

Spitzen vorgedrungen, als bei klirrendem Frost und völlig unzureichender Versorgung deutlich wurde, dass der „Fall Barbarossa", die schnelle Niederwerfung der Sowjetunion, gescheitert war. Hitler forderte die Soldaten der Ostfront zu „fanatischem Widerstand" auf und verbot jede operative Rückzugsbewegung im Raum Moskau. Er entließ Feldmarschall Walther von Brauchitsch und machte sich selbst zum Oberbefehlshaber des Heeres.

Vernichtungskrieg im Hinterland

▣ Den auf sowjetischem Territorium vorrückenden deutschen Truppen folgten vier sogenannte Einsatzgruppen, um „in eigener Verantwortung gegenüber der Zivilbevölkerung Exekutivmaßnahmen" zu ergreifen. Diese von Sicherheitspolizei (SiPo) und Sicherheitsdienst (SD) seit Mai 1941 für den Ostfeldzug aufgestellten Gruppen waren mobile Tötungseinheiten, die im Hinterland der Front den ideologisch propagierten Vernichtungskrieg in praktisches Morden umsetzten.

▣ Schon in Polen hatten Einsatzgruppen gegen die polnische Intelligenz und gegen die Juden gewütet. In den besetzten Gebieten der Sowjetunion folgten die insgesamt etwa 3000 Mann umfassenden Spezialverbände den Heeresgruppen und begannen oftmals schon am Tag nach der Einnahme einer Stadt oder Region mit der „Säuberung". Kommunisten, Juden, Partisanen, Sinti und Roma sowie alle, die für „Oppositionelle" gehalten wurden beziehungsweise irgendwie verdächtig schienen, waren ihre Opfer. Sollten laut eines ursprünglichen Befehls unter den Juden zunächst nur die Kommunisten „liquidiert" werden, so wurden doch auch jüdische Frauen und Kinder von Beginn an Opfer des systematischen Mordens, wobei die Täter in der frühen Phase noch Argumente wie „Seuchengefahr" als Vorwand anführten.

Die Einsatzgruppen

▣ Einsatzgruppe A startete von Ostpreußen aus und verteilte ihre Einheiten und Kommandos über die baltischen Staaten, wo sie in den litauischen Städten Wilna und Kaunas, im lettischen Riga und in vielen anderen Dörfern und Städten unter Mithilfe der einheimischen Hilfspolizei mit dem Zusammentreiben und Erschießen der jüdischen Bevölkerung begannen. Danach rückten die Einheiten der Einsatzgruppen weiter auf Leningrad vor und hinterließen auf ihrem Weg eine Spur des Grauens. Allein 1941 brachte die Einsatzgruppe A über 250 000 Menschen um. Einsatzgruppe B rückte von Warschau aus auf sowjetisches Gebiet vor, suchte auf dem Weg Richtung Moskau unter anderem die Bevölkerung von Brest-Litowsk, Minsk und Kursk heim und nahm ihr Hauptquartier schließlich in Smolensk, wo der Vormarsch der Wehrmacht auf Moskau zunächst

Nach der Wehrmacht kamen die sogenannten Einsatzgruppen. In Lemberg, das am 30. Juni 1941 eingenommen wurde, folgten wenig später **Massenerschießungen jüdischer Bürger** durch Hilfstruppen ukrainischer Nationalisten. Das Foto zeigt Überlebende, die unter den Toten nach Angehörigen suchen.

Ein SS- Mann erschießt einen Zivilisten am Rand eines **Massengrabs** in Winniza (Ukraine).

gestoppt worden war. Bis zum Winter 1941/42 ermordete die Einsatzgruppe B mindestens 50 000 Menschen – Kommunisten, Kriegsgefangene, Partisanen und Juden. Den Einsatzgruppen C und D, die hauptsächlich in der Ukraine ihr schmutziges Handwerk ausführten, fielen in der selben Zeit mindestens 180 000 Menschen zum Opfer. Dort in der Ukraine, nahe der Hauptstadt Kiew, kam es Ende September 1941 zur berüchtigten Mordaktion von Babi Jar.

Das Massaker von Babi Jar

Am 19. September 1941 nahm die deutsche 6. Armee Kiew ein. Kurz nach der Eroberung sprengten sowjetische Sabotageeinheiten einige von den Besatzern genutzte Gebäude im Stadtzentrum in die Luft. Dabei kam eine Reihe von Angehörigen der Militärverwaltung ums Leben. Die lokalen Kommandeure beschlossen daraufhin, als Vergeltung den Großteil der Kiewer Juden zu töten. Am 29. September hatten sich alle Juden Kiews zwecks „Umsiedlung“ auf einem Platz einzufinden. Zehntausende folgten der Anweisung. Sie wurden unter starker Bewachung zur Babi-Jar-Schlucht nordwestlich von Kiew geführt, in ein mit Stacheldraht abgesperrtes Gebiet. Dort zwang man die Menschen, ihre Wertgegenstände abzugeben, ihre Kleidung auszuziehen und in Zehnergruppen an den Rand der Schlucht zu treten.

Heute erinnert in Kiew dieses Mahnmal an das **Massaker von Babi Jar.**

Männer des Sonderkommandos 4a, die sich jeweils nach einigen Stunden des Mordens ablösten, schossen sie mit Maschinengewehren nieder, die Körper fielen in die Schlucht. Abends bedeckte man die Leichen mit einer dünnen Erdschicht. Nach offiziellen Berichten der Einsatzgruppen töteten sie in zwei Tagen auf diese Weise 33 771 Juden. In den folgenden Monaten wurden Tausende weiterer Juden festgenommen und in der Schlucht erschossen, insgesamt wurden allein in Babi Jar 100 000 Menschen von der Einsatzgruppe C ermordet.

Sowjetische Kriegsgefangene

3,35 Millionen sowjetische Soldaten gerieten 1941 in deutsche Gefangenschaft. Etwa zwei Millionen von ihnen lebten schon im Februar des nächsten Jahres nicht mehr. Zehntausende verloren ihr Leben bereits auf den Märschen von der Front in die Lager, wenn sie über Hunderte von Kilometern zu Fuß nach Westen getrieben oder bei Frost in offenen Güterwaggons transportiert wurden. In Erdlöchern oder provisorischen Behausungen untergebracht, starben viele an Hunger, Kälte und Auszehrung. Auch ohne den ideologi-

Nach der **Erschießung von Zivilisten** durch Deutsche im ukrainischen Kertsch suchen Bewohner der Stadt unter den Toten nach Angehörigen.

schen Hintergrund vom „minderwertigen Slawen" wäre die Situation dieser Massen von Kriegsgefangenen äußerst schwierig gewesen, doch erst die doppelte Verachtung der Rotarmisten als Soldaten des Bolschewismus und „slawische Untermenschen" erklärt die Dimension des Leids und des Sterbens. „Schlappmachende Kriegsgefangene sind zu erschießen", „nichtarbeitende Kriegsgefangene … haben zu verhungern", lauteten zwei einschlägige Anweisungen, die den millionenfachen Tod vor allem aus der Gleichgültigkeit der Sieger und ihrer Rassenideologie erklären. Von den in deutsche Kriegsgefangenschaft geratenen Soldaten der Westmächte starben 3,5 Prozent, von den Soldaten der Roten Armee 58 Prozent.

Alliierte Kriegskoalition

▣ Noch am Tag des Beginns des deutschen Ostfeldzugs hatte der britische Premierminister Churchill die Sowjetunion zum Verbündeten erklärt und auch die USA stellten bald die Notwendigkeit des gemeinsamen Kampfes gegen Hitler heraus. Die Vertreter der beiden Westmächte, Churchill und US-Präsident Roosevelt, trafen sich auf einem Schlachtschiff im Atlantik, verabredeten verstärkte Waffenlieferungen der USA an Großbritannien sowie an die UdSSR und verkündeten am 14. August 1941 die sogenannte Atlantikcharta. Sie brachte die Vorstellungen der westlichen Demokratien für eine neue Weltordnung nach dem Krieg in Paragrafen und sah unter anderem das Recht aller Völker auf freie Wahl der Regierungsform und die Ablehnung erzwungener territorialer Veränderungen vor. Mit diesem Programm verpflichteten sich auch die USA zur Niederwerfung des Hitlerregimes. Damit nahm die alliierte Kriegskoalition gegen Deutschland konkrete Formen an. Im September 1941 stimmte auch die Sowjetunion der Atlantikcharta zu.

Im August 1941 einigten sich der britische Premierminister Winston Churchill (sitzend rechts) und US-Präsident Franklin D. Roosevelt (sitzend links) auf eine Erklärung zu den gemeinsamen Friedenszielen, die **„Atlantikcharta"**. Das Foto zeigt sie an Bord der „Prince of Wales", einem britischen Schlachtschiff, das ihnen als Tagungsort diente.

Der Krieg in Ostasien und im Pazifik

Die schwere Krise, in die das deutsche Ostheer vor Moskau geraten war, blieb nicht das einzige folgenschwere Ereignis im Dezember 1941. In Südostasien eskalierten die japanisch-amerikanischen Spannungen eben zu der Zeit, als das Scheitern des deutschen Unternehmens Barbarossa offensichtlich wurde. Ein japanischer Überraschungsangriff auf eine kleine Insel im Pazifik ließ den Krieg zum Weltkrieg werden und ordnete die globalen Fronten neu.

Die Vorherrschaft als Ziel

■ 1931/32 hatte Japan in China einen Konflikt provoziert und Gebiete in der Mandschurei annektiert. Diese Expansion auf dem asiatischen Festland führte 1937 zum Beginn des Chinesisch-Japanischen Krieges. Bis Ende des Jahres eroberte Japan ganz Nordchina, besetzte Peking und Schanghai. Damit aber nicht genug: Ganz Ostasien sollte unter der Vorherrschaft Japans neu geordnet werden. Im Juli 1941 marschierten 40 000 japanische Soldaten in Südindochina ein und bedrohten damit auch Malaysia und Indonesien. Als Reaktion auf die imperialistische Politik des Inselstaates ver-

Die Du Yi, eine der Hauptstraßen der chinesischen Stadt Chungking, liegt nach einem japanischen Luftangriff im Mai 1939 in Trümmern. Der **Chinesisch-Japanische Krieg** begann – ohne Kriegserklärung – am 7. Juli 1937.

Eine **japanische Spähstreife** nimmt im Oktober 1938 eine Gruppe chinesischer Soldaten gefangen. Im Verlauf des Krieges verübte Japan an Kriegsgefangenen wie auch an der Zivilbevölkerung zahlreiche Kriegsverbrechen.

hängten die USA und Großbritannien Boykottmaßnahmen, darunter ein Ölembargo, das in Japan zu ernsten Versorgungsschwierigkeiten führte. Das Land stand vor dem wirtschaftlichen Ruin und es gab nur zwei Möglichkeiten, die Lage grundsätzlich zu verbessern: politische Zugeständnisse oder Krieg. Verhandlungen mit den Westmächten scheiterten jedoch, da Japan sich weigerte, die annektierten Gebiete zu räumen. Der Krieg zwischen Japan, das mit Deutschland und Italien im Dreimächtepakt verbunden war, und den Westmächten schien unvermeidlich.

Japanischer Überraschungsangriff

▣ Die japanische Expansionspolitik kollidierte besonders mit den amerikanischen Interessen in Ostasien. Seit Beginn des 20. Jahrhunderts waren die USA bemüht, ausgewogene Kräfteverhältnisse in diesem geopolitischen Raum zu schaffen.

Bis in die Mitte des 19. Jahrhunderts hatte Japan eine isolationistische Politik verfolgt. Mit deren Ende begann eine aggressive Expansionspolitik, die Japan zu Beginn des 20. Jahrhunderts zur **Vormacht in Ostasien** machte.

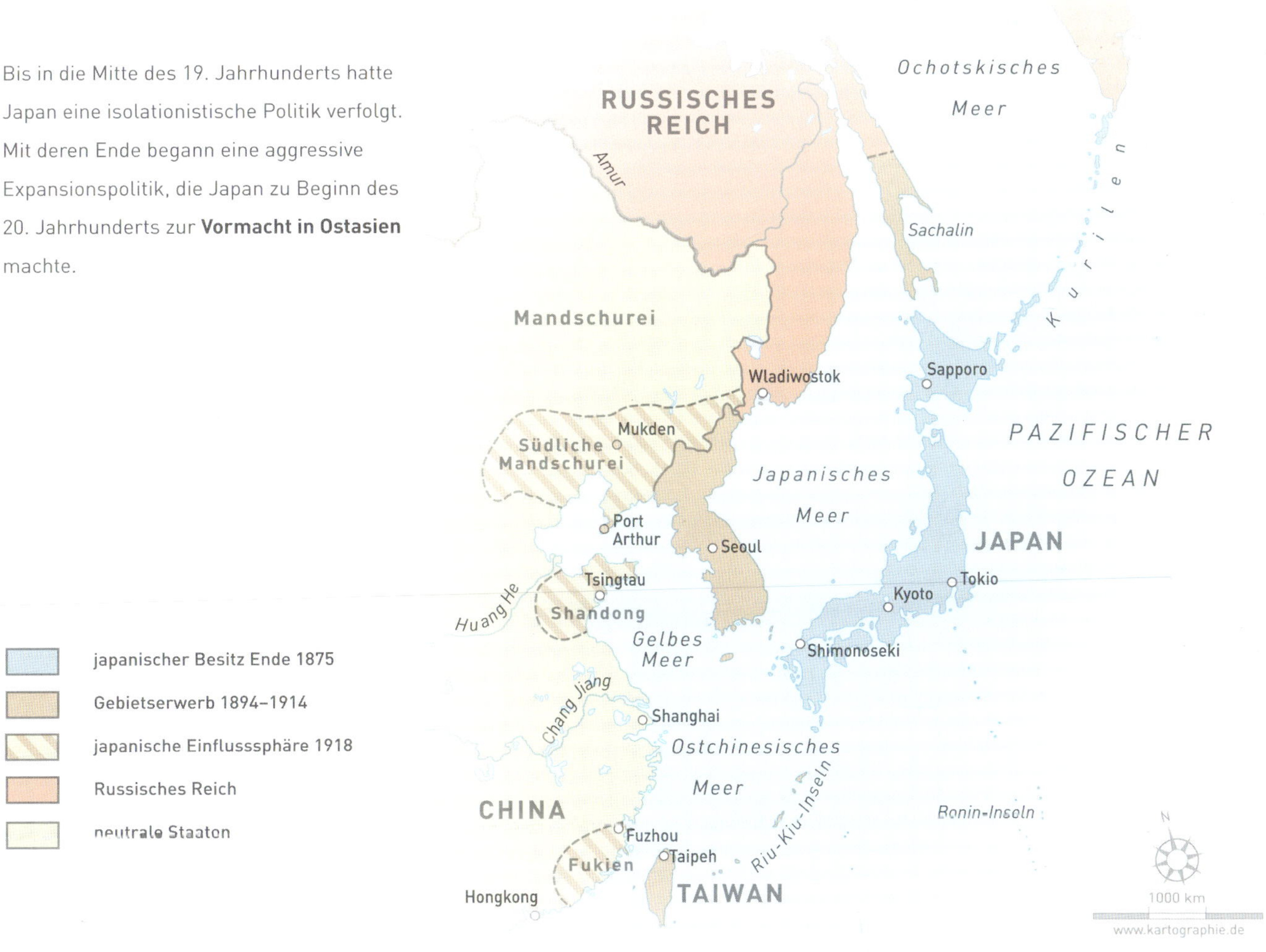

Arbeiterinnen eines japanischen Rüstungsbetriebs in der Nähe Tokios bei der Munitionsherstellung. Auch in Japan wurde die Wirtschaft weitestgehend auf **Kriegsproduktion** umgestellt.

▣ Bereits 1940 hatten die USA ihre Pazifikflotte nach Hawaii verlegt, 2000 Seemeilen näher an Japan heran. Um einem vermuteten Flottenvorstoß der Amerikaner zuvorzukommen, bereitete der japanische Oberbefehlshaber der Marine, Admiral Yamamoto, im November 1941 den Überfall auf Pearl Harbor vor, den Hauptliegehafen der US-Flotte auf der hawaiianischen Insel Oahu. In einem abgelegenen Stützpunkt auf der Inselgruppe der Kurilen versammelte sich eine mächtige Kampfgruppe von sechs Flugzeugträgern und zahlreichen Schlachtschiffen, Kreuzern, Zerstörern und Tankern. Am 26. November lief die Flotte aus: zunächst Richtung Osten, um dann südöstlich beizudrehen. Bis zum 6. Dezember hatte sie bei völliger Funkstille etwa 5000 Kilometer durch den Nordpazifik zurückgelegt und stand am Abend jenes Tages unentdeckt 900 Kilometer nördlich von Hawaii. In einem Nachtmarsch mit hoher Fahrt führte der Kommandant die Schiffe weitere 400 Kilometer auf Hawaii zu und gab am frühen Morgen des 7. Dezember 1941 den Befehl zum Angriff der ersten Fliegerwelle auf das noch 500 Kilometer entfernte Pearl Harbor.

Brennende amerikanische Kriegsschiffe nach dem japanischen Angriff auf **Pearl Harbor.** Koloriertes Foto.

Pearl Harbor

▣ Der 7. Dezember 1941 war ein Sonntag. Als die erste Welle der 350 japanischen Maschinen – ohne vorherige Kriegserklärung – den Angriff auf Pearl Harbor gegen 8 Uhr morgens begann, waren die meisten US-Soldaten nicht auf Pos-

Dieses Foto entstand während der ersten Angriffswelle der japanischen Luftwaffe am 7. Dezember 1941 auf **Pearl Harbor.** Noch ist die US-Flotte weitgehend intakt.

Kriegserklärung an die USA: Am 11. Dezember 1941 erklärten Deutschland und Italien den USA den Krieg. Hitler gab dazu vor dem Reichstag eine Erklärung ab.

ten. Zwar hatte ein Soldat, der in persönlicher Initiative ein Radargerät besetzt hatte, über eine Stunde lang den Anflug eines großen Verbandes gemeldet, doch nahm man ihn und seine Meldungen nicht ernst. Erst als die ersten japanischen Jagdflugzeuge im Tiefflug mit ratterndem MG-Feuer über die Anlagen hinwegdonnerten, wurde den Soldaten klar, dass sie den Beginn des Krieges verschlafen hatten.

▣ Die Wucht des japanischen Angriffs gegen die Flugplätze und die Flotte führte zu enorm hohen amerikanischen Verlusten: 2400 US-Soldaten kamen ums Leben, weitere 1200 wurden verwundet. Fünf Schlachtschiffe und zwei weitere Schiffe wurden versenkt, drei Schlachtschiffe, drei Kreuzer, drei Zerstörer und zwei Versorgungsschiffe der US-Marine schwer beschädigt, über 300 Flugzeuge am Boden vernichtet. Die japanischen Verluste hingegen waren mit 29 Flugzeugen und fünf Kleinstunterseebooten gering. Die US-Flotte war nach diesem Überraschungsangriff schwer geschädigt und eine Zeit lang gelähmt. Das Rückgrat der Flotte aber, die zehn Flugzeugträger, befanden sich auf hoher See im Pazifik und im Atlantik und blieben unversehrt.

Bei ihrer Attacke auf **Pearl Harbor** vernichteten die Japaner auch über 300 Flugzeuge der US-Streitkräfte. Im Fotohintergrund steigt von dem Zerstörer USS Shaw eine Feuer- und Rauchsäule auf.

Franklin D. Roosevelt

BIOGRAFIE

Der 1882 geborene Franklin D. Roosevelt wurde 1910 als demokratischer Kandidat in den Senat von New York gewählt. Mit der Ankündigung seines großen New-Deal-Reformprogramms, das die Folgen der Weltwirtschaftskrise (seit 1929) abwenden sollte, gewann er 1932 die Präsidentschaftswahlen und wurde 32. Präsident der Vereinigten Staaten. Gegen die politische Tradition der USA, die höchstens zwei Amtszeiten eines Präsidenten vorsieht, wurde Roosevelt drei Mal (1936, 1940, 1944) wiedergewählt.
Nach Beginn des Zweiten Weltkriegs im September 1939 versuchte er, die isolationistische Tendenz der Amerikaner zu überwinden und sie von der Notwendigkeit des Krieges gegen Deutschland, Italien und Japan zu überzeugen, da deren aggressives Gebaren auch die Sicherheit der USA gefährdete. Mit dem Kriegseintritt der USA am 8. Dezember 1941 übernahm Roosevelt die führende Rolle beim Aufbau des alliierten Bündnisses gegen die Achsenmächte. Für die Nachkriegszeit entwickelte er die Idee eines Systems kollektiver Sicherheit, dessen Wirksamkeit die USA mit Großbritannien, der Sowjetunion und China garantieren sollten. Diese vier Mächte sollten sozusagen als „Weltpolizisten" agieren. Die Umsetzung des Konzepts erlebte Roosevelt nicht mehr, er starb am 12. April 1945.

Kriegseintritt der USA

▣ Bis heute wird heftig diskutiert, ob die amerikanische Führung von dem bevorstehenden Angriff auf Pearl Harbor Kenntnis hatte und ihn bewusst in Kauf nahm, um einen Grund für den Kriegseintritt zu haben. Es gibt Indizien, die für diese Einschätzung sprechen, andere lassen das Gegenteil vermuten. Gleichwohl: Der „heimtückische" japanische Angriff auf die US-Flotte auf amerikanisches Territorium ließ die Stimmung in der Bevölkerung augenblicklich kippen: Die zuvor große und einflussreiche Fraktion der Kriegsgegner brach ein, Präsident Roosevelt konnte tun, was er persönlich schon lange für geraten hielt – in den Krieg eintreten, um Hitler-Deutschland und Japan zur Raison zu bringen.

▣ Als er am 8. Dezember 1941 Japan den Krieg erklärte, wusste er die Nation geschlossen hinter sich. Bisher hatten die USA nur als Waffenlieferant für Großbritannien und die Sowjetunion am Konflikt teilgehabt, jetzt traten sie in den Kampf ein. Dies wiederum hatte eine wahre Kettenreaktion von Kriegserklärungen zur Folge. Am 11. Dezember erklärten Deutschland und Italien den USA den Krieg. Zwar war Hitler immer bemüht gewesen, die USA wegen ihres großen Potenzials an Soldaten und Material aus dem Krieg herauszuhalten, als diese Option nun nicht mehr bestand, ging er mit der Kriegserklärung in die Offensive, um von den Schwierigkeiten vor Moskau abzulenken und der Welt zu demonstrieren, dass die Initiative immer noch in seinen Händen läge. Gemeinsam mit den USA erklärten daraufhin am folgenden Tag auch Staaten wie Kuba, Nicaragua und Haiti dem Deutschen Reich den Krieg, was wiederum zu entsprechenden Proklamationen bei den Verbündeten Hitlers und Mussolinis führte: Bulgarien, Kroatien, die Slowakei, Rumänien und Ungarn. Staaten aller Kontinente stan-

Teile der italienischen Öffentlichkeit reagierten mit Begeisterung auf die **Kriegserklärung an die USA.** Das Foto zeigt Studenten in Rom bei einer Kundgebung.

den Ende 1941 im Krieg, viele kleine Länder – wie Panama, Costa Rica oder Guatemala – planten jedoch nicht, militärisch am Krieg teilzunehmen, sondern wollten sich vielmehr den Schutz und die Sympathie ihrer großen Bündnispartner sichern.

Japans Expansion im Pazifik

▣ Nur wenige Stunden nach dem Angriff auf Pearl Harbor eröffneten die japanischen Streitkräfte eine groß angelegte Offensive im Pazifikraum, griffen Britisch-Malaysia an und rückten in Thailand ein. Am 8. Dezember 1941 begann von Formosa aus der japanische Angriff auf die Philippinen mit Bombardements der US-amerikanischen Luftstützpunkte, wobei der Großteil der dort stationierten B-17-Bomberflotte vernichtet wurde und die Angreifer bald die uneingeschränkte Lufthoheit innehatten. Noch am selben Tag landeten die ersten japanischen Bodentruppen auf der philippinischen Hauptinsel Luzon und bekämpften erfolgreich die küstennahe Verteidigung. Nach weiteren Landeoperationen im Norden von Luzon ging die Hauptstreitmacht am 22. Dezember nördlich der Hauptstadt Manila an Land. Die US-amerikanischen und philippinischen Verteidiger hatten dem Vordringen kaum etwas entgegenzusetzen, da es den

Über dem eroberten US-Marinestützpunkt Mariveles auf den **Philippinen** weht die japanische Flagge.

Japanische Soldaten begutachten ein erbeutetes britisches Jagdflugzeug, das die Briten nach der überraschenden Landung der Japaner an der Ostküste **Malaysias** am 8. Dezember 1941 zurücklassen mussten.

USA nicht gelang, effektive Nachschubstrukturen aufzubauen, und zogen sich auf die Halbinsel Bataan zurück. Der letzte organisierte Widerstand auf den Philippinen endete im Mai 1942. In der zweiten Dezemberhälfte 1941 folgten japanische Landungen auf Mindanao in den südlichen Philippinen sowie auf Nordborneo, wenige Wochen später die Besetzung ganz Borneos, Celebes' sowie der Großen Sundainseln. Um ihre kolonialen Territorien und wirtschaftlichen Interessen in diesem Raum zu wahren, gründeten Amerikaner, Briten, Niederländer und Australier Anfang 1942 ein gemeinsames Kommando in Singapur, das den Einsatz der Land-, Luft- und Seekräfte der Alliierten koordinieren sollte. Trotz einiger kleiner Erfolge konnten sie den japanischen Siegeszug in Südostasien aber nicht stoppen.

„Asien den Asiaten“

▣ In wenigen Monaten eroberte die japanische Armee mit ihren Blitzaktionen die ganzen Philippinen, das heutige Indonesien, Malaysia, Hongkong, Singapur sowie eine Reihe kleinerer pazifischer Inselgruppen. Mit der Besetzung Birmas standen sie an der indischen Ostgrenze, auch der Krieg gegen China wurde bald wieder aufgenommen. Die lange währende westliche Kolonialherrschaft in diesem Raum war damit in kurzer Zeit zusammengebrochen. Mit der Parole

Schirmmütze für **Mannschaftsdienstgrade** der japanischen Streitkräfte aus olivbraunem Wollstoff mit rotem Besatzstreifen.

Die Karte zeigt die riesige Ausdehnung des **japanischen Machtbereichs** im August 1942, verdeutlicht aber gleichzeitig das **Problem der überdehnten Fronten.**

Einheit 731

Die berüchtigte Einheit 731 war eine geheime Einrichtung der japanischen Armee, die biologische und chemische Waffen erforschte, erprobte und einsetzte. Tätig war sie während des Chinesisch-Japanischen Krieges in den von Japan besetzen Teilen Chinas. Mit medizinischen und waffentechnischen Versuchen an Menschen machte sich die Einheit diverser Kriegsverbrechen schuldig. Ihre Opfer waren vor allem chinesische Zivilisten, aber auch amerikanische, britische und sowjetische Kriegsgefangene. Die bis zu 3000 Mitglieder der Einheit 731 erprobten an lebenden Menschen die Wirkung von Krankheitserregern. Sie setzten Pesterreger gegen die Bewohner chinesischer Städte ein, infizierten Tausende chinesische Kriegsgefangene mit Typhuserregern, unterwarfen Menschen Unterkühlungsexperimenten und testeten an ihnen die Wirkung von Granaten aus unterschiedlicher Entfernung. Die Verbrechen der Einheit 731 wurden in Japan lange als Propaganda abgetan. Erst 2002 stellte ein japanisches Gericht in einem Urteil klar, dass sie tatsächlich existiert hat.

SCHLAGWORT

- Angriff auf Pearl Harbor
- japanischer Machtbereich Dezember 1941
- japanischer Machtbereich August 1942
- japanischer Besitz
- besetzte Gebiete 1941
- besetzte Gebiete 1942
- Verbündete von Japan
- alliierte Gebiete
- Sowjetunion
- Mongolei

„Asien den Asiaten" sollte die neue japanische Dominanz in Südostasien den Völkern der Region schmackhaft gemacht werden. Für die Zeit nach dem Krieg stellte Tokio einigen Staaten die Unabhängigkeit in Aussicht. Infolge der überaus harten Besatzungspolitik der Japaner kamen aber in den annektierten Gebieten kaum Sympathien für die neuen Herren auf, für die meisten Menschen hatte die ihr Land ausbeutende Kolonialmacht lediglich das Gesicht gewechselt.

Churchills Jubel

Mit dem Beginn des japanisch-amerikanischen Krieges in Fernost und der deutschen Kriegserklärung an die Vereinigten Staaten war klar, dass US-Truppen künftig auch auf europäischen Schauplätzen an der Seite Großbritanniens kämpfen würden. Churchill, dessen Land als letzte demokratische Bastion im Westen über ein Jahr lang allein im Krieg gegen Deutschland gestanden hatte, konnte nun auf den stärksten denkbaren Waffengefährten rechnen. Entsprechend euphorisch war seine Reaktion, als er von Hitlers Kriegserklärung erfuhr, er verfiel regelrecht in Jubel. Und er hatte allen Grund dazu: Auch wenn die Japaner in Asien zunächst erstaunliche Erfolge davontrugen, zweifelte seit Dezember 1941 kaum noch jemand im angelsächsischen Lager daran, wie der Krieg schließlich ausgehen würde. Deutschland war militärisch stark, Japan ebenso – aber die verbündeten

Auf dem **„Todesmarsch von Bataan"** in ein Kriegsgefangenenlager starben die meisten der 11 574 US-Soldaten, die 1942 auf der Insel Corregidor kapitulierten. Das Foto zeigt einige der Soldaten.

Landung der Japaner bei Jesselton auf Nordborneo. Innerhalb weniger Wochen hatten sie **Borneo,** das bis dahin britische Kolonie war, vollständig eingenommen.

Der britische Premierminister Winston Churchill spricht im Dezember 1941 vor beiden Häusern des amerikanischen Kongresses, dem Kabinett, dem Obersten Gericht und Mitgliedern des Diplomatischen Korps. Während seiner Beratungen mit US-Präsident Franklin D. Roosevelt in Washington wurde entschieden, dass der Schwerpunkt alliierter militärischer Aktionen zunächst auf der **Niederwerfung Deutschlands** liegen sollte.

Mächte kämpften räumlich weit voneinander getrennt an überdehnten Fronten gegen unterschiedliche Gegner und ihre Ressourcen waren begrenzt. Die angelsächsische Allianz aus Amerikanern, Briten, Kanadiern und Australiern konnte sich hingegen auf ein weltweites Netz von Stützpunkten und Rohstoffquellen stützen. Während Deutschland im aufreibenden Krieg mit der Roten Armee lag, startete in den USA eine beispiellose Produktion von Panzern, Schiffen und Flugzeugen. Die US-Truppen, bis 1941 nach Urteil der eigenen Militärexperten den Anforderungen eines Weltkriegs kaum gewachsen, wurden in einem wahren Parforceritt zu einer äußerst schlagkräftigen Streitmacht entwickelt.

„Germany first"

▣ Als strategisches Grundprinzip der amerikanisch-britischen Zusammenarbeit war schon im Frühjahr 1941 unter strengster Geheimhaltung das Übereinkommen getroffen worden, im Fall des Eintritts der USA in den Krieg zunächst die Kräfte auf Europa und Nordafrika zu konzentrieren und Deutschland niederzuwerfen. An dieser Entscheidung des sogenannten „Germany first" änderte auch der Ausbruch des Krieges im Pazifik nichts. Sie wurde auf der ersten amerikanisch-britischen Kriegskonferenz, die vom 22. Dezember 1941 an in Washington tagte, von Roosevelt und Churchill bestätigt. Großbritannien und vor allem der Sowjetunion kam diese Entscheidung in Anbetracht der laufenden Kämpfe natürlich sehr gelegen. Die Amerikaner verfolgten mit der Strategie des „Germany first" jedoch auch ihre eigenen Interessen, denn die damit einhergehende Kontrolle der atlantischen Seewege galt seit jeher als Credo der Verteidigungsstrategie der Vereinigten Staaten. Der Kampf gegen Japan in Asien sollte daher defensiv geführt werden, bis der Sieg in Europa sichergestellt war.

Die Lage Ende 1941

Was im September 1939 mit der deutschen „Vergeltungsmaßnahme gegen Polen“ begonnen hatte, war Ende 1941 zum Weltkrieg geworden – und zwar in einem Maß, in dem es der Erste Weltkrieg von 1914 bis 1918 nie gewesen war. Kriegsschauplatz war nunmehr ganz Europa von London bis Moskau, vom Nordkap bis an die Südküste des Mittelmeeres. Dazu kamen aufgrund der Aggression Japans weite Teile Asiens von Nordchina bis Indonesien, von der Ostgrenze Indiens bis Japan. Im Pazifik wurde ebenso gekämpft wie im Atlantik, im Mittelmeer und einer Reihe von Nebenmeeren. Die Truppen aller Kriegsparteien hatten gewaltige Distanzen zurückzulegen und enorme geografische Räume zu kontrollieren. Auch hinter der Front herrschte vielerorts Krieg. Partisanen führten den Krieg in den besetzten Gebieten zum Teil mit beachtlichem Erfolg fort und banden so militärische Kräfte der Aggressoren.

Der Plan, die Sowjetunion zu zerschlagen, war das Kernstück in Hitlers Fahrplan des Aufstiegs zur Weltmacht. Dort Lebensraum für die „Herrenmenschen“ zu gewinnen war dabei das eine Ziel, strategische Überlegungen bildeten die Grundlage für ein weiteres Motiv. Denn Hitler war überzeugt, dass die Zeit gegen ihn arbeite und der Krieg letztendlich nur zu gewinnen sei, wenn mit der schnellen Zerschlagung der kommunistischen Sowjetunion den USA und Großbritannien der letzte europäische „Festlandsdegen“ genommen würde. Daher seine zornige Reaktion, als der Angriff vor Moskau steckenblieb. Hitler machte die Heerführer für den Misserfolg verantwortlich, übernahm selbst das Oberkommando des Heeres, ordnete „fanatischen Widerstand“ an und verbot jedes Zurückweichen. Im Dezember 1941 fand Hitler reichlich Anlass für seine gefürchteten Tobsuchtsanfälle: Noch vor einem Jahr als „größter Feldherr aller Zeiten“ gefeiert, blieb im Schlamm vor Moskau viel mehr stecken als nur eine militärische Offensive. Zudem ging zur gleichen Zeit eine weitere Hoffnung dahin: Die USA griffen in den Krieg ein.

Ende 1941 hatte die japanische Armee ähnlich wie die Wehrmacht in den ersten beiden Kriegsjahren in wenigen Wochen erstaunliche Erfolge in Südostasien erzielt, ihre Soldaten kontrollierten weite Teile Asiens. Der Preis dafür aber war sehr hoch – auch wenn er erst später bezahlt werden sollte. In Pearl Harbor hatte Japan die Rachegelüste der USA geweckt und mit einem Schlag dafür gesorgt, dass deren traditionell isolationistische Tendenzen sich geradezu in Luft auflösten. Das sollte nicht nur für das Land der aufgehenden Sonne zu einem großen Problem werden. Mit dem „Zusammenwachsen“ des europäischen und des ostasiatischen Krieges zum Weltkrieg war eine neue Situation gegeben: Die Achsenmächte kämpften jetzt an völlig überdehnten Fronten praktisch gegen die ganze Welt, gegen Alliierte mit kaum zu erschöpfenden Mengen an Menschen und Material. Es war vor allem für Hitler ein Kampf um alles oder nichts und so gedachte er ihn auch zu führen: In der Sowjetunion wurden schon 1941 Hunderttausende von Menschen hinter der Front ermordet.

Ende 1941 trat der Krieg in eine vorentscheidende Phase und die militärische Führung Deutschlands musste sich angesichts des Verlaufs der Kämpfe in der Sowjetunion und der Ereignisse im Fernen Osten große Sorgen machen. Das Jahr 1942 wird im Hinblick auf den Verlauf der militärischen Ereignisse und Fronten immer wieder als Jahr des „Stillstands“ bezeichnet. Tatsächlich aber war es ein ganz und gar schreckliches Jahr des Tötens und Mordens.

Verfolgung und Vernichtung der Juden

Der Antisemitismus war das zentrale Element der nationalsozialistischen Weltanschauung. Für alles Böse, für alles nationale, soziale und wirtschaftliche Unglück waren danach die Juden verantwortlich. Die ideologischen Versatzstücke dieser Judenfeindschaft brauchten die Nationalsozialisten dabei nicht eigens zu entwickeln, sie entnahmen sie den Pamphleten und Programmen der antisemitischen Bewegung, die im letzten Drittel des 19. Jahrhunderts in vielen Staaten Europas blühte und den rassistisch argumentierenden Antisemitismus moderner Prägung verbreitete.

Im **Konzentrationslager Auschwitz-Birkenau,** dem größten Vernichtungslager, wurden etwa 1,1 Millionen Menschen ermordet, darunter etwa eine Million Juden. Das aktuelle Foto zeigt das Einfahrtsgebäude des KZ, das heute als Gedenkstätte und Museum dient.

Preis 30 Pfennig

Ritualmord-Nummer

Der Stürmer

Deutsches Wochenblatt zum Kampfe um die Wahrheit

HERAUSGEBER: JULIUS STREICHER

Sonder-Nummer 1 | Nürnberg, im Mai 1934 | 12. Jahr 1934

Jüdischer Mordplan

gegen die nichtjüdische Menschheit aufgedeckt

Das Mördervolk

Ritualmord

Judenopfer

Durch die Jahrtausende vergoß der Jud, geheimem Ritus folgend, Menschenblut
Der Teufel sitzt uns heute noch im Nacken, es liegt an Euch die Teufelsbrut zu packen

Die Juden sind unser Unglück!

Den Boden für ihre Vernichtungspolitik bereiteten die Nationalsozialisten mit intensiver **Propaganda**. Das antisemitische Wochenblatt „Der Stürmer" beispielsweise titelte 1934 in seiner ersten Ausgabe mit einem „jüdischen Mordplan" gegen die restliche Menschheit. Am Fuß jeder Titelseite stand seit 1927 der Satz „Die Juden sind unser Unglück".

Radikaler Antisemitismus

Bereits das Parteiprogramm der NSDAP von 1920 hatte gefordert, die Juden aus der „Volksgemeinschaft" auszuschließen und sie unter Sondergesetzgebung zu stellen. In seiner programmatischen Schrift „Mein Kampf" kündigte Hitler für den Fall der Machtübernahme ihre „Ausmerzung" aus dem deutschen Volksleben an. Im Judentum sei der „große Hetzer zur restlosen Zerstörung Deutschlands" zu sehen, schrieb er und folgerte in einem geradezu pathologischen Eifer, nur die Befreiung von den „blut- und geldgierigen jüdischen Völkertyrannen" könne das Land und die Welt retten. Wenige Monate vor Beginn des Zweiten Weltkriegs, am 30. Januar 1939, ließ er in einer Reichstagsrede keinen Zweifel daran, mit welcher Radikalität er in der „Judenfrage" vorzugehen gedachte: „Ich will heute wieder ein Prophet sein: Wenn es dem internationalen Finanzjudentum in und außerhalb Europas gelingen sollte, die Völker noch einmal in einen Weltkrieg zu stürzen, dann wird das Ergebnis nicht die Bolschewisierung der Erde und damit der Sieg des Judentums sein, sondern die Vernichtung der jüdischen Rasse in Europa." Zu jenem Zeitpunkt war die Entrechtung und soziale Isolierung der Juden im Deutschen Reich bereits weit fortgeschritten, denn wie angekündigt hatten die Nationalsozialisten gleich nach Hitlers Ernennung zum Reichskanzler im Januar 1933 begonnen, ihr antisemitisches Gedankengut in praktische Politik und physischen Terror gegen Angehörige der Minderheit umzusetzen.

Der erste landesweite Boykott jüdischer Geschäfte in Deutschland im April 1933 provozierte scharfe **Reaktionen im Ausland.** Das Foto zeigt Londoner Juden, die im Gegenzug zum Boykott deutscher Produkte aufrufen.

„Judenboykott“

▣ Am 28. März 1933 ordnete die NSDAP einen landesweiten Boykott jüdischer Geschäfte, Ärzte und Anwälte für den 1. April an. Es kam zu Plünderungen und tätlichen Übergriffen, aber auch zu Solidaritätsbekundungen nichtjüdischer Deutscher und zu scharfen Reaktionen im Ausland. Die Aktion war im Sinn der Initiatoren daher ein Fehlschlag und wurde nach einem Tag abgebrochen. Stattdessen setzte

FAKTEN

Sinti und Roma

Zu den Bevölkerungsgruppen, die in Deutschland schon vor 1933 weithin diskriminiert und nach 1933 schrittweise ausgegrenzt, entrechtet und verfolgt wurden, gehörten die etwa 30 000 Sinti und Roma. Als „fremdrassig“ und „undeutschen Blutes“ stigmatisiert, waren ihnen ebenso wie den Juden Eheschließung und außerehelicher Geschlechtsverkehr mit „Ariern“ verboten.
Ab 1935 richteten viele Städte „Zigeunerlager“ ein, in denen die immer wieder auch als „Asoziale“ bezeichneten Menschen zu leben hatten. Nach Beginn des Krieges durften sie ihre Wohnsitze nicht mehr verlassen.
Im Frühjahr 1940 begann die Deportation von Roma und Sinti ins Generalgouvernement, wo sie Zwangsarbeit zu leisten hatten. Auf die Anordnung Himmlers, alle noch im Reich und in den besetzten Gebieten lebenden Zigeuner in Konzentrationslager zu bringen, gelangten im März 1943 über 20 000 Sinti und Roma nach Auschwitz in einen gesonderten Lagerabschnitt. Fast alle wurden 1944 ermordet.
Insgesamt fielen dem Völkermord an den Sinti und Roma etwa 250 000 Menschen aus ganz Europa zum Opfer.

Männer der SA mit **antisemitischen Boykottplakaten** versperren am 1. April 1933 den Eingang zu einem Kaufhaus in Berlin.

In der **Reichspogromnacht,** der Nacht vom 9. auf den 10. November 1938, erhielt die Verfolgung der Juden einen neuen Charakter. Sie markiert den Schritt von der Diskriminierung und Entrechtung der Juden zu ihrer systematischen Verfolgung. Im Bild eine brennende Synagoge in Berlin-Charlottenburg.

eine Phase systematischer Entrechtung und Diskriminierung ein, die auf eine stufenweise „Entjudung" aller Lebensbereiche zielte. Mit Gesetzen und Verordnungen betrieben Politik und Verwaltung den Ausschluss der Juden aus dem Bildungswesen, aus dem Kulturbereich und der Publizistik, aus qualifizierten Berufen und der Wirtschaft. Stattdessen hatten sie in Arbeitskolonnen Hilfsarbeiten zu verrichten. Staatliche Sozialleistungen konnten Juden nicht mehr beziehen, Alltagskontakte zu Nichtjuden wurden verboten.

Reichspogromnacht

▣ Die Reichspogromnacht vom 9. November 1938 markierte den Auftakt zu brachialer kollektiver Gewalt gegen Juden. Als Vorwand für die organisierte Judenjagd diente das Attentat des 17-jährigen Herschel Grünspan auf einen Beamten der deutschen Botschaft in Paris. Mit seiner Tat wollte er gegen die gewaltsame Abschiebung von 17 000 Juden aus Deutschland nach Polen im Oktober 1938 protestieren, von der auch seine Eltern und Geschwister betroffen waren.

▣ Auf Weisung der NS-Führung übte die SA unter aktiver Mithilfe ganz gewöhnlicher Bürger „Vergeltung" an den Juden im Reich: Überall in Deutschland standen Synagogen in Flammen, Juden wurden öffentlich misshandelt und getötet, jüdische Wohnungen und Geschäfte zerstört und geplündert. In der Nacht und am folgenden Tag wurden 30 000 jüdische Männer verhaftet und in die Konzentrationslager Dachau, Buchenwald und Sachsenhausen verbracht. Prügel und Demütigung sollten die Menschen in ihrer Persönlichkeit brechen und die gewünschte Auswanderung nach vorheriger Ausplünderung forcieren. Für die entstandenen Schäden machte man die Opfer verantwortlich und legte ihnen eine kollektive „Sühneleistung" in Form einer Sondersteuer in Höhe von einer Milliarde Reichsmark auf.

Nach dem „Anschluss" Österreichs an das Deutsche Reich im März 1938 bildeten sich vor dem polnischen Konsulat in Wien lange Schlangen von Juden, die nach Polen **auswandern** wollten und Einreisegenehmigungen beantragten.

Auswanderung

Im Deutschen Reich lebten 1933 noch 525 000 Juden. Etwa der Hälfte von ihnen gelang es, vor dem Auswanderungsverbot von Oktober 1941 das Land zu verlassen. Nach der Pogromnacht setzte eine wahre Massenflucht ein: Allein in den Jahren 1938 und 1939 wählten 117 000 Juden den Weg in die Emigration. Von den 206 000 österreichischen Juden gingen innerhalb weniger Monate nach dem „Anschluss" des Landes 130 000 ins Ausland. Ihr Weg führte die Menschen zunächst vor allem in die noch sicheren europäischen Nachbarländer und nach Großbritannien, später hauptsächlich in die USA und nach Lateinamerika. Wären nicht für viele Juden die finanziellen und administrativen Barrieren unüberwindbar gewesen, hätten zweifellos fast alle Verfolgten den Weg ins Ausland gewählt.

Für Juden galt ab dem 23. November 1939 im besetzten Polen, ab dem 1. September 1941 im Deutschen Reich die Pflicht zum Tragen des **Judensterns.** Der sechszackige gelbe Stern mit dem Schriftzug „Jude" musste auf der linken Brustseite der Kleidung befestigt werden.

Verschärfte Repression

Der Beginn des Krieges markierte einen tiefen Einschnitt in der Entwicklung der nationalsozialistischen Judenpolitik. Er diente zunächst der Verschärfung der Repressalien: Die Juden unterlagen immer neuen Schikanen, die im September 1941 in der Pflicht, einen gelben Stern sichtbar an der Kleidung zu tragen, ihren

Höhepunkt fanden. Entrechtet und als quasi vogelfrei gekennzeichnet, war ein Leben in der Öffentlichkeit selbst in den wenigen Bereichen, wo es die Gesetze noch zuließen, kaum noch möglich. Bezeichnenderweise waren die einzigen Orte, an denen jüdische Kinder noch spielen konnten, die jüdischen Friedhöfe.

Mit dem Krieg begann aber auch die Phase der physischen Vernichtung der „rassisch Minderwertigen". Mit den militärischen Erfolgen der deutschen Wehrmacht fielen den Nationalsozialisten Millionen Menschen in die Hände, die für sie keine Existenzberechtigung hatten, es sei denn als Arbeitssklaven der „Herrenrasse". In Polen hatte das systematische Morden schon im September 1939 begonnen, im Herbst 1940 wurden in Warschau und anderen polnischen Großstädten die ersten Gettos, „geschlossene Wohnbezirke", errichtet.

Juden bei der Zwangsarbeit im **Warschauer Getto,** das 1940 von den deutschen Besatzern eingerichtet worden war.

Die Gettos in Polens Städten – hier ein Zugang zum **Getto in Lodz** – waren für die Juden meist nur Zwischenstationen vor der Deportation.

▣ Gleichwohl spielten bis 1940 noch Überlegungen eine Rolle, die europäischen Juden „restlos" vom Kontinent fortzuschaffen und sie etwa nach Madagaskar zu bringen. Mit dem Russlandfeldzug ließ die Führung jedoch alle Alternativen fallen und beschloss die „Evakuierung" aller Juden in den Osten. Der Völkermord war damit beschlossene Sache, lediglich die Frage, wie dieses beispiellose Verbrechen ausgeführt werden sollte, war noch zu klären. Im Auftrag Hitlers wies daher Göring am 31. Juli 1941, als die Vernichtungsaktionen der Einsatzgruppen in der Sowjetunion bereits liefen, den Chef des Reichssicherheitshauptamts (RSHA) Reinhard Heydrich an, einen Plan für die „Endlösung der Judenfrage" zu erstellen.

Die Wannseekonferenz

In einer Villa am Großen Wannsee in Berlin trafen sich am 20. Januar 1942 leitende Ministerialbeamte, Vertreter des NSDAP-Apparats und hohe SS-Führer. Auf der Tagesordnung der Konferenz stand die Frage, wie die elf Millionen noch in Europa lebenden Juden vernichtet werden sollten. Heydrichs Ausführungen ließen nichts an Deutlichkeit vermissen: Die arbeitsfähigen Juden sollten „straßenbauend" in den Osten getrieben werden und dort zum Einsatz kommen, wobei bereits ein großer Teil durch „natürliche Verminderung ausfallen" würde. Der „Restbestand" sollte „entsprechend behandelt" werden, damit es nicht zu einem neuen „jüdischen Aufbau" komme.

Keiner der Anwesenden erhob irgendwelche Bedenken gegen diesen Plan des systematischen Völkermords. Mit den bürokratisch-technischen Vorarbeiten beauftragte Heydrich den Leiter des Judenreferats des RSHA Adolf Eichmann, der auf der Konferenz auch Protokoll geführt hatte.

Der stellvertretende Reichsprotektor von Böhmen und Mähren, **Reinhard Heydrich** (vorne links), tritt am 28. September 1941 in Prag seinen Dienst an. Neben ihm sein Staatssekretär Karl Hermann Frank. Heydrich gehörte zu den grausamsten Führungspersonen des Naziregimes und war mit der Gesamtplanung für die sogenannte „Endlösung der Judenfrage" beauftragt.

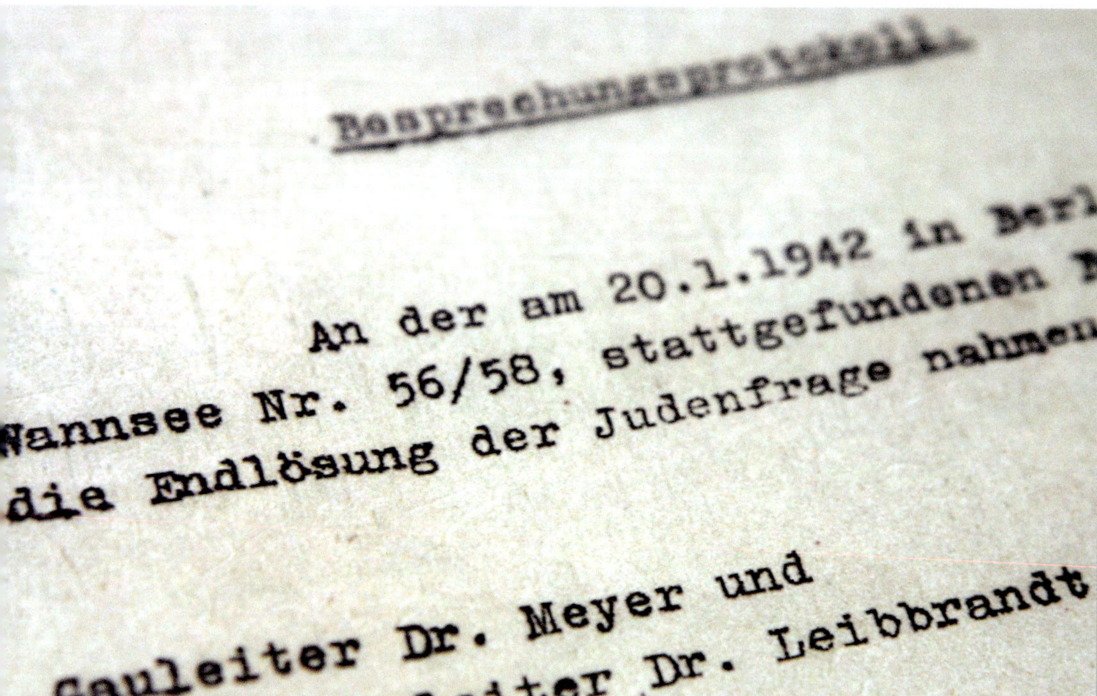

Besprechungsprotokoll.

An der am 20.1.1942 in Ber
Wannsee Nr. 56/58, stattgefundenen
die Endlösung der Judenfrage nahmen

Gauleiter Dr. Meyer und
Dr. Leibbrandt

Im Protokoll der **Wannseekonferenz**, das Adolf Eichmann nach der Besprechung am 20. Januar 1942 anfertigte, ist von der „Endlösung der Judenfrage" die Rede. Das Dokument wurde 1947 in den Akten des Auswärtigen Amtes gefunden.

Tötungsfabriken

Ende September 1941 hatte Hitler die Deportation von Juden aus dem Reich genehmigt. Bis März 1942 waren bereits über 60 000 jüdische Bürger aus dem Deutschen Reich (einschließlich Österreich und dem Protektorat Böhmen und Mähren) verschleppt worden. Die meisten von ihnen nach Litzmannstadt (Lodz), Minsk und Riga. Die große Zahl ankommender Menschen stellte die Besatzung vor Ort zuweilen vor organisatorische Probleme, da die Gettos die Menschen nicht alle

Bau des **Krematoriums IV in Auschwitz** 1943. In den Gaskammern des Lagers starben etwa 1,1 Millionen Menschen, ihre Leichen wurden im Krematorium verbrannt.

Fässer mit **Zyklon B** im Vernichtungslager Auschwitz-Birkenau. In den Jahren 1942 bis 1944 wurde dieses Gas in großem Umfang zum Massenmord in den Gaskammern des Lagers benutzt.

aufnehmen konnten, Züge mussten umgeleitet werden, es kam zu Kompetenzstreitigkeiten zwischen den beteiligten Stellen. Zudem war bei den Gräueln der Einsatzgruppen in der Sowjetunion deutlich geworden, dass Massenerschießungen keine geeignete Methode für den geplanten millionenfachen Mord waren. Neue Tötungsmethoden mussten gefunden werden. Das Ergebnis dieses pervertierten Denkens waren „Tötungsfabriken“, in denen ein kleiner Apparat, dessen Mitglieder nicht aktiv im herkömmlichen Sinn an den Tötungsprozessen teilhatten, Millionen von Menschen umbringen konnte. Konzentrationslager gab es bereits seit Langem, mit Vergasungen hatte man im sogenannten Euthanasie-Programm Erfahrungen gemacht und im Herbst 1941 Probevergasungen in Chelmno und Auschwitz durchgeführt. Beides wurde nun auf perfide Weise zusammengeführt: Auf einst polnischem Gebiet entstanden die Vernichtungslager, deren Namen bis heute für den monströsesten Aspekt der nationalsozialistischen Terrorherrschaft stehen: Auschwitz und Majdanek (beide zugleich Konzentrations- und Vernichtungslager) sowie die reinen Vernichtungslager Treblinka, Sobibor, Belzec und Chelmno.

Himmlers „Lösung“

ZITAT

Aus einer Rede Heinrich Himmlers vor Reichs- und Gauleitern vom 6. Oktober 1943 in Posen:

„Der Satz, die Juden müssen ausgerottet werden ... ist leicht ausgesprochen. Für den, der durchführen muss, was er fordert, ist es das Allerhärteste und Schwerste, was es gibt. ... Es trat an uns die Frage heran: Wie ist es mit den Frauen und Kindern? – Ich habe mich entschlossen, auch hier eine klare Lösung zu finden. Ich hielt mich nämlich nicht für berechtigt, die Männer auszurotten, sprich also umzubringen oder umbringen zu lassen – und die Rächer in Gestalt der Kinder für unsere Söhne und Enkel groß werden zu lassen. Es musste der schwere Entschluss gefasst werden, dieses Volk von der Erde verschwinden zu lassen.“

Koffer von Insassen des **Konzentrationslagers Auschwitz.** Ebenso wie die Tötung der Menschen war die Verwertung ihres Besitzes durchorganisiert.

„Aktion Reinhard“

▣ Mitte März 1942 begann im Lager Belzec der Massenmord an den über zwei Millionen polnischen Juden des Generalgouvernements, die „Aktion Reinhard“. Diesen Decknamen bekam die „Aktion“ erst einige Monate nach ihrem Beginn, als Reinhard Heydrich im Mai 1942 bei einem Attentat in Prag von tschechischen Par-

Die **Konzentrationslager** (KZ) spielten im Terrorregime der Nationalsozialisten eine bedeutende Rolle. Im ersten KZ, das 1933 in Dachau eingerichtet wurde, wurden vor allem politische Gegner inhaftiert. Weitere KZ wurden errichtet, und vor allem nach Kriegsbeginn entstanden in den eroberten Gebieten industriell betriebene Vernichtungslager, in denen mehr als sechs Millionen Menschen ermordet wurden.

tisanen getötet worden war. Ein polnisches Getto nach dem anderen wurde geräumt, die Menschen in Transporten zu Tausenden nach Belzec, Sobibor und Treblinka gebracht und innerhalb kürzester Zeit ermordet. Die Kommandanten der Lager überboten sich schier mit „Erfolgsmeldungen", sprachen von „Tageskapazitäten von über 10 000". Den frei werdenden Platz in den polnischen Gettos nahmen aus dem Westen deportierte Juden ein, zunächst aus dem Reich, dann aus Frankreich, aus den Niederlanden, aus Belgien und aus allen anderen deutsch besetzten Gebieten Europas. Ihnen widerfuhr über kurz oder lang das gleiche Schicksal.

Die polnischen und nach Polen verschleppten Juden starben aber nicht nur in den Vernichtungslagern: Bei Sammelaktionen, Razzien und Massenerschießungen wurden Hunderttausende umgebracht. Nach Abfertigung eines Transports lagen auf den Bahnhöfen, in den Straßen und entlang der Bahnlinie Hunderte Leichen. Bis Oktober 1943 wurden in der „Aktion Reinhard" über zwei Millionen Juden und 50 000 Sinti und Roma ermordet, das ist etwa ein Drittel der Gesamtopfer des Holocaust. Zudem fielen den Tätern ungeheure Werte in die Hände, praktisch alles, was die polnischen Juden in ihrem Leben verdient und angesammelt hatten. Eine offizielle deutsche Aufstellung von Ende 1943 summierte die Bilanz des Raubes auf über 178 Millionen Reichsmark. Zudem hatten sich Funktionäre, SS-Leute, Polizisten und Ortsansässige die eigenen Taschen gefüllt.

Auschwitz

Nachdem die „Aktion Reinhard" abgeschlossen war, ließ die NS-Führung die Anlagen in Belzec, Treblinka und Sobibor abreißen, die Überreste der Leichen verbrennen und den Boden schließlich umpflügen, um die Spuren des ungeheuren Geschehens zu verwischen. Im Zentrum der „Endlösung" stand daraufhin Auschwitz, wo bis Januar 1945 insgesamt etwa 1,1 Millionen Menschen ermordet wurden, darunter mindestens 900 000 Juden. Wie auf der Wannsee-

Ankunft ungarischer Juden in **Auschwitz** im Juni 1944: Kahlgeschorene jüdische Frauen sind zum Appell angetreten.

Nach der Befreiung durch die Alliierten wurde das ganze Ausmaß der Tötungsmaschinerie offenbar. Das Foto zeigt die **Exhumierung von Opfern** des Terrors im KZ Dachau.

konferenz beschlossen, „durchkämmten" die Deutschen und ihre Kollaborateure aus den besetzten Staaten Europa von West nach Ost, um nur niemanden entkommen zu lassen. Die letzte große europäische Gemeinde, die in Auschwitz vernichtet wurde, war die ungarische: In nicht einmal zwei Monaten, von Mai bis Juli 1944, wurden der Vernichtungsmaschinerie aus Ungarn über 430 000 Menschen zugeführt. Auch in Buchenwald, Ravensbrück, Mauthausen und all den anderen Lagern nahm das Morden noch bis in die letzten Kriegstage seinen Fortgang. Als die gegnerischen Armeen auf die Lager vorrückten, trieb die Lagerbesatzung die Häftlinge in Todesmärschen durchs Land, tötete wahllos, ließ die Menschen erfrieren und verhungern. Etwa sechs Millionen Juden fielen dem Völkermord insgesamt zum Opfer.

FAKTEN

Holocaust-Opfer

Die Opfer des Holocaust nach Herkunftsländern:

Belgien	28 000
Deutschland	165 000
Frankreich	78 000
Griechenland	60 000
Italien	7 000
Jugoslawien	66 000
Lettland	67 000
Litauen	220 000
Niederlande	102 000
Österreich	65 000
Polen	2 900 000
Rumänien	270 000
Sowjetunion	1 300 000
Tschechoslowakei	150 000
Ungarn	564 000
Weitere Länder	3 000
Gesamt	6 045 000

Bewegung an allen Fronten

Der Kriegseintritt der USA Ende 1941 und damit die Globalisierung des militärischen Ringens machte 1942 sowohl aufseiten der Alliierten als auch im Lager der Achsenmächte Anstrengungen zur Koordinierung der Kräfte und des Vorgehens notwendig. Beide Seiten waren sich frühzeitig darüber im Klaren, dass eine militärische Vorentscheidung im Süden der Sowjetunion fallen würde, wo das Deutsche Reich Zugang zum überlebensnotwendigen Rohöl suchte.

Sozusagen im Gegenzug zur Gründung der Anti-Hitler-Koalition trafen sich Vertreter der **Achsenmächte** am 18. Januar 1942 in Berlin, um ihre Aktivitäten besser zu koordinieren und Operationsgebiete abzugrenzen. Das Foto zeigt General Keitel, Chef des Oberkommandos der Wehrmacht (rechts), und den Bevollmächtigten des Oberkommandos der italienischen Armee (links) während der Vertragsunterzeichnung.

Auf der Suche nach versprengten Einheiten durchkämmen Wehrmachtsoldaten Jalta. Während ihrer **Sommeroffensive** eroberte die Wehrmacht bis zum 3. Juli 1942 die Krim.

Anti-Hitler-Koalition

▣ Am 1. Januar 1942 unterzeichneten 26 Staaten, federführend waren die USA, die Sowjetunion und Großbritannien, einen Pakt der „Vereinten Nationen“, in dem sie sich verpflichteten, ihre militärischen und wirtschaftlichen Mittel gemeinsam gegen die Mitgliedstaaten des Dreimächtepakts einzusetzen und keinen separaten Waffenstillstand oder Frieden abzuschließen. In Berlin trafen sich am 18. Januar ihrerseits Vertreter Deutschlands, Italiens und Japans, um die Koordination der militärischen Aktivitäten zu verbessern. Die Sowjetunion, die aufseiten der Alliierten die Hauptlast des Krieges trug, erhielt von den Verbündeten zunehmend Unterstützung in Form großer Lieferungen an Lebensmitteln, Transportfahrzeugen und Waffen. Sie drängte die Westalliierten jedoch zu mehr militärischem Engagement – zur Eröffnung einer zweiten Front im Westen des Kontinents. Die zu erwartende Landung der Amerikaner in Europa setzte Hitler im Hinblick auf die Ostfront unter großen Zeitdruck.

Deutsche Sommeroffensive

▣ Seit Beginn der sowjetischen Gegenoffensive vor Moskau im Dezember 1941 hatte sich die Situation für die deutsche Wehrmacht an der Ostfront stetig verschlechtert. Nur unter großen Verlusten gelang es im Frühjahr 1942, eingeschlossene Divisionen zu befreien und die Front zu stabilisieren. Am 5. April legte Hitler die Ziele und Operationsphasen für eine geplante Sommeroffensive fest: Im Südabschnitt sollte die Front bis zum Don vorgeschoben, Stalingrad an der Wolga genommen und schließlich die kaukasischen Erdölfelder erobert werden. Zur Unterstützung an der damit

Lagebesprechung im Führerhauptquartier vor dem Angriff auf **Stalingrad**. Im Bild Hitler mit (von links nach rechts) den Generälen Heusinger, von Sodenstern, von Weichs, Paulus, von Mackensen und von Bock.

wesentlich verlängerten Front wurden die verbündeten Truppen Ungarns, Italiens und Rumäniens in stärkerem Maß als 1941 herangezogen. Im Norden sah Hitlers Weisung die Einnahme Leningrads und damit die Herstellung einer Landverbindung zu den Finnen vor. Am 28. Juni 1942 begann die große deutsche Sommeroffensive. Sie verlief zunächst durchaus erfolgreich, die deutschen Einheiten stießen bis zum Don, zur Wolga und tief in den Kaukasus vor. Am 21. August hissten Soldaten die deutsche Reichskriegsflagge auf dem Elbrus, dem höchsten Berg des Hochgebirges zwischen Schwarzem und Kaspischem Meer.

▣ Da sich der Gegner aus taktischen Gründen hinter die Don-Wolga-Linie und in den Kaukasus zurückgezogen hatte, misslang jedoch die bisher so erfolgreich praktizierte Einkesselung sowjetischer Armeen. Die Nachschubprobleme für Treibstoff und Munition in dieser unwegsamen Bergregion waren allerdings von Beginn an gewaltig. Im September kam der auf 450 Kilometer Breite geführte Vorstoß zum Stehen. Es gelang den deutschen Einheiten nicht, zu den Ölfeldern von Grosny und Baku vorzudringen. Die Gefahr, von den rückwärtigen Verbindungen abgeschnitten zu werden, wurde hingegen so groß, dass im Dezember 1942 der Rückzug aus dem Kaukasus begann.

Eine deutsche Panzerbesatzung beobachtet im Sommer 1942 während des Vormarschs in den Steppen **Kalmückiens** den Einschlag einer abgefeuerten Granate.

Die Karte zeigt den Verlauf der **Sommeroffensive der deutschen Wehrmacht** im Jahr 1942. Bis Mitte November wurden weite Gebiete eingenommen, wichtige strategische Ziele wie die Besetzung der Ölfelder von Grosny wurden jedoch nicht erreicht. Und je weiter sich die Truppen nach Osten vorschoben, desto schwieriger gestaltete sich die Versorgung mit Nachschub.

- Deutsches Reich und besetzte Gebiete
- Vorstoß deutscher Truppen vom 07.05.1942 bis zum 18.11.1942
- Vorstoß deutscher Truppen 07.07.1942
- Vorstoß deutscher Truppen 22.07.1942
- Vorstoß deutscher Truppen 01.08.1942
- Vorstoß deutscher Truppen 18.11.1942
- Verbündete des Deutschen Reiches
- Sowjetunion

Während einer **Gefechtspause in Stalingrad** wärmen sich sowjetische Soldaten am Lagerfeuer auf. Auf den hereinbrechenden Winter war die Rote Armee weit besser vorbereitet als die Wehrmacht.

Stalingrad

▣ Weiter nördlich gab der Oberbefehlshaber der 6. deutschen Armee, General Friedrich Paulus, am 19. August 1942 den Befehl zum Angriff auf das Verkehrs- und Rüstungszentrum Stalingrad (heute: Wolgograd), das bald im Norden und Süden von der Wehrmacht umklammert war. In erbittert geführten Straßen- und Häuserkämpfen eroberten die Deutschen bis Mitte November etwa neun Zehntel des Stadtgebiets, die vollständige Einnahme scheiterte jedoch. Stattdessen begann am 19. November eine zangenförmige sowjetische Großoffensive: Eine Million Soldaten traten zum Gegenangriff an und bereits drei Tage später waren die 6. Armee mit 250 000 Mann sowie etwa 30 000 Rumänen und russische Hilfssoldaten eingeschlossen.

Zwei Wehrmacht-soldaten suchen in Stalingrad in einem Granatkrater Schutz. In erbittert geführten **Straßen-kämpfen** eroberte die Wehrmacht fast 90 Prozent der Stadt – die vollständige Einnahme gelang jedoch nicht.

Ansicht der Stadt **Stalingrad** während der Kämpfe im Herbst 1942.

Durchhalteparolen

Die Situation der Eingeschlossenen war dramatisch. Es waren kaum Vorräte vorhanden, die Temperaturen sanken in den folgenden Winterwochen unter minus 20 °C. General Paulus bat per Funk um Erlaubnis, einen Ausbruchsversuch nach Westen zu starten, doch Hitler lehnte strikt ab. „Unter allen Umständen halten" lautete seine Antwort vom 23. November 1942. Zu prestigeträchtig schien ihm die Schlacht um die Stadt, die Stalins Namen trug und die er zum Symbol des deutschen Siegeswillens erklärte. Er gab der 6. Armee den Befehl, sich einzuigeln, und kündigte die Versorgung über den Luftweg an. Die groß angelegte Versorgungsaktion, in der alle flugfähigen Transportflugzeuge der Luftwaffe zum Einsatz kamen, stieß aber bald an ihre Grenzen: 1500 Kilometer tief auf sowjetischem Gebiet, bei eisiger Kälte, konnten die im Kessel an der Wolga eingeschlossenen Soldaten nicht effektiv versorgt werden. Auch eine Operation zum Entsatz der 6. Armee scheiterte, als den vorgestoßenen Verbänden, die bis auf 48 Kilometer an den sowjetischen Ring herangekommen waren, an Heiligabend ebenfalls die Einkesselung drohte.

Atlantikschlacht

Während sich die deutschen Heeresverbände Anfang 1942 im Osten um die Stabilisierung der Front mühten, wurde die Marine rund 9000 Kilometer westlich auf neuem Terrain aktiv. Im Januar 1942 operierten deutsche U-Boote erstmals vor der Ostküste der USA, stießen dort auf eine noch unerfahrene US-Navy und konnten

bis Ende April nicht weniger als 229 Handelsschiffe versenken. Die Schlacht im Atlantik, die von deutscher Seite zunächst hauptsächlich im Seegebiet um die Britischen Inseln geführt worden war, um deren Blockade von See her zu erreichen, schritt damit in eine neue Phase. Geführt wurde sie nach großen Verlusten der schweren deutschen Überwassereinheiten in den Jahren 1940/41 fast ausschließlich als U-Boot-Krieg, als „Tonnagekrieg" gegen die Handelsschifffahrt, in sogenannten Geleitzugschlachten im Nordatlantik und im Eismeer gegen Versorgungsverbände für Großbritannien und die Sowjetunion. Im Sommer und im Herbst 1942 erzielten die deutschen U-Boote mit ihrer „Rudeltaktik" spektakuläre Erfolge, die alliierten Geleitzüge wurden stark dezimiert.

▣ In der Karibik und im Südatlantik stellte sich die Situation für die Angreifer nicht weniger vorteilhaft dar: Deutsche U-Boote tauchten sogar vor Häfen auf und beschossen die Küste mit ihrer Artillerie. Mit über acht Millionen Bruttoregistertonnen versenkten alliierten Schiffsraums geriet das Jahr 1942 zum erfolgreichsten der deutschen U-Boot-Flotte.

Der Oberbefehlshaber der deutschen Kriegsmarine, **Karl Dönitz,** spricht im Mai 1942 zur Besatzung eines U-Boots. Im Kampf gegen Geleitzüge setzte Dönitz mit der Rudeltaktik der Massierung von Schiffen eine Massierung von U-Booten entgegen.

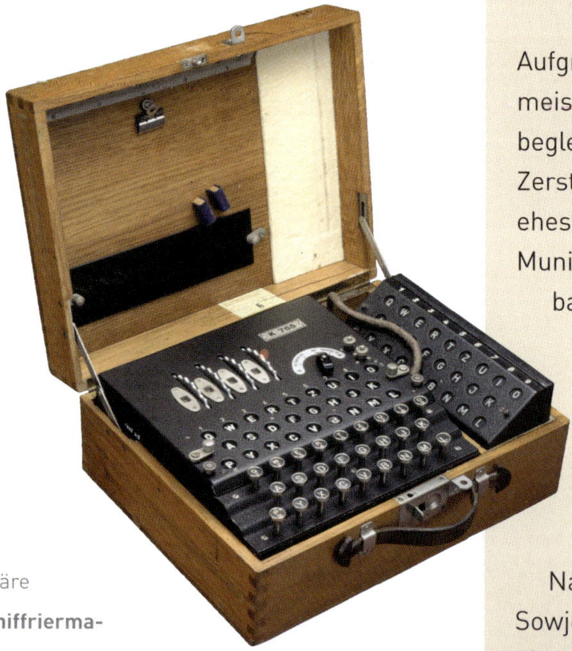

Die legendäre **Enigma-Chiffriermaschine.** Ihre Entschlüsselung durch die Alliierten spielte eine wesentliche Rolle bei der Wende in der Atlantikschlacht zugunsten der Alliierten.

SCHLAGWORT

„Geleitzüge" im Atlantik

Aufgrund der gefürchteten deutschen U-Boot-Angriffe fuhren die meisten alliierten Handels- und Versorgungsschiffe in Geleitzügen, begleitet von schnellen Kampfschiffen wie Fregatten, Korvetten und Zerstörern, die speziell zur U-Boot-Jagd gerüstet waren. Die am ehesten verwundbaren und wertvollsten Schiffe wie Tanker und Munitionstransporte fuhren in der Mitte des Konvois. Ein solcher Verband umfasste zwischen zwölf und 20 Handelsschiffe und eine entsprechende Zahl bewaffneter Schiffe. Weit vor dem Geleitzug kreuzten sogenannte Feger auf einem Zick-Zack-Kurs hin und her, um zu verhindern, dass sich U-Boote in den Zug fallen ließen. Auch Flugzeuge unterstützten die Konvois. Die wichtigsten und am härtesten umkämpften Geleitzugrouten führten durch den Nordatlantik und brachten Nahrungsmittel und Kriegsgerät nach Großbritannien und in die Sowjetunion. Zuweilen waren gleichzeitig bis zu zwölf Konvois mit über 20 000 Mann Besatzung auf dem Atlantik unterwegs. Trotz aller Sicherungen konnten die in Rudeltaktik angreifenden deutschen U-Boote bis 1942 viel „Tonnage" versenken. Neue Radartechnik und bessere Waffen brachten die Wende in der Atlantikschlacht.

Sinkender Tanker im **Atlantik** nach dem Beschuss durch ein deutsches U-Boot im Jahr 1942.

Ein englisches Kriegsschiff setzt 1942 **Wasserbomben** gegen ein deutsches U-Boot ein. Im Hintergrund ist die Explosion einer Wasserbombe zu sehen.

Bewegungskrieg in Nordafrika

▣ Nachdem das Deutsche Afrikakorps unter Rommel die Cyrenaika als Folge britischer Angriffe Ende 1941 fast vollständig hatte räumen müssen, ging die neu formierte deutsch-italienische Panzertruppe am 21. Januar 1942 wieder in die Offensive Richtung Tobruk und Ägypten. In schnellem Vormarsch erreichten Rommels Einheiten am 7. Februar El Gazala, 80 Kilometer westlich von Tobruk, wo die Briten einen Verteidigungsgürtel gezogen hatten und der Vorstoß zunächst zum Stillstand kam. Monatelang kam es zu keinen entscheidenden Kampfhandlungen, dann startete Rommel am 26. Mai 1942 das „Unternehmen Theseus", den Durchbruch durch die Gazala-Front und die Eroberung der Festung Tobruk, die durch schwere Luftangriffe sturmreif geschossen und am 21. Juni schließlich von den Verbänden

Deutsche Panzer rollen am 21. Juni 1942 in die gefallene Stadt **Tobruk** ein. Im Anschluss stießen die deutschen Verbände unter Generalfeldmarschall Erwin Rommel bis zum etwa 100 Kilometer westlich von Alexandria gelegenen El Alamein vor.

der Achsenmächte eingenommen werden konnte. Den Angreifern fielen große Mengen an Treibstoff und Lebensmitteln in die Hände, 32 000 britische, südafrikanische und indische Soldaten gerieten in Gefangenschaft.

▣ Rommel, aufgrund des spektakulären Erfolgs von Hitler zum Generalfeldmarschall ernannt, war entschlossen, den versprengten Resten der britischen 8. Armee nachzusetzen

US-Soldaten bei einem Einsatz im Zuge der **„Operation Torch"**, der anglo-amerikanischen Invasion Französisch-Nordafrikas.

und den psychologischen Vorteil des Sieges zum Vorstoß auf ägyptisches Gebiet zu nutzen, bis Alexandria und Kairo. Bei El Alamein, 100 Kilometer westlich von Alexandria, blieb der Angriff jedoch stecken. Versuche, zum Suezkanal vorzudringen, scheiterten an heftiger Gegenwehr und ausbleibendem Nachschub. Damit fiel das Gesetz des Handelns in Nordafrika wieder an die Alliierten.

Alliierte Landung in Marokko und Algerien

Der neue Befehlshaber General Bernard Montgomery formierte die britischen Truppen neu und startete am 23. Oktober 1942 die Gegenoffensive, die Rommel zum Rückzug nach Libyen zwang. Als am 7./8. November zusätzlich 100 000 ausgeruhte amerikanische und britische Soldaten in Casablanca und Algier landeten, stand das ohnehin geschwächte Afrikakorps damit in einem aussichtslosen Zweifrontenkrieg. Bereits am 13. November eroberten die Briten die Festung Tobruk zurück. Als Reaktion ließ Hitler frische deutsche Verbände in Tunesien landen, die sich mit jenen der nach Osten zurückweichenden Einheiten vereinten. Sein Versuch, die Vichy-Regierung für einen Einsatz der

in Nordafrika stationierten französischen Truppen gegen die Alliierten zu gewinnen und sie somit auf der Seite der Achsenmächte in den Krieg eintreten zu lassen, schlug jedoch fehl. Daraufhin ordnete Hitler als Gegen- und Vergeltungsmaßnahme die Besetzung des noch unbesetzten südlichen Teils Frankreichs an, was wiederum die französischen Generäle in Nordafrika zum Übertritt auf die Seite der Alliierten bewegte.

Die Besetzung Vichy-Frankreichs

▣ Die Besetzung der nach dem Westfeldzug unter französischer Hoheit verbliebenen Zone durch deutsche und italienische Truppen startete am 11. November 1942 unter dem Decknamen „Unternehmen Anton". Die italienische 4. Armee besetzte die Côte d'Azur, eine weitere Division landete auf Kreta. Die deutsche 7. Armee rückte von Zentralfrankreich aus auf Vichy und Toulon Richtung Süden vor, die 1. Armee am Fuß der Pyrenäen von der Atlantikküste nach Osten zum Mittelmeer.

▣ Die etwa 50 000 Soldaten umfassende Armee der Vichy-Regierung nahm anfänglich Verteidigungsstellungen ein, leistete nach entsprechender deutscher Forderung aber keinen Widerstand. Unbesetzt blieben zunächst nur Vichy als Sitz der französischen Regierung und der Mittelmeerhafen Toulon, wo der Rest der demobilisierten französischen Kriegsflotte vor Anker lag.

Die Kommandeure der französischen Marine hielten die Deutschen mit Verhandlungen über die Zukunft der Schiffe so lange hin, bis die Selbstversenkung der Flotte in die Wege geleitet war. Drei Schlachtschiffe, sieben Kreuzer, 29 Zerstörer und 20 U-Boote sanken in Toulon und waren somit für die Besatzer verloren.

Mit der **Selbstversenkung der französischen Flotte,** darunter die Schlachtschiffe „Strasbourg", „Dunkerque" und „Provence" im Hafen von Toulon, verhinderten die Franzosen Ende November 1942, dass ihre Schiffe in deutsche Hände fielen.

Ausweitung des Pazifikkriegs

Mit der enormen Ausweitung seines Machtbereichs nach dem Angriff auf Pearl Harbor boten sich Japan im Frühjahr und Sommer 1942 mehrere Stoßrichtungen zur weiteren Expansion an: Indien, der Nahe Osten und Australien waren mögliche Ziele. Die Japaner konzentrierten ihre Kräfte jedoch stattdessen auf den Kampf gegen die USA im Pazifik, um die Mutterinseln vor Angriffen zu schützen.

Am 18. April hatten amerikanische Bomber von einem Flugzeugträger aus einen ersten, überraschenden Angriff auf Tokio geflogen. Der Schaden blieb zwar gering, verfehlte aber seine psychologische Wirkung nicht.

Japan glaubte, den besetzten Raum und damit die Schutzzone für die Heimat erweitern zu müssen. Die Führung beschloss, weitere Inseln und Inselgruppen im Pazifik zu besetzen, darunter auch das im Zentralpazifik gelegene Midway-Atoll, wo die USA einen Luftwaffenstützpunkt unterhielten.

Mit dem Angriff auf Midway forderte Kommandeur Yamamoto die verbliebene amerikanische Pazifikflotte zum Kampf, denn es war leicht auszurechnen, dass die USA diese Inseln, nur 2000 Kilometer von Hawaii entfernt, nicht in japanische Hände fallen lassen wollten. Yamamoto bot seine gesamte Flotte auf, darunter elf Schlachtschiffe, vier schwere und drei leichte Träger mit insgesamt fast 400 Flugzeugen.

Angesichts der Bedrohung australischen Gebiets durch japanische Streitkräfte beschloss die australische Regierung 1942 die totale Mobilmachung. Auf dem pazifischen Kriegsschauplatz beteiligte sich das Land vor allem an der Rückgewinnung Neuguineas. Das Foto zeigt **australische Soldaten,** die im September 1942 eine Bucht **auf Neuguinea** stürmen.

In der **Schlacht um Midway** vom 4. bis zum 7. Juni 1942 war die USS Yorktown maßgeblich an den Angriffen auf die japanischen Träger Soryu, Akagi, Kaga und Hiryu beteiligt, die alle sanken. Die USS Yorktown – im Bild links mit Schlagseite – sank am 7. Juni nach mehreren Torpedotreffern.

Die Gegenoffensive der Alliierten im Pazifik begann mit der Schlacht um die Salomoneninsel **Guadalcanal**. Das Foto zeigt japanische Kampfflugzeuge. Der Himmel ist übersät mit Explosionswolken von Flakgeschossen, die zur Abwehr der Bomber abgefeuert wurden.

Die Schlacht um Midway

Am Morgen des 4. Juni 1942 griff eine erste Welle japanischer Flieger Midway an, erlitt aber schwere Verluste. Die amerikanische Basis auf der Insel blieb kampffähig und die japanischen Kommandeure entschieden, die Staffeln, die für den Kampf gegen die US-Flotte zurückgehalten worden waren, zunächst für einen Angriff auf die Insel umzurüsten. Als die Umrüstung in vollem Gange war, meldete die Aufklärung einen US-Flugzeugträger und es wurde erneut umgerüstet. Zur gleichen Zeit kamen die Flieger zurück, die den ersten Angriff geflogen hatten. Die US-Sturzkampfbomber und U-Boote attackierten die japanischen Schiffe eben zu jenem Zeitpunkt, als ihre Decks und Hallen voller Maschinen standen. Der Verlust von vier ihrer stärksten Träger zwang die Japaner zum Rückzug. Der Verlust war aber nicht nur für die Niederlage in der Schlacht um Midway, sondern für den gesamten weiteren Verlauf des Krieges bedeutend. Die japanische Flotte war so geschwächt, dass sie für die Verteidigung der eroberten Gebiete und größere Offensiven nur noch bedingt verwendungsfähig war.

Der deutsche Machtbereich Ende 1942

- größte Ausdehnung des deutschen Machtbereiches Ende 1942
- Grenzen 1939
- Deutsches Reich und angegliederte/besetzte Gebiete
- Verbündete des Deutschen Reiches
- Westalliierte und besetzte Gebiete
- von Frankreich abhängige Gebiete
- Sowjetunion
- neutrale Staaten

Das Deutsche Reich 1942

▣ Ende 1942 stand das Deutsche Reich auf dem Höhepunkt seiner Macht. Große Teile Europas hatte es annektiert, andere Gebiete waren besetzt und standen – wie das polnische Generalgouvernement – unter deutscher Verwaltung. In Norwegen, Dänemark und den Niederlanden wurden Zivilverwaltungen eingerichtet, die in den besetzten Gebieten mit den örtlichen Verwaltungen kooperierten. Und über einige Gebiete behielt schließlich die Wehrmacht die Aufsicht, so in Belgien, Frankreich, auf den Kanalinseln und in weiten Teilen Serbiens und Griechenlands. Hinzu kamen mit Italien und den südosteuropäischen Staaten eine Reihe von Verbündeten, die Ende 1942 sehr eng ans Deutsche Reich gebunden waren.

Widerstand in besetzten Gebieten

In allen von Deutschland während des Zweiten Weltkriegs eroberten und besetzten Gebieten bildeten sich Widerstandsgruppen, die gegen die Besatzer sowie ihre einheimischen Kollaborateure kämpften. Größe und Kampfkraft dieser Bewegungen variierten sehr stark und waren in hohem Maß von der Gestaltung der Besatzungspolitik abhängig. Am heftigsten tobten die Kämpfe hinter der Front dort, wo die Besatzer die Zivilbevölkerung als Folge der rassistischen Naziideologie von Beginn an terrorisierten und sich in willkürlichen Verfolgungen und „Liquidationen" ergingen. Das traf vor allem auf die slawischen Gebiete zu: auf die Sowjetunion und Jugoslawien.

Mitglieder einer **Tito-Brigade** im November 1943 bei Vrbnicke Kolibe in Bosnien auf dem Marsch. Titos „Volksbefreiungsbewegung" zeichnete sich durch einen hohen Organisationsgrad aus.

Partisanenkrieg auf dem Balkan

Die ersten Partisaneneinheiten, die gegen die Wehrmacht kämpften, gruppierten sich im Frühjahr 1941 in Jugoslawien um den serbischen Nationalisten Draža Mihailović. Seine Milizen – die sogenannten Tschetniks – führten von schwer zugänglichen Bergregionen aus kleinere Operationen gegen die Besatzer aus.

Im Sommer 1941 organisierte Josip Broz, genannt Tito, den kommunistischen Widerstand, der sich bald als der effektivere erwies. Zwischen den beiden Widerstandsgruppen kam es zu einem blutigen Bürgerkrieg innerhalb der Partisanenbewegung, wobei die Tschetniks auch vor einer lokalen Zusammenarbeit mit Deutschen und Italienern nicht zurückschreckten.

Daher stellten die Alliierten ihre Unterstützung für sie 1943 ein und setzten ganz auf Titos „Volksbefreiungsbewegung“, der schon im Dezember 1941 etwa 80 000 Bewaffnete angehört hatten. Bis 1944 wuchsen die Tito-Brigaden auf eine Stärke von über 400 000 Soldaten und wiesen Strukturen und Bewaffnung einer regulären Armee auf.

Sabotage und „Geiselerschießungen“

Die Partisanen sprengten Brücken und Eisenbahnanlagen, kappten Telefonleitungen, überfielen Konvois, verübten Attentate und fügten den Besatzern damit empfindliche Verluste zu. Die Wehrmacht reagierte mit „Geiselerschießun-

Im gesamten Ostgebiet ist daher der Krieg gegen die Partisanen ein Kampf der restlosen Ausrottung des einen oder des anderen Teiles.

Sowie diese Erkenntnis Gemeingut einer Truppe geworden ist, wird sie regelmäßig mit diesen Erscheinungen in kurzer Zeit fertig, im anderen Falle ist ihrem Einsatz kein durchschlagender Erfolg beschieden. Er wird damit zwecklos.

Wenn auch unter anderen Bezeichnungen, haben England und Amerika sich zu einer gleichen Kriegführung entschlossen. Wenn der Russe auf dem Landwege versucht, Partisanentrupps hinter unsere Front zu bringen und nur ausnahmsweise den Lufttransport zum Absetzen von Mannschaften und für den Abwurf von Verpflegung verwendet, dann wird in England und Amerika diese Kriegführung in erster Linie durch das Anlandsetzen von Sabotagetrupps von U-Booten aus, oder mittels Schlauchbooten oder durch Fallschirm-Agenten geführt. Im Wesen aber unterscheidet sich diese Kriegführung in nichts von der russischen Partisanen-Tätigkeit.

Diese Weisung Hitlers zur **Ausrottung der Partisanen** war ein offener Verstoß gegen die Genfer Konvention.

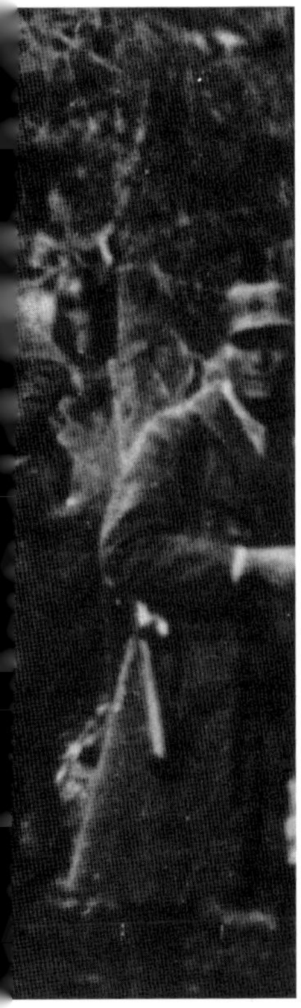

Exekution russischer Partisanen durch ein **Erschießungskommando** der Wehrmacht im Juli 1941.

gen". Nach einem Befehl des OKW vom 16. September 1941 waren für jeden aus dem Hinterhalt getöteten deutschen Soldaten 50 bis 100 Zivilisten hinzurichten. In der Stadt Kragujevac in Zentralserbien etwa wurden im Oktober 1941 infolge dieses Befehls 2300 Menschen hingerichtet.

▣ Der Partisanenkrieg wurde auf beiden Seiten mit schonungsloser Grausamkeit geführt. Lebend ist kaum ein Gefangener den Händen des Gegners entkommen. Ganze Divisionen mussten zum Kampf gegen das „Bandenwesen" hinter der Front herangeführt werden. Auch wenn die regulären Einheiten in Gefechten häufig siegreich blieben, wirklich aufreiben konnten sie die Partisanen nie. Zu gut war ihre Ortskenntnis, auf unwegsamem Terrain, wo keine Fahrzeuge verkehren konnten, formierten sie sich immer wieder neu. Gegen Ende des Krieges kontrollierte der jugoslawische Widerstand weite Teile des Landes und trug so einen wichtigen Teil zur schnelleren Niederwerfung des fremdem Regimes bei.

Partisanen hinter der Ostfront

▣ Bereits eine Woche nach dem deutschen Überfall auf die Sowjetunion im Juni 1941 rief Stalin die Bevölkerung der besetzten Gebiete zum „Volkskrieg" auf. Abgetauchte Partei-

Diese 1985 erschienene sowjetische Briefmarke würdigt den Beitrag **russischer Partisanen** zum Sieg im „Großen Vaterländischen Krieg".

Während der **Kämpfe um Kursk** legen russische Partisanen im Sommer 1943 eine Sprengladung an einem Eisenbahngleis.

funktionäre und Rotarmisten, zumeist geflohene Kriegsgefangene, stellten den Kern der ersten Widerstandsgruppen, die bald auch Zulauf von Juden erhielten, die vor der Verfolgung in den Untergrund abtauchten. Hatten große Teile der Bevölkerung in den baltischen Staaten und in der Ukraine den Deutschen zunächst durchaus positiv gegenüber gestanden, weil sie die Sowjetherrschaft als nationale Unterdrückung empfunden hatten, so formierte sich auch in diesen Gebieten aufgrund der brutalen Besatzungspraxis bald der Widerstand. Die Unterbrechung von Nachrichtenwegen, Attacken gegen deutsche Nachschubeinrichtungen sowie Sabotageakte an strategischen Punkten wie Brücken standen im Zentrum der Partisanenaktionen.

▣ Die Besatzer regierten mit grausamem Terror, der abschrecken sollte, jedoch vor allem den Hass und die Rachegelüste aufseiten der Zivilbevölkerung steigerte. Orte, in denen Partisanen gestellt oder auch nur vermutet wurden, machten die Deutschen dem Erdboden gleich, öffentlich gehängte Widerstandskämpfer stellte man tage- und wochenlang an den Hinrichtungsplätzen als „Warnung" zur Schau.

„Bandenbekämpfung"

▣ 1942 wurde die „Bandenbekämpfung" auf deutscher Seite neu organisiert. Spezielle Jagdkommandos waren nun ausschließlich für den Kampf gegen Partisanen verantwortlich und bald mit dessen Besonderheiten vertraut. Statt kollektive „Süh-

Für „besondere Verdienste" bei der Bekämpfung von Partisanen verlieh die Wehrmacht Ehrenzeichen wie das **„Goldene Bandenkampfabzeichen"**.

„Bandenbekämpfung"

ZITAT

Auszug aus einem Geheimbefehl des Chefs des Oberkommandos der Wehrmacht zur „Bandenbekämpfung" vom 16. Dezember 1942:

... Wenn dieser Kampf gegen die Banden sowohl im Osten wie auf dem Balkan nicht mit den allerbrutalsten Mitteln geführt wird, so reichen in absehbarer Zeit die verfügbaren Kräfte nicht mehr aus, um dieser Pest Herr zu werden. Die Truppe ist daher berechtigt und verpflichtet, in diesem Kampf ohne Einschränkung auch gegen Frauen und Kinder jedes Mittel anzuwenden, wenn es nur zum Erfolg führt.

Rücksichten, gleich welcher Art, sind ein Verbrechen gegen das deutsche Volk und den Soldaten an der Front, der die Folgen der Bandenanschläge zu tragen hat und keinerlei Verständnis für irgendwelche Schonung der Banden oder ihrer Mitläufer haben kann ...

Kein in der Bandenbekämpfung eingesetzter Deutscher darf wegen seines Verhaltens im Kampf gegen die Banden und ihre Mitläufer disziplinarisch oder kriegsgerichtlich zur Rechenschaft gezogen werden ..."

Je länger die Besatzungszeit dauerte, desto größer wurde die Unterstützung der Partisanen durch die Zivilbevölkerung. Das Foto aus dem Winter 1943/44 zeigt die **Versorgung von Partisanen** in den Sümpfen bei Pinsk in Weißrussland mit Nahrungsmitteln.

nemaßnahmen" durchzuführen, belohnte man Denunzianten und konnte auf diese Weise erstaunliche Erfolge erzielen.

Das änderte sich, als 1943 die Niederlage der Wehrmacht absehbar wurde. Der bewaffnete Widerstand erfuhr starken Zulauf, er versorgte die regulären Einheiten der Roten Armee vor ihren Offensiven mit Informationen über deutsche Stellungen und sorgte mit der Massierung von Anschlägen für Verwirrung. Nach sowjetischen Angaben brachten die Partisanen 18 000 Militärzüge zum Entgleisen und sabotierten 42 000 Fahrzeuge. Die Zahl der Opfer lässt sich nur schwer schätzen, aber allein im Partisanenkrieg in der Sowjetunion kamen auf beiden Seiten jeweils mehrere Hunderttausend Menschen ums Leben.

Die französische Résistance

„Résistance" ist der Sammelbegriff für die französische Widerstandsbewegung gegen die deutsche und die italienische Besatzungsmacht sowie gegen die mit diesen kollaborierenden französischen Institutionen. Nach der Niederlage Frankreichs hatte General Charles de Gaulle im Juni 1940 über den Londoner Rundfunk zur Fortsetzung des Kampfes gegen die deutschen Besatzer aufgerufen. Daraufhin entstanden kleine regionale und voneinander unabhängige Widerstandsgruppen aus den unterschiedlichsten politischen Lagern. 1942 formierte sich ein Teil dieser Gruppen in acht größeren Organisationen, darunter die von den Kommunisten initiierte „Front National". Mit dem Auftrag, die Zersplitterung der Résistance zu überwinden, sandte de Gaulle den einstigen Präfekten Jean Moulin in den noch unbesetzten Süden des Landes. Ihm gelang es bis Mai 1943, alle großen Gruppen im „Nationalrat der Résistance" zusammenzubringen, der seinerseits de Gaulle als

Sabotageakte waren überall wesentlicher Bestandteil der Aktivität von Partisanen. Hier bringt ein französischer Widerstandskämpfer einen Sprengsatz an einem Bahngleis an.

Sprecher der Résistance gegenüber den Alliierten akzeptierte. Moulin selbst wurde im Juni 1943 von der Gestapo festgenommen und gefoltert, nannte aber nicht einen einzigen Namen. Er starb am 8. Juli auf dem Weg in ein Konzentrationslager.

▣ Die Maßnahmen der Résistance reichten vom passiven Widerstand über Sabotage, Fluchthilfe und bewaffnete Überfälle bis hin zu nachrichtendienstlicher Tätigkeit für die Alliierten. Die bewaffneten Gruppen umfassten 1944 etwa 250 000 Mann, von denen aber nur ein Drittel schnell mobilisierbar war.

Nach der Landung der Alliierten in der Normandie im Juni 1944 gingen Résistance-Gruppen in vielen Departements zum Aufstand über. Im Vercors, einer dicht bewaldeten Gebirgsregion in den Alpen südlich von Grenoble, planten 4000 Widerstandskämpfer einen groß angelegten Einsatz gegen die deutschen Verbindungslinien im Rhônetal und in den Alpen. Da die erwarteten Luftlandetruppen der Alliierten aber ausblieben, konnten die Wehrmacht und Verbände

Französische **„Maquisards"** untersuchen die Besitztümer eines deutschen Gefangenen. Diese Gruppierung innerhalb der Résistance rekrutierte sich zunächst aus Franzosen, die für den Arbeitsdienst in Deutschland verpflichtet werden sollten und sich lieber in unwegsames Gelände absetzten.

In Frankreich wurde das Dorf **Oradour-sur-Glane** zum Symbol für deutsche Kriegsverbrechen. Hier wurden 642 Menschen – fast die gesamte Dorfbevölkerung – ermordet und das Dorf niedergebrannt. Das Foto zeigt die Hauptstraße des Ortes nach dem Verbrechen.

der Waffen-SS die Aktion niederwerfen, bevor sie richtig begonnen hatte. Insgesamt verlor die Résistance rund 30 000 Kämpfer durch Hinrichtung und Tod im Gefecht, 75 000 überlebten die KZ-Haft in Deutschland nicht.

▣ Das kleine Dorf Oradour-sur-Glane nordwestlich von Limoges wurde zum Symbol für deutsche Kriegsverbrechen in Frankreich. Auf ihrem Weg in die Normandie, wo am 6. Juni 1944 die Alliierten gelandet waren, verübte die SS-Panzerdivision „Das Reich“ unter dem Vorwand der Partisanenbekämpfung eine Reihe von Massakern. Am 9. Juni erhängten Angehörige der Einheit in Tulle 99 Geiseln, am folgenden Tag erschienen 120 Mitglieder in Oradour-sur-Glane und trieben sämtliche Bewohner des Dorfes zunächst auf dem Marktplatz zusammen.

Die SS teilte die männlichen Einwohner in fünf Gruppen auf, führte sie in unterschiedliche Scheunen und schoss sie dort nieder. Frauen und Kinder wurden in die Kirche gesperrt, wo sie mittels einer zur Explosion gebrachten Gasbombe erstickt werden sollten. Die Kirche wurde zudem in Brand gesteckt. Außerhalb postierte Schützen erschossen alle, die aus der Kirche zu entkommen suchten. Anschließend plünderte die SS das Dorf und brannte alle Gebäude nieder. 642 Dorfbewohner, darunter 245 Frauen und 207 Kinder, wurden in Oradour-sur-Glane ermordet.

„La resistenza“ in Italien

▣ In Italien, bis September 1943 „Waffenbruder“ des Deutschen Reiches, stellte sich die Entwicklung des Widerstands in vielem anders dar. Erst als deutsche Truppen Teile des Landes besetzten und italienische Soldaten überall, wo sie ihrer habhaft wurden, gefangennahmen, setzte eine wirkungsvolle Partisanentätigkeit ein. Vor allem der kommunistisch motivierte Widerstand gewann an Schlagkraft, aber auch der liberale Antifaschismus und monarchistisch gesinnte Militärs machten gegen die Deutschen mobil. Viele Soldaten tauchten unter und schlossen sich den Partisanen an. Die Bekämpfung des bewaffneten Widerstands wurde von den Besatzern nach den selben Richtlinien wie im Osten geführt. In Regionen mit hoher Partisanenaktivität wurden Geiseln genommen und deren Exekution für den Fall von Angriffen angekündigt. In einer Reihe von Orten verübten SS und Wehrmacht als „Vergeltung" Massaker an der Bevölkerung. In der letzten Kriegsphase spielten die Partisanen bei der Befreiung von Städten wie Florenz und Padua noch vor dem Eintreffen der Alliierten die entscheidende Rolle. Im Norden, am Comer See, fielen ihnen Benito Mussolini und seine Geliebte Clara Petacci in die Hände. Beide wurden erschossen, ihre Leichen in Mailand öffentlich zur Schau gestellt.

Jüdischer Widerstand

▣ In einer Reihe nationaler Widerstandsbewegungen waren auch Juden aktiv, in Reihen der französischen Résistance etwa bildeten sie als „Armée Juive" eine eigene Gruppierung. Für die jüdischen Partisanen in Mittel- und Osteuropa war bewaffneter Kampf die einzige Möglichkeit zu überleben. Zu den Partisanen flohen dort auch Juden, die nicht kämpfen konnten. Für sie wurden in den Wäldern Familienlager geschaffen, die unter dem Schutz der Kämpfer standen. Bewaffneten Widerstand leisteten Juden auch in einigen Konzentrations- und Vernichtungslagern, so in Treblinka, Sobibor und Auschwitz-Birkenau. Zum Symbol des jüdischen Widerstands wurde der Aufstand im Warschauer Getto im Frühjahr 1943. Wie fast alle bewaffneten Konfrontationen der jüdischen Widerstandskämpfer endete er mit einer Niederlage und mit der Vernichtung der Aufständischen.

Widerstand in anderen Regionen

▣ Auch in Griechenland, in den Niederlanden, in Belgien und Norwegen, in der Slowakei und in Böhmen kämpften Widerstandsgruppen mehr oder weniger effektiv gegen das Besatzungsregime. In Polen nahm die Auflehnung mit dem Aufstand der sogenannten Heimatarmee im Sommer 1944 eine besondere Form an. Diese Widerstandsbewegungen haben den Krieg nicht entschieden, sie trugen aber alle ihren Teil zur schnelleren Befreiung Europas vom Nationalsozialismus bei.

Italienische Partisanen befreien im Winter 1944/45 gefangene Antifaschisten aus einem Gefängnis bei Aosta. Die italienische Partisanenbewegung formierte sich in nennenswertem Maß erst, nachdem die „Waffenbruderschaft" mit dem Deutschen Reich beendet worden war.

Die Lage Ende 1942

▣ Im Sommer 1942 hatte das Deutsche Reich die maximale Ausweitung seines Machtbereichs errungen: Bis an Wolga und Don sowie in den Kaukasus waren seine Truppen an der Ostfront vorgedrungen, bis nach Ägypten in Nordafrika.

Im Westen waren es vor allem die spektakulären Versenkungsziffern der U-Boote, die den deutschen Militärs Hoffnung gaben und den Alliierten Schrecken einjagten: Direkt vor New Yorks Hafeneinfahrt versenkten sie einen Tanker, sie machten die gesamte Ostküste der USA unsicher und fügten den Konvois nach Europa im Atlantik schwere Verluste zu.

▣ Ende des Jahres 1942 aber hatte sich die Situation grundlegend gewandelt. Die deutsche 6. Armee war bei Stalingrad eingekesselt, in Nordafrika trieb eine neue britische Offensive Rommels Afrikakorps schneller zurück, als es im Sommer seinerseits vorgerückt war. Die Ursachen für das Scheitern der Feldzüge in der Sowjetunion wie in Nordafrika waren nahezu identisch: Während es aufseiten der Achsenmächte große Probleme mit dem Nachschub an Waffen, Ausrüstung und Soldaten gab, konnte der Gegner in wachsendem Maß neues und besseres Material und frische Truppen aufbieten. Mit jedem Raumgewinn, also eigentlich mit jedem Erfolg der Wehrmacht, wuchs dieses strukturelle Problem. Die rückwärtigen Verbindungen waren viel zu schwach, als dass ein solch riesiger Machtbereich hätte gesichert werden können.

Stalingrad war das beste Beispiel dafür. Hitler verbot das Zurückweichen, doch weder konnte die Wehrmacht den Kessel militärisch aufbrechen noch Berlin, trotz aller Anstrengungen, die Eingeschlossenen auch nur annährend ausreichend versorgen. In der Schlacht um die Stadt an der Wolga wurde zur Jahreswende 1942/43 deutlich, dass und warum Deutschland diesen Krieg nicht gewinnen konnte. Doch die deutsche Führung war nicht bereit, diese Einsicht aufzubringen.

▣ Obwohl die Alliierten mit der Strategie des „Germany first“ ihre militärischen Kräfte zunächst auf den Kampf gegen Hitler-Deutschland konzentrierten, gelang es den USA in der See-Luftschlacht bei den Midway-Inseln bereits im Juni 1942, den Japanern eine vorentscheidende Niederlage im Pazifikkrieg beizufügen. Die japanische Rüstungsproduktion vermochte die entstandenen Verluste von vier Flugzeugträgern nicht mehr auszugleichen, während die amerikanische auf Hochtouren lief. Auch den Verlust eines großen Teils seiner Flugzeugbesatzungen konnte Japan nicht kompensieren.

Mit der Landung einer amerikanischen Marineinfanteriedivision auf den Salomonen-Inseln östlich von Neuguinea begann schon im August die amerikanische Gegenoffensive.

▣ Nach der Wannsee-Konferenz im Januar 1942 setzte das NS-Regime alle Mittel daran, den Völkermord an den Juden europaweit zu koordinieren und systematisch durchzuführen. Allein im Jahr 1942 wurden in Konzentrations- und Vernichtungslagern sowie bei diversen „Aktionen“ zwei Millionen Juden ermordet. Terrormaßnahmen gegen Partisanen und Zivilbevölkerung forderten ihrerseits Hunderttausende von Opfern und steigerten allerorten den Hass auf die Besatzer.

Angesichts dieser gnadenlosen Vernichtungspolitik konnte es für die deutsche Führung nur ein einziges Ziel geben: Es musste gelingen, den Krieg von Deutschland fernzuhalten – andernfalls war die Gefahr groß, dass die Verbrechen auf das Land und die eigene Bevölkerung zurückschlugen. Aber auch dieses Ziel stellte sich schnell als unrealistisch heraus: 1943 begann der Vormarsch der Alliierten auf die „Festung Europa“.

Die Lage an der „Heimatfront“

Die modernen Kriege des 20. Jahrhunderts bedeuteten auch für die Zivilisten und das zivile Leben eine umfassende Abkehr vom Leben in Friedenszeiten. Das machte sich nicht überall gleich schnell bemerkbar und die Auswirkungen variierten von Region zu Region, doch letztendlich fiel der Krieg – sei es militärisch, politisch oder wirtschaftlich – auf alle zurück.

Entfesselte Ideologie

▣ Mit Beginn des Zweiten Weltkriegs verschlechterten sich die Lebensumstände von Millionen betroffener Menschen. Allerdings gab es Unterschiede je nach Grad der direkten Kriegseinwirkung in den verschiedenen Ländern, je nach sozialer Zugehörigkeit, je nach Region. So traf der deutsche Besatzungsterror Polen deutlich schlimmer als etwa Dänemark oder Norwegen. Die Russen mussten ebenso schwere Entbehrungen wie willkürliche Gewalt ertragen.

▣ Im Deutschen Reich verschärfte sich der Terror gegenüber „Staatsfeinden“ und „Minderwertigen“ erheblich. Verhaftungen und Einweisungen in Konzentrationslager nahmen ab September 1939 dramatisch zu. Der Krieg diente als Deckmantel für die Radikalisierung rassenbiologischer Maßnahmen wie das „Euthanasie-Programm“, das die Ermordung Tausender behinderter Menschen zur Folge hatte. Bis zum offiziellen Stopp der Morde im August 1941 wurden rund 70 000 Menschen durch Injektionen, Tabletten, Vergasung oder Erschießung umgebracht.

Schon Ende 1939 wurden in Deutschland viele Lebensmittel rationiert. Das Foto zeigt eine Frau, die auf einem Markt in einer deutschen Stadt mit **Lebensmittelmarken** bezahlt.

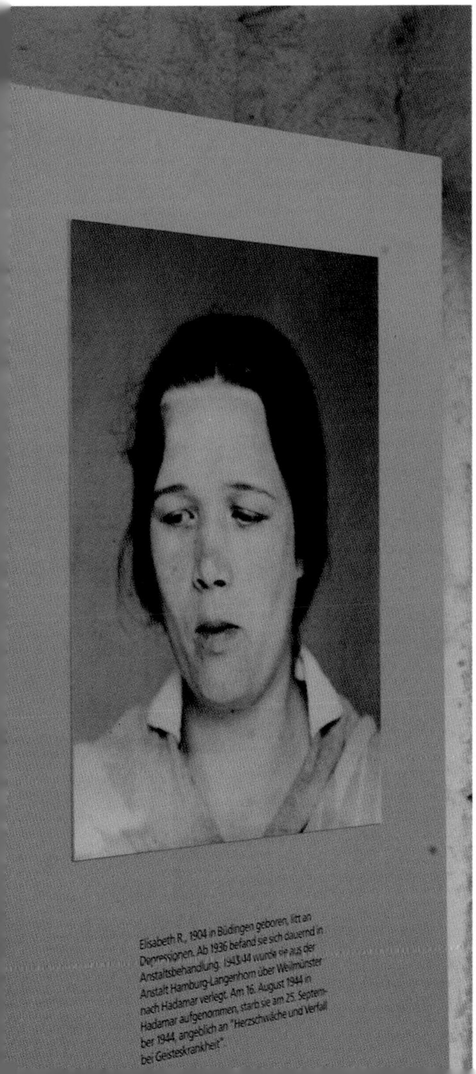

Hadamar bei Limburg – im Bild ein Blick in die heutige Gedenkstätte – war eine von sechs Anstalten, in denen während des Dritten Reichs behinderte Menschen – nach Ansicht der Nazis „Ballastexistenzen" – in die Gaskammern geschickt wurden. Die Opfer wurden von Heil- und Pflegeanstalten mit grauen Bussen nach Hadamar gebracht und dort noch am selben Tag umgebracht.

▣ Das Leben der deutschen „Volksgemeinschaft" veränderte sich hingegen zunächst nicht grundlegend – abgesehen davon, dass beinahe jede deutsche Familie einen Sohn, Bruder, Vater oder Ehemann an der Front hatte. Das nationalsozialistische Regime schreckte davor zurück, der Bevölkerung allzu große Opfer abzuverlangen, da es sinkende Kriegsmoral und soziale Unruhen fürchtete. Die Versorgung mit Lebensmitteln, Treibstoff, Kohle und anderen Gütern war seit 1937 akribisch vorbereitet worden. Durch gute Ernten 1938 und 1939 waren die Vorratslager zudem gefüllt: Das Deutsche Reich erreichte bei Getreide, Kartoffeln, Zucker und Fleisch einen Selbstversorgungsgrad von 100 Prozent.

Die Versorgungslage

▣ Stufenweise führte die Regierung bei Kriegsbeginn die Zwangsrationierung ein. Fett, Fleisch, Butter, Milch, Käse, Zucker und Marmelade waren ab dem 1. September 1939 nur noch gegen Lebensmittelkarten erhältlich, Brot und Eier folgten ab dem 25. September. Mitte Oktober 1939 führte das Regime für die Zivilbevölkerung die Rationierung von Textilien mittels einer ein Jahr gültigen „Reichskleiderkarte" ein. Der Bezugsschein bestand aus 100 Punkten, die beim Kauf von Textilien abgerechnet wurden. Ein Paar Strümpfe

„kostete" vier Punkte, ein Pullover 25 Punkte, ein Damenkostüm 45 Punkte. Hauptnahrungsmittel der deutschen Bevölkerung während des Krieges waren Kartoffeln, Hülsenfrüchte, Mehl und Zucker. „Muckefuck", ein Ersatzkaffee aus Gerste, ersetzte den Bohnenkaffee. Deutsche Hausfrauen backten Ersatzkuchen aus Mohrrüben oder Kartoffeln und kochten Ersatzmarmelade aus Steckrüben. Ein „Normalverbraucher" erhielt in den ersten beiden Kriegsjahren pro Woche 2250 Gramm Brot, 500 Gramm Fleisch und rund 270 Gramm Fett. Schwerarbeiter erhielten im Bezugssystem Sonderzulagen, ebenso wie werdende Mütter oder Kinder. Nur sie kamen in den Genuss von Vollmilch.

▣ Trotz eines kritischen Versorgungsjahrs 1942 mit einer verschärften Rationierung und einem einsetzenden Mangel an Fett, gab es im Deutschen Reich während des Krieges keine ernsthaften Ernährungsprobleme. Wie war das möglich? Zur stabilen Versorgung der Deutschen wurden die besetzten Gebiete rücksichtslos ausgebeutet und der Tod durch „Verhungern" in Osteuropa in Kauf genommen oder sogar gezielt herbeigeführt. Auch die hemmungslose Ausplünderung des Hab und Guts der deportierten und ermordeten Juden Europas trug ihren Teil zur gesicherten Versorgung in Deutschland bei. Der Holocaust stellt in diesem Sinn den größten Massenraubmord der modernen Geschichte dar.

Die Stimmungslage

▣ Entsprechend der guten Versorgung war die Stimmungslage der Deutschen in den ersten drei Kriegsjahren vornehmlich positiv. Angesichts rascher militärischer Erfolge erschien Hitler als großer Feldherr und Deutschland befand sich offenbar in der Erfolgsspur. Ein Stimmungswandel setzte ein, als die militärische Wende offensichtlich wurde und die „Heimatfront" in hohem Maß in die Kriegshandlung einbezogen wurde – zunächst vor allem in Form der ständig intensivierten Bombenangriffe auf deutsche Städte.

Der „totale Krieg"

▣ Mit der Kapitulation der 6. Armee in Stalingrad 1943 und der Niederlage in Nordafrika drohte die „Heimatfront" instabil zu werden. Reichspropagandaminister Joseph Goebbels reagierte mit der Ausrufung des „totalen Krieges" im Berliner Sportpalast am 18. Februar 1943, um alle materiellen und personellen Ressourcen zu mobilisieren. Auf die Rede folgten unmittelbar Taten: Schon im Februar 1943 wurden die ersten Schüler von Realschulen und Gymnasien zum Dienst an Flugabwehrkanonen (Flak) beordert, die zur Bekämpfung feindlicher Bomber in den Außenbezirken deutscher Städte positioniert waren. 15-/16-jährige Kinder

Für viele Menschen in den Städten wurde der Aufenthalt im **Luftschutzkeller** – wie hier 1945 in Berlin – mit Fortschreiten des Krieges zur schrecklichen Routine.

Blick in den **Berliner Sportpalast** während der Rede von Reichspropagandaminister Joseph Goebbels, in der er den „totalen Krieg" forderte.

und Jugendliche kamen so als Luftwaffenhelfer im Kriegsdienst zum Einsatz, damit die erwachsenen Soldaten, die diesen Dienst zuvor versehen hatten, die immer größeren Lücken an der Ostfront schließen konnten. Eigentlich sollte das junge Personal der Jahrgänge 1926 bis 1928 nur Hilfstätigkeiten in der Flakstellung verrichten, doch bald standen die Schüler auch an den Waffen selbst – und ganze Klassen ließen beim Dienst in den offenen Stellungen ihr Leben.

▣ Für die deutsche Zivilbevölkerung bedeutete der „totale Krieg" aber noch weit mehr: Frauen wurden verstärkt zur Arbeit in der Rüstungsindustrie sowie zu militärischen Hilfsdiensten herangezogen. Durch die vermehrten Luftangriffe auf das Reich nahmen Evakuierungsmaßnahmen wie

Mit Plakaten wie diesem aus dem Jahr 1943 versuchte das Regime, den **Kriegseinsatz der Jugend** zu propagieren.

ZITAT

Der „totale Krieg"

Auszug aus der Rede von Joseph Goebbels im Berliner Sportpalast am 18. Februar 1943:

„... Das im Nationalsozialismus erzogene, geschulte und disziplinierte deutsche Volk kann die volle Wahrheit vertragen. Es weiß, wie schwierig es um die Lage des Reiches bestellt ist, und seine Führung kann es deshalb auch auffordern, aus der Bedrängtheit der Situation die nötigen harten, ja auch härtesten Folgerungen zu ziehen ... Ich frage euch: Glaubt ihr mit dem Führer und mit uns an den endgültigen Sieg des deutschen Volkes? ... Ich frage euch: Seid ihr und ist das deutsche Volk entschlossen, wenn der Führer es befiehlt, zehn, zwölf und – wenn nötig – vierzehn und sechzehn Stunden täglich zu arbeiten und das Letzte herzugeben für den Sieg? ... Ich frage euch: Wollt ihr den totalen Krieg? Wollt ihr ihn, wenn nötig, totaler und radikaler, als wir ihn uns heute überhaupt noch vorstellen können? ... Ich frage euch: Ist euer Vertrauen zum Führer heute größer, gläubiger und unerschütterlicher denn je? ... Ich frage euch als sechstes: Seid ihr bereit, von nun ab eure ganze Kraft einzusetzen und der Ostfront die Menschen und Waffen zur Verfügung zu stellen, die sie braucht, um dem Bolschewismus den tödlichen Schlag zu versetzen? ..."

In Großbritannien sorgte die **„Women's Land Army"** – im Bild eine Gruppe von „Land Girls" bei einer Teepause auf dem Feld – für die Bewirtschaftung großer landwirtschaftlich genutzter Flächen und so für eine bessere Versorgung.

die „Kinderlandverschickung" zu. Im Herbst 1944 mussten mit der Einberufung des „Volkssturms" sogar Kinder und alte Männer an die Front. Es gab weitere Einschnitte: Tanzlokale und Theater wurden geschlossen, Druckprodukte wegen Papiermangels eingestellt. Allein die Kinos blieben geöffnet, zu wichtig waren sie für die propagandistische Beeinflussung der Bevölkerung mit der Wochenschau und den nachfolgenden Unterhaltungsfilmen. Populäre Filmstars wie Hans Albers, Heinz Rühmann oder Marika Rökk sollten die Menschen von ihren Alltagssorgen und dem drohenden Ungemach ablenken. Sie spielten zumeist in bewusst unpolitischen Unterhaltungsfilmen wie „Münchhausen" (1943) oder „Die Feuerzangenbowle" (1944).

Ende des Krieges

Kriegsmüdigkeit und Defätismus wuchsen rapide an, zugleich aber auch die Angst, für Kritik und offene Worte denunziert und drastisch bestraft zu werden. Das Kriegssonderstrafrecht wurde zunehmend verschärft. Dazu gehörten willkürlich auslegbare Tatbestände wie „Wehrkraftzersetzung", die schon beim Zweifeln am Endsieg gegeben sein konnte und mit drakonischen Strafen belegt wurde. Die Geheime Staatspolizei war allmächtig und konnte Einweisungen ins KZ ohne Verfahren anordnen. Angst bestimmte gegen Ende des Krieges und angesichts der Niederlage den Alltag der Deutschen, da sie einer ungewissen Zukunft entgegenblickten. In den Großstädten hatten die meisten Bewohner alles verloren: Häuser und Wohnungen waren ausgebombt, die Versorgungslage katastrophal. Nachdem die Alliierten die Reichsgrenzen überschritten hatten, verschmolzen Front und „Heimatfront". Millionen Deutsche fürchteten den „Feind". Die jahrelange Propaganda gegen die „Bolschewisten" zeigte Wirkung: Aus Angst vor den Rotarmisten flüchteten ab Oktober 1944 große Teile der Bevölkerung aus Ostpreußen und Schlesien nach Westen.

Großbritannien und USA

Die Zivilbevölkerung der Westalliierten bekam die Auswirkungen des Krieges in stark unterschiedlichem Ausmaß zu spüren: In Großbritannien waren die Menschen in der Heimat ähnlichen Gefahren ausgesetzt wie die kämpfende Truppe. Gleich zu Beginn des Krieges wurden über eine Million Mütter und Kinder aufs Land evakuiert und das dicht bevölkerte britische Inselreich konnte nur durch eine rigorose Rationierung aller lebenswichtigen Waren überleben. Bei den deutschen Luftangriffen kamen 17 000 Zivilisten ums Leben, 40 000 wurden verwundet und fünf Millionen Menschen verloren ihre Wohnung.

In den USA, fernab aller Kriegsschauplätze, drückte die Menschen vor allem die Sorge um die insgesamt 16 Millionen Männer und 240 000 Frauen, die zur Armee eingezogen wurden und bald irgendwo auf einem fremden Erdteil kämpften. Wirtschaftlich ging es den Amerikanern aufgrund der guten Konjunktur als Folge des enormen Rüstungsprogramms besser als in Vorkriegszeiten, der Wohlstand wuchs. Allerdings kam es in zahlreichen Städten zu blutigen Rassenunruhen, als viele Schwarze Arbeitsplätze der Einberufenen einnahmen.

Japan und China

Im rohstoffarmen Japan führte die Umstellung auf eine mit allen Mitteln den Interessen des Militärs dienende Kriegswirtschaft schon mit Beginn des Japanisch-Chinesischen Krieges 1937 zu Einschränkungen, die dann 1940 in die vollständige Rationierung aller Lebensmittel mündeten. Die Mobilisierung der Heimatfront unter großem propagandistischem Aufwand forderte den Japanern angesichts des seit Mitte 1942 ungünstigen Kriegsverlaufs hohe Opfer ab. Als die USA zur Bombardierung japanischer Städte in der Lage waren, schlugen die Folgen des in Pearl Harbor begonnenen Luftkriegs auf die japanische Zivilbevölkerung zurück.

In China, dessen Bevölkerung in weiten Regionen schon zu Friedenszeiten schwer um die Lebenssicherung zu kämpfen hatte, waren die Menschen der Willkür und Ausplünderung durch die Japaner ausgesetzt. Von Massenvergewaltigungen chinesischer Frauen über Plünderungen und Folter bis hin zu Massenexekutionen von Zivilisten und Soldaten hatten die Chinesen alle vorstellbaren Kriegsgräuel zu erleiden und acht Jahre brutale Besatzungspolitik zu überstehen.

Zum Alltag der deutschen Zivilbevölkerung gehörte auch das Verbot, sich mit sogenannter **„Feindpropaganda"** zu beschäftigen. Verstöße dagegen konnten als Wehrkraftzersetzung angesehen werden und existenzielle Folgen haben. Das Plakat (um 1944) formuliert die „10 Gebote gegen Feindpropaganda!"

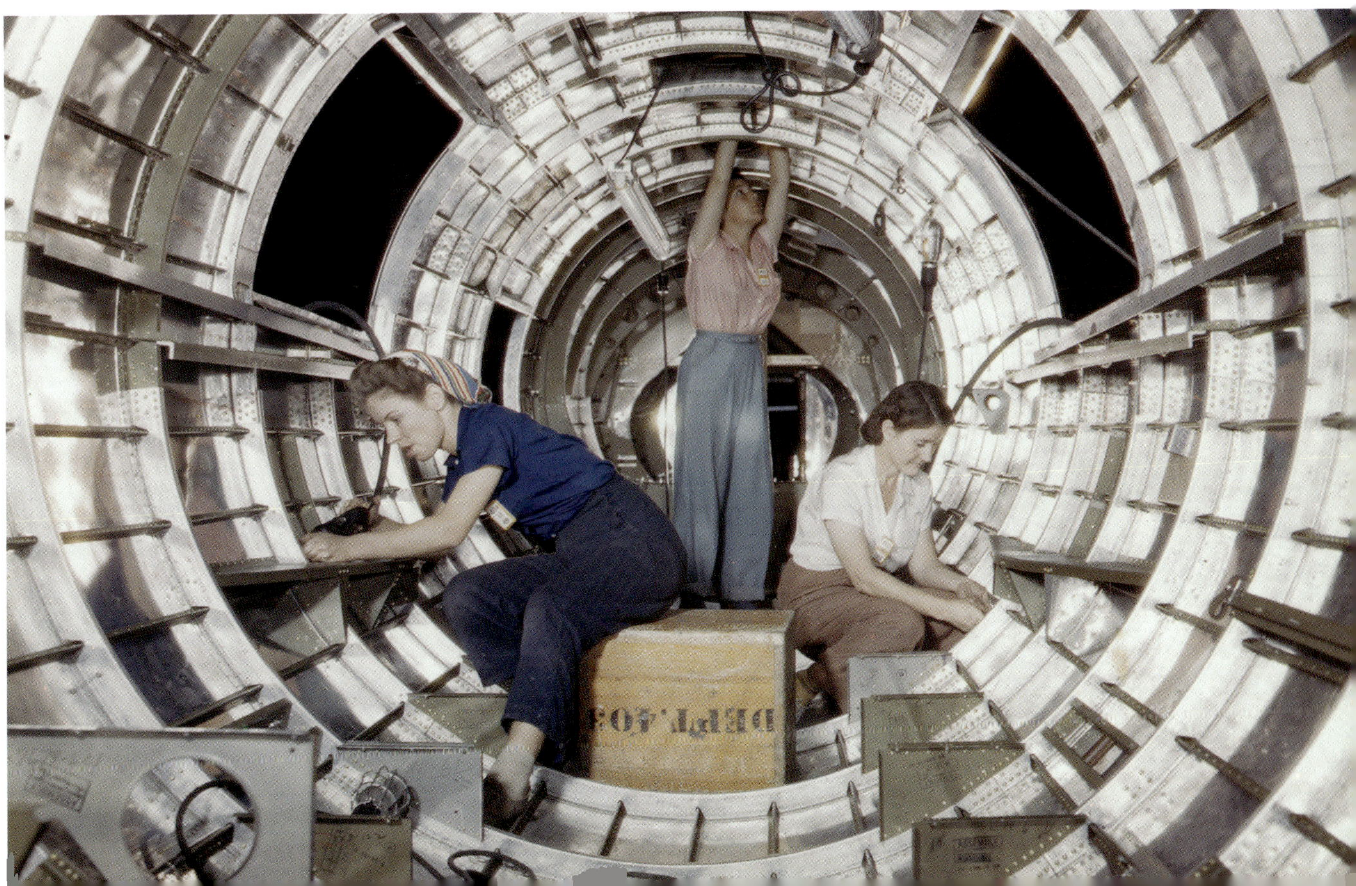

Auch in den **USA** übernahmen Frauen viele sonst Männern vorbehaltene Aufgaben. Das Foto von Oktober 1942 zeigt Arbeiterinnen bei Montagearbeiten im Heck eines B-17-Bombers.

Vormarsch der Alliierten

Das fünfte Kriegsjahr begann für das Deutsche Reich mit dem „Trauma von Stalingrad" und setzte sich mit Niederlagen und Hiobsbotschaften fort. An allen Fronten ging die Initiative im Lauf des Jahres 1943 endgültig an die Alliierten über. Während ihre Truppen langsam, aber stetig auf die „Festung Europa" vorrückten, intensivierte ihre Luftwaffe den Bombenkrieg, um die Moral der Zivilbevölkerung zu brechen. Die NS-Führung rüstete unterdessen zum „totalen Krieg".

Auf der **Konferenz von Casablanca** verständigten sich Winston Churchill (sitzend rechts) und Franklin D. Roosevelt (sitzend links) im Januar 1943 auf die Formel der „Bedingungslosen Kapitulation", zu der die Achsenmächte gezwungen werden sollten.

Konferenz von Casablanca

▣ Auf einer Geheimkonferenz in der marokkanischen Hafenstadt Casablanca im Januar 1943 legten US-Präsident Roosevelt und der britische Premierminister Winston Churchill die Eckpunkte des weiteren militärischen Vorgehens fest. Sie kamen überein, im Sommer des Jahres auf Sizilien zu landen, um die Achsenmächte von Süden her anzugreifen und so die von der Sowjetunion seit Langem geforderte zweite Front im Westen zu eröffnen. Die Invasion in Frankreich, von Stalin deutlich bevorzugt, wurde hingegen auf 1944 verschoben, dafür die Bekämpfung der deutschen U-Boote als erstes und vordringlichstes Ziel im Atlantik herausgestellt. Der Luftkrieg sollte in stärkerer Kooperation fortgesetzt werden: US-Präzisionsbombardements tagsüber, Flächenabwürfe der Royal Air Force in der Nacht. Als Voraussetzung

1943 intensivierten die Alliierten den **Bombenkrieg** und sorgten so in der Zivilbevölkerung zahlreicher Städte für Angst und Schrecken. Das Foto zeigt Papst Pius XII. am 14. August 1943 beim Besuch eines bombardierten Stadtviertels in Rom.

Generalfeldmarschall Friedrich Paulus (links) ging nach der **Kapitulation der 6. Armee** mit seinem Stab am 31. Januar 1943 in Kriegsgefangenschaft.

für die Beendigung des Krieges wurde die „bedingungslose Kapitulation" Deutschlands, Italiens und Japans gefordert und damit unterstrichen, dass für die Alliierten ein einfacher Waffenstillstand nicht in Betracht kam.

Der Untergang der 6. deutschen Armee

Während die Regierungschefs und hohen Militärs der Westmächte in Marokko konferierten, zog die Rote Armee den Ring um die seit November 1942 bei Stalingrad eingeschlossene 6. deutsche Armee immer enger. Ende Januar 1943 war weit über die Hälfte der ursprünglich etwa 280 000 Eingeschlossenen gefallen, an Kälte, Unterernährung oder Erschöpfung gestorben. Da die Versorgung aus der Luft völlig unzulänglich blieb und die Entsatzarmee nicht vorankam, sah General Paulus am 31. Januar angesichts der erdrückenden Übermacht der Sowjetarmee keine Alternative zur Kapitulation. Zwei Tage darauf gab auch die Nordgruppe der 6. Armee unter General Karl Strecker den Kampf auf. Die Schlacht um Stalingrad, eine der längsten und opferreichsten des Zweiten Weltkriegs, war beendet, die bis dahin schwerste deutsche Niederlage besiegelt. Etwa 150 000 tote deutsche Soldaten blieben in der Stadt an der Wolga zurück, 108 000 gerieten in sowjetische Gefangenschaft. Nur

Stalingrad wurde vollständig vernichtet. Das Foto zeigt eine Gruppe sowjetischer Soldaten im zerstörten Stadtzentrum. Die Stadt wurde ab 1943 wieder aufgebaut und erhielt 1961 im Zuge der Entstalinisierung ihren alten Namen Wolgograd zurück.

6000 von ihnen kehrten bis 1956 zurück. Die Verluste des Gegners lagen noch deutlich höher, lassen sich allerdings nur schwer beziffern: Die entsprechenden Zahlen für Soldaten und Zivilbevölkerung belaufen sich insgesamt auf eine halbe bis eine Million Opfer. Die Stadt selbst war bei Ende der Schlacht bis auf die Fundamente zerstört.

Letzte Offensive im Osten

Die Kämpfe um Stalingrad banden monatelang zahlreiche sowjetische Armeen, sodass die deutsche Kaukasusarmee der drohenden Umklammerung entgehen und nach weitem Rückzug eine neue Frontlinie einnehmen konnte. Die Wehrmacht befand sich fortan in der Defensive, auch wenn noch einige militärische Erfolge erzielt werden konnten. Den teilweise bedenklich geschwächten deutschen 160 Divisionen standen auf einer 2500 Kilometer weiten Front weit mehr als doppelt so viele sowjetische Verbände gegenüber, deren Ausrüstung und Strategie stetig besser wurden. Die Wirtschaft der gesamten UdSSR produzierte für die Front, zudem trafen Waffen- und Ausrüstungslieferungen aus den USA und Großbritannien ein. Im Sommer 1943 trat die Wehrmacht zur letzten großen Offensive an der Ostfront an. Sie zielte auf die Begradigung der im Raum Kursk in einem Bogen weit nach Westen vorgeschobenen sowjetischen Front. In dieser Panzerschlacht um Kursk stand sich ein

Im Sommer 1943 begrüßt eine Frau im **Raum Brjansk** sowjetische Soldaten, die ihr Dorf befreit hatten.

gewaltiges Aufgebot an Menschen und Material gegenüber: 900 000 deutsche Soldaten und über 1,3 Millionen Rotarmisten kämpften im Kursker Bogen, insgesamt 6000 Panzer und über 4000 Flugzeuge kamen zum Einsatz.

▣ Schon in den ersten Stunden des „Unternehmens Zitadelle" am 5. Juli 1943 deutete sich das Scheitern der Offensive an. Das Überraschungsmoment blieb aus, die sowjetischen Stellungen standen tief gestaffelt und mussten Zug um Zug bekämpft werden. Der Raumgewinn blieb minimal, die folgende Materialschlacht konnte gegen den überlegenen Gegner nicht gewonnen werden. Als die Offensive am 13. Juli abgebrochen wurde, hatte die Wehrmacht in wenigen Tagen mehr Soldaten und Material verloren als in der monatelangen Schlacht um Stalingrad. Nach dem Scheitern ertönten in Berlin die schon üblichen Durchhalteparolen und für den fortan stetigen deutschen Rückzug befahl Hitler die Politik der verbrannten Erde. Am 24. Dezember 1943 begann an der Ukrainischen Front eine große sowjetische Winteroffensive.

Deutsch-italienische Kapitulation in Afrika

▣ Mit der Landung amerikanisch-britischer Verbände in Marokko und Algerien im November 1942 und der Offensive der Briten von Ägypten aus gestaltete sich die Situation der deutsch-italienischen Afrikaarmee immer bedrohlicher. Bereits Ende Januar 1943 wehte der britische „Union Jack" in der libyschen Hauptstadt Tripolis und die Alliierten schlossen die Truppen der Achsenmächte schließlich in

Je weiter der Krieg fortschritt, desto besser wurden **Ausrüstung und Kampfkraft der Roten Armee.** Das Foto zeigt sowjetische Artilleristen an der Kaukasusfront mit einer Feldkanone in Aktion.

Deutsche Artillerie während der Kämpfe bei Belgorod in der **Schlacht am Kursker Bogen** im Sommer 1943. Im Vordergrund sind Mitglieder der Waffen-SS mit gefangenen Rotarmisten zu sehen.

Nach dem Scheitern der Offensive an der Ostfront befahl Hitler für den Rückzug eine Politik der **„verbrannten Erde"**. Im Bild ein 1943 niedergebranntes ukrainisches Dorf.

einem engen Brückenkopf um Tunis und Biserta ein. Rommels Vorschlag, die Afrikaarmee nach Europa zu evakuieren, lehnte Hitler strikt ab. Stattdessen berief er den „Wüstenfuchs", den er für die Niederlage verantwortlich machte, am 9. März aus Afrika ab und setzte ihn als Befehlshaber der Heeresgruppe B in Italien ein. Auf die hoffnungslose militärische Situation in Nordafrika hatte das allerdings keinerlei Auswirkungen mehr: Am 13. Mai 1943 kapitulierten die Reste der Heeresgruppe Afrika unter Generaloberst Hans-Jürgen von Arnim, nachdem bereits am 7. Mai zwei britische Panzerdivisionen Tunis erobert hatten. Über 250 000 deutsche und italienische Soldaten gingen in Gefangenschaft. Damit war der Afrikafeldzug beendet, das gesamte Südufer des Mittelmeers stand nun unter Kontrolle der Alliierten.

▣ Die Niederlage in Afrika und das Scheitern des in der Heimat ungemein populären Rommel wirkten sich auf die deutsche Bevölkerung ähnlich desillusionierend aus wie die Wende an der Ostfront. Von einem „zweiten Stalingrad" war häufig die Rede, wenn die Menschen über das bittere Ende des Afrikafeldzugs sprachen.

Als Rommels letzter Sieg in Afrika gilt die **Schlacht am Kasserinepass** im Februar 1943. Das Foto zeigt britische Schützenpanzer und Artillerie bei einem Aufklärungsunternehmen.

Ein Bomber der **südafrikanischen Luftwaffe** bombardiert 1943 in Nordafrika einen deutschen Truppentransport. Südafrika war im September 1939 an der Seite Großbritanniens in den Krieg eingetreten.

Flakscheinwerfer der Luftabwehr über **Algier** während eines Angriffs durch die deutsche Luftwaffe.

Zahlreiche **deutsche U-Boote** wurden von alliierten Luftstreitkraften an der Wasseroberfläche aufgespürt und – wie dieses – versenkt.

Amerikanische Truppen landen im November 1942 in Algerien, um gegen die Achsenmächte zu kämpfen. Damit verschob sich das Kräfteverhältnis in **Afrika** deutlich zugunsten der Alliierten.

Neue Technik gegen deutsche U-Boote

Die „grauen Wölfe“ – wie die deutschen U-Boote aufgrund ihrer Farbe von den Alliierten auch genannt wurden – fügten den gegnerischen Schiffskonvois nach Europa noch in den ersten Monaten des Jahres 1943 so große Verluste zu, dass in Großbritannien Zweifel an der Tauglichkeit des Geleitzugsystems aufkamen. Allein in einer Geleitzugschlacht am 20. März versenkten deutsche U-Boote im Nordatlantik 21 alliierte Schiffe mit über 140 000 Bruttoregistertonnen.

Diese Erfolge täuschten jedoch darüber hinweg, dass die Verteidigung der Geleitzüge immer effektiver wurde und die Zahl der deutschen Unterwasserjäger stetig sank. Die Weiterentwicklung des Radarsystems, das nunmehr ermöglichte, die U-Boote auch bei schlechtem Wetter und in der Nacht zu orten, neue Hochfrequenz-Peilungsgeräte auf den Geleitschiffen sowie der Ausbau des Luftschirms über dem Atlantik brachten schließlich die Wende. Mehr als die Hälfte der versenkten deutschen U-Boote wurden aus der Luft unschädlich gemacht. Langstreckenbomber überflogen ihre bevorzugten Routen und überraschten die zur schnelleren Fahrt über Wasser fahrenden Boote, die Angriffen aus der Luft nichts Wirksames entgegenzusetzen hatten. Da die deutsche Kriegsmarine so allein in den ersten drei Wochen des Mai 1943 30 U-Boote verlor, brach Großadmiral Karl Dönitz den Krieg gegen die Geleitzüge am 24. Mai ab. Damit trat auch im Seekrieg eine entscheidende Wende zugunsten der Alliierten ein.

SCHLAGWORT

Die „Wunderwaffe“

Wenn die militärische Niederlage unvermeidlich scheint, bleibt die Hoffnung auf eine „Wunderwaffe“, die vielleicht doch noch die Wende bringt. In der Heeresversuchsanstalt Peenemünde auf der Insel Usedom arbeitete ein Wissenschaftlerteam um Wernher von Braun seit 1938 an der Entwicklung der Fernrakete „Aggregat 4“, besser bekannt unter dem Namen V2, bei der das „V“ für „Vergeltung“ steht. 1942 erstmals getestet, folgte 1943 eine Reihe von Probeabschüssen der 14 Meter hohen Rakete mit wechselndem Erfolg. Im September 1944 wurde die erste V2 von Den Haag aus auf die britische Hauptstadt abgefeuert.

In den letzten sieben Monaten des Krieges kamen über 3000 Raketen zum Abschuss, die meisten davon auf London und Antwerpen. Etwa 8000 Zivilisten hat die V2 das Leben gekostet. Noch mehr Menschen kamen jedoch bei der Produktion der Waffe ums Leben. Über 10 000 Zwangsarbeiter starben, weil sie unter unmenschlichen Bedingungen und ständigem Terror die Produktionsstätten schaffen und in der Herstellung der Raketen arbeiten mussten. Auf den Fortgang des Krieges hatte Hitlers Wunderwaffe keinen Einfluss.

Die Karte zeigt die wichtigsten **Geleitzugrouten der Alliierten** im Atlantik. Im Mai 1943 endete der Krieg gegen die Geleitzüge wegen zu großer deutscher Verluste.

US-Truppen landen am 10. Juli 1943 bei Licata auf Sizilien. Damit hatte der **Italienfeldzug der Alliierten** begonnen.

Alliierte Landung in Süditalien

▣ Nach den Niederlagen an der Ostfront und in Afrika wuchsen Kriegsverdrossenheit und -müdigkeit in Italien stark an, die Arbeiterschaft machte in Streiks zunehmend gegen die faschistische Regierung mobil. Mit der Landung in Süditalien – Churchill sah darin den „weichen Unterleib" der Achse Berlin-Rom – eröffneten die Alliierten somit nicht nur eine zweite Front, sie hofften auch, Italien durch den militärischen Druck zum Ausscheiden aus dem Bündnis mit Deutschland zu bewegen. Ihr strategisches Ziel war zunächst die Vernichtung der Luftwaffen- und Marinebasen der Achsenmächte auf Sizilien, um dann an der „Stiefelspitze" in Kalabrien aufs Festland vorzustoßen.

Mit einem Täuschungsmanöver suggerierten die Alliierten, dass die Invasion auf Sardinien stattfinden würde. Die Finte erreichte ihr Ziel zumindest teilweise: Die Deutschen zogen Truppen von Sizilien ab, während Mussolini den Angriff weiterhin ganz im Süden, in der Nähe zu Afrika erwartete.

„Operation Husky“

▣ Eine Luftlandeoperation mit 400 Transportern und 170 Lastenseglern eröffnete in der Nacht vom 9. auf den 10. Juli 1943 die „Operation Husky“: die alliierte Invasion auf Sizilien. In der – nach Anzahl der angelandeten Truppen – größten amphibischen Operation des Zweiten Weltkriegs folgten in der ersten Phase 3000 schwimmende Einheiten, die die in Nordafrika verschiffte Invasionsstreitmacht mit 180 000 britischen, amerikanischen und kanadischen Soldaten sowie 1800 Geschützen, 600 Panzern und 14 000 weiteren Fahrzeugen an Siziliens Südküste anlandete. Unterstützt wurde die Landung von über 3000 Flugzeugen. Obwohl die Invasionsflotte frühzeitig gesichtet worden war, traf sie bei der Landung nur auf wenig Widerstand. Die britische und die amerikanische Armee operierten zunächst getrennt und trugen den Angriff rasch voran: Die US-Armee stieß gegen Palermo vor, die Briten Richtung Ätna und Messina.

Britische Truppen am 9. September 1943 beim Ausschiffen in **Salerno** in Kampanien. Kurz zuvor war Italien aus dem faschistischen Bündnis ausgeschieden.

Britische Soldaten beim Vormarsch in der sizilianischen Stadt **Catania**. Am 5. August 1943 musste die Wehrmacht die zweitgrößte Stadt Siziliens aufgeben, die Insel insgesamt stand ab dem 17. August 1943 unter der Kontrolle der Alliierten.

▣ Hitler ließ aus Südfrankreich Verstärkung heranführen. Die italienischen und deutschen Truppen konzentrierten sich Ende Juli 1943 auf eine Verteidigungslinie vor Messina im Nordosten der Insel. Auch diese Stellung konnten sie jedoch nicht lange halten, stattdessen wichen die 100 000 Soldaten über die Straße von Messina aufs italienische Festland zurück. Am 17. August war die Räumung Siziliens und damit die Eroberung der Insel durch die Alliierten abgeschlossen.

Entmachtung Mussolinis

▣ Als Sizilien für die Achse endgültig verloren ging, war Mussolini bereits entmachtet. Die katastrophale militärische Entwicklung führte auch unter den italienischen Faschisten zu Unruhe und Opposition gegen den Duce. Am 25. Juli 1943 drängte König Viktor Emanuel III. den Ministerpräsidenten zum Rücktritt und ließ ihn anschließend verhaften. Die Regierungsgeschäfte übernahm Marschall Pietro Badoglio, der ein neues Kabinett ohne Beteiligung der Faschisten bildete. Badoglio bekundete zwar Hitler seine Loyalität, um die Besetzung des Landes durch die Wehrmacht zu verhindern, ließ jedoch Verhandlungen mit den Alliierten aufnehmen, die am 3. September zum Abschluss eines zunächst geheimgehaltenen Waffenstillstandsvertrags führten. Am selben Tag setzten die ersten alliierten Truppen von Sizilien aufs europäische Festland nach Kalabrien über. Die Hauptstreitmacht folgte am 9. September, einen Tag nachdem der amerikanische Oberkommandierende den Abschluss des Waffenstillstandsvertrags öffentlich verkündet hatte.

Truppen der 3. US-Division mit Schützenpanzerwagen überqueren am 14. Oktober 1943 den mittelitalienischen Fluss **Volturno** auf einer Pontonbrücke. Am Vortag hatte Italien dem Deutschen Reich den Krieg erklärt.

Das Ende der Achse

▣ Deutschland musste auf die Niederlegung der Waffen durch die Italiener reagieren, wenn es verhindern wollte, dass sich nun der ganze italienische Machtbereich seinem Einfluss entzog. In Südfrankreich, auf dem Balkan und auch in Italien selbst wurden die italienischen Truppen entwaffnet. Die Deutschen besetzten Rom und befreiten am 12. September in einer spektakulären Aktion von Fallschirmjägern den Duce aus seiner Haft in den Abruzzen. Mit deutscher Hilfe bildete Mussolini

Den Seitenwechsel Italiens von den Achsenmächten zu den Alliierten vollzog General **Pietro Badoglio** (rechts), der seit dem 27. Juli 1943 Ministerpräsident Italiens war. Das Foto zeigt ihn im Gespräch mit US-General Kenyon Joyce.

„übersprangen" dabei starke japanische Positionen sowie unbedeutende Inseln. Sie zwangen den Gegner auf diese Weise zur Zersplitterung seiner Kräfte und hatten häufig auch einen Überraschungseffekt auf ihrer Seite.

▣ Bei Vorstößen gegen die Salomonen und die Gilbert-Inseln im Sommer und Herbst 1943 erwies sich die Strategie des Inselspringens als sehr erfolgreich. Bei großer Wirkung wurden mit dieser Taktik die Verluste an Menschen und Material vergleichsweise gering gehalten. Ursprünglich entwickelt, weil infolge numerischer und materieller Unterlegenheit große Konfrontationen vermieden werden sollten, hielt die US-Armee an der Strategie auch fest, als sich die Voraussetzungen im Pazifik grundlegend wandelten.

Das Treffen der „Großen Drei"

▣ Nachdem sich die Außenminister der Sowjetunion, der USA und Großbritanniens bereits im Oktober 1943 in Moskau getroffen hatten, um das weitere Vorgehen zu besprechen, kam es am 28. November 1943 in Teheran zur ersten gemeinsamen Konferenz der „Großen Drei". US-Präsident Roosevelt, der sowjetische Staatschef Stalin und der britische Premier Churchill berieten in der persischen Hauptstadt vier Tage lang über die Koordination der militärischen Operationen und die territoriale Neuordnung in Mittel- und Osteuropa nach dem Krieg.

Roosevelt und Churchill unterrichteten Stalin über ihren Beschluss, die große Invasion in Frankreich, die der sowjeti-

Auf einer der **Salomon-Inseln** gehen US-Soldaten unterstützt durch einen Panzer gegen japanische Widerstandsnester vor.

Die „Großen Drei" auf einem Bild: Stalin, Roosevelt und Churchill (von links nach rechts) zeigen sich bei der **Konferenz von Teheran** im November 1943 der Öffentlichkeit.

sche Staatschef seit Langem nachdrücklich forderte, im Frühsommer 1944 zu starten. Stalin sagte im Gegenzug die Unterstützung der Invasion durch eine gleichzeitige Offensive gegen die Wehrmacht im Osten zu und erklärte sich zum Eintritt seines Landes in den Krieg gegen Japan nach der Niederwerfung der Hitler-Herrschaft bereit.

▣ Über die nach dem Ende des Krieges anstehende Aufteilung des deutschen Staatsgebiets kam kein endgültiger Beschluss zustande, der Kremlchef setzte aber prinzipiell die Westverschiebung Polens bis zur Oder-Neiße-Linie durch: Polen sollte im Westen mit deutschen Gebieten entschädigt werden, der Osten jenseits der sogenannten Curzon-Linie sowjetisch bleiben.

Das am 1. Dezember 1943 veröffentlichte Abschlusskommuniqué der Konferenz von Teheran ließ an der Entschlossenheit der „Großen Drei" zur völligen Niederwerfung der Hitler-Tyrannei keinen Zweifel. Es kündigte immer stärkere und „unbarmherzige" Angriffe an, bis die Wehrmacht und die deutschen Rüstungsfabriken vernichtet seien.

Aufstand im Warschauer Getto

Kurz vor Beginn des Zweiten Weltkriegs lebten in Warschau 375 000 Juden. Die dortige Gemeinde, die fast ein Drittel der Gesamtbevölkerung der polnischen Hauptstadt ausmachte, war damit die größte jüdische Gemeinde Europas. Mit Beginn der deutschen Besatzung im September 1939 begann auch für die Warschauer Juden die Zeit der Verfolgung, der Zwangsmaßnahmen und gewalttätigen Übergriffe. Auch polnische Banden beteiligten sich mit deutscher Duldung und Ermutigung an den Übergriffen, sie überfielen Juden auf offener Straße und raubten sie aus. Während der Osterzeit 1940 kam es zu einem regelrechten Pogrom, der acht Tage andauerte.

Ab November 1940 war der Gettobezirk für die jüdische Bevölkerung Warschaus zum Gefängnis geworden. Das Foto zeigt eine **Verbindungsbrücke** zwischen zwei Häuserblöcken über eine nicht zum Getto gehörende Straße.

Die Errichtung des Gettos

Am 12. Oktober 1940 erfuhren die Warschauer Juden von der Verordnung zur Errichtung eines Gettos, in der Sprache der Nationalsozialisten eines „jüdischen Wohnbezirks". Es wurde im Norden der Stadt eingerichtet, in einem traditionell jüdischen Viertel, und im November mit einer 3,5 Meter hohen, mit Stacheldraht überspannten Mauer umgeben. Die Kosten für den Bau der Mauer musste der Judenrat aufbringen. Als das Getto am 16. November – für viele Betroffene unerwartet – abgeriegelt wurde, hatten Tausende von Menschen ihre Habe jenseits der Mauer verloren. Etwa 30 Prozent der Warschauer Bevölkerung drängten sich nunmehr auf 2,4 Prozent des Stadtgebiets. Nach deutschen Statistiken lebten in jedem Zimmer sechs bis sieben Personen, ohne ausreichende Sanitäranlagen und nur äußerst mangelhaft mit Nahrungsmitteln und Medikamenten versorgt. An den Außenmauern des Gettos wachten deutsche und polnische Polizeikräfte, innen war der jüdische Ordnungsdienst für die Bewachung verantwortlich. Im Getto entstand ein eigenes Wirtschaftsleben, das sich aus Schmuggel und mehr oder weniger legalen Geschäften mit deutschen Unternehmen speiste. Etwa 200 000 Gettobewohner mussten ohne jede Unterstützung und ohne jeden Verdienst auskommen. Immer mehr Menschen verarmten vollständig und hatten den Hungertod zu fürchten.

Im November 1940 wurde das jüdische Getto in Warschau mit einer mehr als drei Meter hohen **Mauer** umgeben. Das Foto zeigt Arbeiter bei ihrer Errichtung.

Für die Aufrechterhaltung der Ordnung im Getto war der **„Ordnungsdienst"** verantwortlich. Das Foto zeigt Armbinden dieser jüdischen Gettopolizei mit der Aufschrift „Judenrat Warschau" – links mit Sternen ein Offizier, rechts ein Mannschaftsdienstgrad.

Junge **Schmuggler** beim Überklettern der Gettomauer. Der Schmuggel stellte einen wesentliche Wirtschaftsfaktor im Warschauer Getto dar.

Im Getto herrschten **unbeschreibliche Lebensbedingungen.** Szenen wie diese Anfang 1941 fotografierte waren alltäglich. Auf offener Straße starben die Menschen an Hunger oder Krankheiten wie Typhus.

Deportationen aus dem Getto

Am 22. Juli 1942 begannen die Deportationen aus dem Getto. Auf die Ankündigung der „Evakuierung" hin flüchteten viele Gettobewohner in die deutschen Fabriken, die im Getto produzierten, oder in die unter deutscher Protektion stehenden Werkstätten – in der Hoffnung, ein Arbeitsplatz würde sie vor der Deportation schützen. In den ersten zehn Tagen wurden 65 000 Menschen aus dem Getto geholt. Waren die Tagesquoten nicht erfüllt, stürmten die SS, die deutsche Polizei sowie ihre ukrainischen und lettischen Helfer ins Getto und trieben auf den Straßen und in den Wohnungen die erforderliche Anzahl Menschen zusammen. In Marschkolonnen wurden die Juden zum „Umschlagplatz" am nördlichen Rand des Gettos geführt, wo sie in Güterwaggons gepfercht und abtransportiert wurden. Die Züge fuhren ins Vernichtungslager Treblinka, etwa 100 Kilometer nordöstlich von Warschau gelegen. Bis September dauerte diese erste Phase der Räumung des Warschauer Gettos an, die zur Ermordung von über 300 000 Menschen führte. 265 000 von ihnen starben in Treblinka.

Im überfüllten Getto grassierten **Infektionskrankheiten** wie Typhus und Fleckfieber. Das Foto von Anfang 1941 zeigt ein an einer Haustür angebrachtes Warnschild.

Janusz Korczak

BIOGRAFIE

Janusz Korczak (1879–1942) war ein renommierter Warschauer Kinderarzt und Reformpädagoge, der 1912 auch die Leitung des jüdischen Waisenhauses „Dom Sierot" übernommen hatte. 1940 musste Korczak mit seinen Kindern ins Getto umziehen. Er wurde verhaftet und kam einen Monat später als gebrochener Mann aus der Haft zurück. Allein im Wohl der Waisenkinder sah er noch einen Grund weiterzuleben, denn seine Zöglinge brauchten ihn im Getto mehr als je zuvor. Essen, Kleidung, Spielzeug – alles was es dort nicht gab, trieb er irgendwie dennoch für die Kinder auf.

Am 5. August 1942 umstellte die SS das Waisenhaus, denn auch die 200 Kinder Korczaks waren für die anstehende Deportation vorgesehen. Die Kinder wurden hinausgejagt und mussten sich in Viererreihen aufstellen. Obwohl er wusste, was den Deportierten bevorstand, bestand er darauf, mit seinen Kindern zu gehen. Ein kleines Mädchen auf dem Arm ging er der Kolonne der Waisenkinder voran. Zum Umschlagplatz am Rand des Gettos, wo der Zug wartete, der ins Vernichtungslager Treblinka fuhr ...

Abgemagerte Kinder aus dem Warschauer Getto schauen aus einem Viehwaggon (undatierte Aufnahme). Wie Vieh wurden die Kinder in Waggons zu den Konzentrationslagern, die meisten nach **Treblinka**, transportiert.

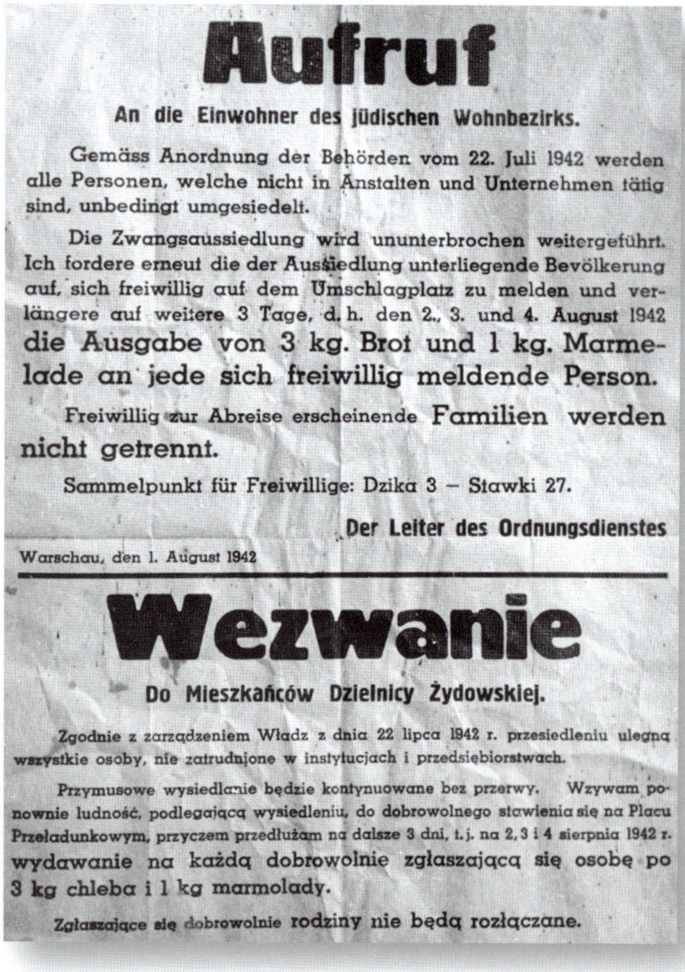

Aufruf

An die Einwohner des jüdischen Wohnbezirks.

Gemäss Anordnung der Behörden vom 22. Juli 1942 werden alle Personen, welche nicht in Anstalten und Unternehmen tätig sind, unbedingt umgesiedelt.

Die Zwangsaussiedlung wird ununterbrochen weitergeführt. Ich fordere erneut die der Aussiedlung unterliegende Bevölkerung auf, sich freiwillig auf dem Umschlagplatz zu melden und verlängere auf weitere 3 Tage, d. h. den 2., 3. und 4. August 1942 die Ausgabe von 3 kg. Brot und 1 kg. Marmelade an jede sich freiwillig meldende Person.

Freiwillig zur Abreise erscheinende Familien werden nicht getrennt.

Sammelpunkt für Freiwillige: Dzika 3 – Stawki 27.

Der Leiter des Ordnungsdienstes

Warschau, den 1. August 1942

Wezwanie

Do Mieszkańców Dzielnicy Żydowskiej.

Zgodnie z zarządzeniem Władz z dnia 22 lipca 1942 r. przesiedleniu ulegną wszystkie osoby, nie zatrudnione w instytucjach i przedsiębiorstwach.

Przymusowe wysiedlanie będzie kontynuowane bez przerwy. Wzywam ponownie ludność, podlegającą wysiedleniu, do dobrowolnego stawienia się na Placu Przeładunkowym, przyczem przedłużam na dalsze 3 dni, t. j. na 2, 3 i 4 sierpnia 1942 r. wydawanie na każdą dobrowolnie zgłaszającą się osobę po 3 kg chleba i 1 kg marmolady.

Zgłaszające się dobrowolnie rodziny nie będą rozłączane.

Aufruf an die zur Deportation vorgesehenen Juden vom 1. August 1942, sich freiwillig bei den Sammelstellen zu melden. Im Ergebnis der ersten, am 22. Juli 1942 begonnenen Deportationswelle, wurden über 300 000 Warschauer Juden ermordet.

Übersicht über das **Warschauer Getto.** Am „Umschlagplatz" wurden die Menschen in Waggons gesperrt – hier begann der Weg in den Tod im Konzentrationslager.

- Gettogrenze
- Tor zum Getto
- Synagoge
- „Umschlagplatz"
- jüdischer Friedhof
- christlicher Friedhof

Bewacht von einem deutschen Soldaten stehen Bewohner des Gettos mit erhobenen Armen in einem Innenhof. Der Weg dieser Menschen führte nun zum **„Umschlagplatz“** und von dort in das Vernichtungslager Treblinka.

Erster bewaffneter Widerstand

▣ Nach der ersten Deportationswelle verblieben 55 000 bis 60 000 Juden im Getto. Es waren meist junge Leute, die sich nach diesem Opfergang fragten, warum sie der Deportation ihrer Familien und Freunde keinen bewaffneten Widerstand geleistet hatten. Zugleich war ihnen durchaus bewusst, dass sie mit dem Ende der Deportationen noch keineswegs gerettet waren, dass es sich nur um einen vorläufigen Stopp der Verschleppung und Ermordung handelte. Viele schlossen sich den Gruppierungen des Gettountergrunds an, die dazu übergegangen waren, ihre Mitglieder für den Kampf auszubilden und Widerstandspläne auszuarbeiten.

▣ Als die SS am 18. Januar 1943 eine zweite Deportationsserie startete, kam es zum ersten Testfall für den Widerstand, zum ersten bewaffneten Kampf im Getto. Eine mit Pistolen bewaffnete Gruppe von Gettokämpfern mischte sich unter

eine Kolonne, die zum Umschlagplatz geführt wurde, und griff die deutschen Bewacher im Nahkampf an. Die meisten jüdischen Angreifer fielen zwar im Kampf, doch die zur Deportation vorgesehenen Juden nutzen den Vorfall zur Flucht. Den Gettobewohnern gab das Geschehen neue Courage: Sie reagierten nicht mehr auf die Befehle, aus den Häusern zu kommen und sich an den Sammelplätzen einzufinden, sondern blieben vielmehr in improvisierten Verstecken.

Den Deutschen gelang es nicht, weitere Kolonnen aufzustellen. In vier Tagen konnten sie „lediglich" etwa 5000 von geplanten 8000 Menschen habhaft werden, dann beendeten sie die „Aktion".

Vorbereitung der großen Revolte

▣ Die Ereignisse um den ersten offenen Kampf mit den Deutschen im Getto gaben dem Widerstand entscheidende Impulse. Er bereitete sich fortan so gut wie unter den gegebenen Umständen möglich auf die nächste Auseinandersetzung vor, schmuggelte verstärkt Waffen ins Getto, ließ Stellungen auf Dachböden ausbauen, bildete die Kampfverbände aus und errichtete ein verzweigtes unterirdisches Netz von Gängen und Bunkern.

▣ Die Bewaffnung blieb trotz aller Bemühungen das größte Problem, viele Gettobewohner, die aktiv kämpfen wollten, konnten nicht annähernd so ausgerüstet werden, dass sie mit den Besatzern hätten konkurrieren können. Zwar verfügte man auch über einige automatische Waffen und bereitete „Molotowcocktails" vor, die erhoffte Unterstützung vom polnischen Widerstand außerhalb des Gettos blieb jedoch trotz einer Reihe von Kontakten aus.

An einen Sieg glaubte niemand im Getto. Allen war klar, dass der Tod auf sie wartete, doch wollten sie wenigstens mit der Waffe in der Hand sterben.

Das Foto zeigt eine Szene am „Umschlagplatz": Juden aus dem Getto werden **in Güterwaggons verladen** und in das Vernichtungslager Treblinka verfrachtet.

Der Aufstand im Warschauer Getto dauerte vom 19. April bis zum 16. Mai 1943. Aufseiten des jüdischen Widerstands waren auch **Kinder** aktiv. Das Foto zeigt zwei von ihnen (mit Kombattanten-Armbinde), die als Meldegänger eingesetzt wurden und hier einen Durchschlupf in einer Hauswand benutzen.

Der Aufstand

▣ Am 19. April 1943 begann die letzte deutsche „Aktion" zur endgültigen Räumung des Warschauer Gettos. Den Gettokämpfern war dieser Termin als Beginn der letzten Deportationen bekannt. Die Besatzer wiederum wussten von der Existenz der Widerstandsgruppen. Zwei mit Panzerwagen ausgerüstete Bataillone rückten in das Getto ein. Den 2000 deutschen SS-Männern, Soldaten und Polizisten standen rund 750 spärlich bewaffnete jüdische Kämpfer ohne Kampferfahrung gegenüber. Sie griffen aus Fenstern und von Dächern an, warfen selbstgemachte Handgranaten und Molotowcocktails auf die einrückenden Einheiten und nahmen sie mit Pistolen und Gewehren unter Beschuss. Auf einem Dach hissten sie die polnische

Mit erhobenen Händen werden im Mai 1943 jüdische Frauen, Männer und Kinder von deutschen SS-Soldaten aus dem **brennenden Getto** getrieben. Mit Flammenwerfern hatten die Deutschen zuvor die Häuser in Brand gesteckt.

sowie die jüdische Fahne mit Davidstern. Nach dem ersten Zusammenstoß zogen sich die Angegriffenen aus dem Getto zurück. Aber nur wenige Stunden später kehrten sie mit schweren Geschützen zurück, um die Widerstandsnester zu beschießen.

▣ In den ersten Tagen konnten die Aufständischen in ihrem heroischen Straßen- und Häuserkampf erstaunliche Erfolge erzielen. Als die Deutschen begannen, Flammenwerfer einzusetzen, Haus für Haus in Brand zu stecken und mit Rauchgranaten das unterirdische Netz von Gängen und Bunkern zu attackieren, war das Ende abzusehen. Dennoch dauerte es vier Wochen, bis die Besatzer das Gettogelände wieder unter Kontrolle hatten. 100 bis 200 jüdischen Kämpfern gelang in den letzten Tagen des Kampfes die Flucht aus dem Getto. Am 16. Mai meldete der kommandierende SS-Brigadeführer Jürgen Stroop: „Es gibt keinen jüdischen Wohnbezirk in Warschau mehr." Die „Gesamtzahl der

Mit erhobenen Händen kommen Frauen und Kinder aus einem von den deutschen Truppen eroberten Haus im Getto. Das Foto stammt aus einem Album von dem kommandierenden SS-Brigadeführer **Jürgen Stroop.**

Augenzeugenbericht

ZITAT

Aus dem Tagebuch der Noëmi Szac-Wajnkranc, Teilnehmerin des Aufstands:

„Es begannen furchtbare Tage. Es war ein blutiger Kampf, von vornherein entschieden, aber ein Kampf ... Immer mehr deutsche Abteilungen wurden an unsere Front geschickt, aber wir waren befestigt, wir hatten Kraft, wir waren verbissen und hatten nur den einen Gedanken: Wir müssen uns rächen! ... Da entschlossen sich die Deutschen, mit uns auf eine andere Weise Schluss zu machen. Warum sollten sie kämpfen, wenn sie uns verbrennen konnten! Ein schrecklicher, schrecklicher Gedanke, aber eine noch schrecklichere Verwirklichung. Wir hatten kein Wasser. Haus um Haus, Straße um Straße wurde von den Flammen ergriffen. Die Menschen erstickten, aber sie kämpften noch, die Menschen brannten, aber sie verteidigten sich noch. Mauern stürzten ein. Mochten einen die Mauern begraben, wenn man nur nicht gefangen wurde.“

erfassten und nachweislich vernichteten Juden“ bezifferte er auf 56 065. Im unterirdischen Labyrinth des Gettos, das nun ein einziges Trümmerfeld war, hielten einige kleine Gruppen noch über Monate den Widerstand aufrecht.

Symbol von großer Kraft

▣ Der Aufstand im Warschauer Getto war die größte jüdische Revolte gegen die Vernichtungspolitik der Nationalsozialisten. Zum ersten Mal lehnte sich im besetzten Europa ein jüdisches Kollektiv dieser Größe gegen die Deportation und damit den sicheren Tod auf und bot der militärischen Übermacht der Gegner die Stirn. Dabei konnten die Gettokämpfer sich gegen die militärische Maschinerie der Deutschen länger halten, als mancher unabhängige Staat es zuvor vermocht hatte. Der Aufstand der Warschauer Juden war ein verzweifelter und von vornherein aussichtsloser Kampf, vor allem aber war er heldenhaft. Er wurde bald zum Symbol für den Behauptungswillen der Juden wie auch der jüdischen Nation und nimmt in der Geschichte des Holocaust einen besonderen Platz ein.

383

Die Lage Ende 1943

▣ Was sich Ende 1942 bereits deutlich abgezeichnet hatte, war ein Jahr später trotz aller anderslautender Propaganda und aller Durchhalteparolen der NS-Führung Gewissheit: An allen wichtigen Fronten hatten die Alliierten die Initiative übernommen und rückten nunmehr auf Deutschland vor. Mit dem alliierten Landungsunternehmen auf Sizilien griffen im Juli 1943 erstmals westalliierte Landstreitkräfte auf dem europäischen Kontinent in die Kämpfe ein. Wenig später stürzte Mussolini und die Nachfolgeregierung schloss einen Waffenstillstandsvertrag mit den Alliierten. Damit war Italien – der wichtigste europäische Verbündete Hitlers – abgesprungen, auf dem „Stiefel" musste eine zusätzliche Front eröffnet werden, um den Alliierten den Weg Richtung Deutsches Reich nicht kampflos preiszugeben.

Die von den Deutschen besonders gefürchtete große Invasion in Frankreich stand jedoch noch aus.

▣ Im Pazifik waren indessen auch die Japaner vornehmlich um Schadensbegrenzung bemüht: Insel für Insel sprangen die US-Streitkräfte in noch vor Kurzem vom Gegner beherrschtes Terrain vor, mussten dabei allerdings äußerst harten Widerstand der japanischen Soldaten brechen. 1943 war etwa die Hälfte der US-amerikanischen Soldaten im Pazifik eingesetzt.

▣ Im Luftraum über dem Gebiet des Deutschen Reiches herrschte längst die alliierte Luftwaffe. Die Menschen an der Heimatfront brauchten gar nicht die entscheidenden Niederlagen von Stalingrad und in Nordafrika zu bemühen, um zu wissen, wie es um den Krieg stand: Die permanenten, kaum auf effektive Gegenwehr treffenden Bombardements deutscher Städte waren ein schmerzlich erfahrener Hinweis auf die herrschenden Kräfteverhältnisse.

▣ Mit dem Abbruch des U-Boot-Krieges gegen die alliierten Geleitzüge infolge zu hoher Verluste musste auch die letzte militärische Position geräumt werden, durch die sich die Westalliierten ernsthaft bedroht sahen. Deren politische Führer machten sich angesichts des aus ihrer Sicht in allen Aspekten positiven Kriegsverlaufs Ende 1943 auf der ersten gemeinsamen Konferenz in Teheran bereits Gedanken über die Zeit nach dem Krieg.

▣ In der letzten seiner strategischen Weisungen an das Oberkommando der Wehrmacht verfügte Hitler Anfang November 1943, die Abwehrkräfte im Westen zu stärken. Die Gefahr an der Ostfront, so der deutsche Diktator, sei zwar keineswegs gesunken, aber die größere, kriegsentscheidende, drohe nun im Westen. Während die Weite des Raumes im Osten einen Bodenverlust auch größeren Ausmaßes zuließe, ohne dass dies den deutschen Lebensnerv treffen würde, seien die Folgen im Westen innerhalb kürzester Zeit unabsehbar, wenn dem Feind der Durchbruch durch die deutschen Verteidigungslinien gelänge.

Nach der verlorenen Luftschlacht um England 1940 geriet damit der Westen erstmals wieder in den Blickpunkt.

▣ Dass Hitler den „Krieg gegen den Bolschewismus" und damit einen wichtigen Kernbereich seiner Weltanschauung aus strategischer Sicht zurückstellte, zeigt auf, wie dramatisch die militärische Lage Deutschlands schon zu jener Zeit war und dass die politische und militärische Führung dies allen anderslautenden öffentlichen Bekundungen zum Trotz sehr wohl wusste. Mit seiner grundsätzlichen Einschätzung lag Hitler durchaus richtig: Die letzte entscheidende Schlacht sollte 1944 im Westen geschlagen werden.

Invasion in der Normandie

Im Frühjahr 1944 formierte sich an der Südküste Englands die größte Kriegsflotte aller Zeiten, um den entscheidenden Schlag zur Befreiung Europas von der Gewaltherrschaft Hitler-Deutschlands zu führen. Mit der Invasion der Alliierten in der Normandie trat der Zweite Weltkrieg in seine letzte, entscheidende Phase. Der Ansturm auf den deutschen „Atlantikwall“ war jedoch mit großen Unwägbarkeiten verbunden: Alles hing davon ab, ob die erste Angriffswelle zur Errichtung verlässlicher Brückenköpfe führen würde.

„Atlantikwall“

▣ Nach der Besetzung der Anrainerstaaten des Atlantiks in Westeuropa forderte Hitler, die Küsten Westeuropas so zu befestigen, dass eine Landung der Alliierten unmöglich beziehungsweise so lange verzögert würde, bis ausreichend Kräfte herangeführt werden konnten, um die Angreifer „zurück ins Meer zu werfen“. Ein gescheiterter Landungsversuch kanadischer Einheiten bei Dieppe im August 1942 bewies in den Augen des deutschen Diktators die Dringlichkeit dieser Maßnahme. Das gigantische Bollwerk, das daraufhin bis Juni 1944 errichtet, aber nie fertiggestellt wurde, trug die Bezeichnung „Atlantikwall“, zuweilen auch „zweiter Westwall“.

Zu den Befestigungsanlagen des **„Atlantikwalls“** gehörten auch Hindernisse wie diese an einem Strand in der Normandie.

Der **„Atlantikwall"** zog sich vom Nordkap bis zu den Pyrenäen. Das Foto zeigt eine Baustelle von Bunkeranlagen an der Küste von Biarritz im April 1943.

▣ Der Atlantikwall zog sich vom Nordkap in Norwegen über Dänemark, Deutschland, die Niederlande und Belgien bis Südfrankreich zum Fuß der Pyrenäen. Diese 5000 Kilometer lange Küstenlinie konnte aber nur punktuell mit Bunkern und Geschützen versehen werden, am stärksten war sie dort, wo die Deutschen die alliierte Invasion erwarteten: am Ärmelkanal, in der Region um Calais. Die große Schwäche des „Atlantikwalls" war seine geringe Verteidigungstiefe. War erst einmal eine Bresche geschlagen, konnten die Angreifer schnell ins Hinterland vorstoßen.

Calais oder Normandie?

▣ Hitler und seine Generäle waren sich im Frühjahr 1944 bewusst, dass die lang erwartete und gefürchtete Landung der Alliierten in Nordwestfrankreich in Kürze bevorstand. Trotz aller Spionagetätigkeit und Aufklärung auf den Britischen Inseln blieben sie über den genauen Zeitpunkt und Schauplatz der Invasion aber bis zuletzt im Ungewissen. Alle strategischen Überlegungen sprachen für eine Landung bei Calais, wo der Ärmelkanal am schmalsten ist, und die Alliierten arrangierten eine Reihe von Täuschungsmanövern, um die Deutschen in ihrer Vermutung zu bestärken, dass der Schlag dort geführt würde. So errichteten sie in Südengland eine Zeltstadt aus Puppen, Holzflugzeugen und Gummipanzern, um eine zweite „Invasionsarmee" vorzutäuschen. Die Taktik war überaus erfolgreich, denn als die alliierte Armada mit Ziel Normandie in See stach, lagen die meisten deutschen Verbände zur Verteidigung der Küste über 200 Kilometer weiter nordöstlich bei Calais. Die Angreifer kannten jeden Fußbreit der Küste, den sie zur Landung auserkoren hatten. Da sie die uneingeschränkte Lufthoheit über Nordfrankreich besaßen, hatten ihre Aufklärer die Normandie ungestört überfliegen können, die

Luftaufnahme der **alliierten Invasionsflotte** im Ärmelkanal. Von den Deutschen wurde die riesige Flotte erst bemerkt, als sie sich bereits bis auf Sichtweite der Küste angenähert hatte.

US-Infanterie beim Verlassen eines Landungsbootes am 6. Juni 1944, dem **„D-Day"**, in der Normandie. Gerade die Amerikaner stießen stellenweise auf erbitterten deutschen Widerstand und erlitten dort hohe Verluste.

Résistance ergänzte die Kenntnisse mit Details vom Boden. Im April und Mai 1944 hatten alliierte Bomber zudem systematisch Gleisanlagen und Bahnhöfe in Nordfrankreich und Belgien angegriffen, um den deutschen Nachschub zu schwächen. Die deutsche Aufklärung aus der Luft und zur See war so unzulänglich, dass die riesige Invasionsflotte erst bemerkt wurde, als sie bereits Sichtkontakt zur normannischen Küste hatte.

Strategie der Alliierten

▣ Die Invasionsstreitmacht stand unter dem Oberbefehl des amerikanischen Generals Dwight D. Eisenhower. Sie umfasste über 6000 schwimmende Einheiten, davon 4000 speziell entwickelte Landungsboote, mit denen in der ersten Phase 150 000 Soldaten an Land gebracht werden sollten – unterstützt aus der Luft von 15 000 Kampfflugzeugen. Während die gesamte Invasion den Decknamen „Operation Overlord" trug, wurde die Anlandung der Truppen an den normannischen Stränden unter dem Code „Operation Neptune" durchgeführt. An fünf Strandabschnitten zwischen Cherbourg und Caen sollten die amerikanischen, kanadischen und britischen Verbände zunächst die deutschen Verteidigungsstellungen bekämpfen, um erste Brückenköpfe einrichten zu können. War die Küste erst unter Kontrolle, konnten enorme Kontingente an Soldaten und Material angelandet werden, um den Angriff über Paris auf Deutschland weiterzutragen.

Diese US-Truppen landen bereits mit schwerem Kriegsgerät an der Küste der Normandie. Nur einige Stunden nach dem Beginn der **„Operation Overlord"** war der deutsche Widerstand im unmittelbaren Küstenbereich weitgehend gebrochen.

„D-Day" – Tag der Entscheidung

General Eisenhower hatte den Beginn der Invasion für den 5. Juni 1944 befohlen, ihn dann aber aufgrund schlechter Witterungsverhältnisse und stürmischer See auf den folgenden Tag verschieben müssen. Der von vielen beteiligten Soldaten als der „längste Tag" ihres Lebens bezeichnete 6. Juni begann mit der Landung alliierter Lastensegler und dem Absprung von Fallschirmjägern hinter der Küstenlinie kurz nach Mitternacht. Diese Vorauskommandos sollten Brücken besetzen, Straßen sperren und den Verteidigern des „Atlantikwalls" in den Rücken fallen. Sie trafen jedoch auf schwierigste Bedingungen. Wind, Nebel und morastiger Boden erschwerten Orientierung und militärische Aktionen, die Einnahme eines Dorfes und die Besetzung einiger strategischer Stellen gelang ihnen dennoch. Um 5.30 Uhr eröffneten die alliierten Kriegsschiffe das Feuer auf die Küstenbefestigungen, Flugzeuge warfen nahezu 12 000 Tonnen Bomben auf deutsche Bunker und Stellungen.

Um 6.30 Uhr begann dann die eigentliche Landung: Am „Utah Beach", dem östlichsten Landungsabschnitt, betraten die ersten amerikanischen Soldaten französischen Boden. Die Landung gelang dort wie auch an zwei weiteren Abschnitten verhältnismäßig leicht, weil die deutsche Gegenwehr nach dem intensiven Bombardement nur noch schwach war. Nach einer Stunde waren die ersten Brückenköpfe eingerichtet. Am „Juno Beach" hingegen erlitten kanadische Einheiten schwere Verlust.

Erstes Ziel der Alliierten war die Einrichtung von **Brückenköpfen,** also von Räumen, in denen weitere Truppen sowie der Nachschub sicher anlanden konnten. Das Foto zeigt einen solchen Brückenkopf.

SCHLAGWORT

„D-Day"

Der Begriff wird heute in der angelsächsischen Welt gemeinhin für den Tag der Landung der Alliierten in der Normandie verwendet, den 6. Juni 1944.
Ursprünglich bezeichnet er im Englischen allgemein den Stichtag für den Beginn einer größeren militärischen Operation mit vorab festgelegtem Ablauf, vergleichbar dem deutschen „Tag X" oder dem französischen „jour J".
Der Buchstabe „D" hat dabei eigentlich keine Bedeutung, wird aber zuweilen als Kürzel für „Decision Day" (Tag der Entscheidung) interpretiert.
Schon im Ersten Weltkrieg fand der Begriff „D-Day" wiederholt Verwendung in militärischen Berichten.

Bis Ende Juni landeten **850 000 alliierte Soldaten** in der Normandie.

Panzer im Gefecht nach der Landung alliierter Truppen in der Normandie. Zunächst vollzog sich der **Vormarsch der Alliierten** schleppend.

„Omaha Beach“

▣ Am heftigsten wurde der fast zehn Kilometer lange Landungsabschnitt „Omaha Beach“ umkämpft, wo der Strand an 30 Meter hohen Klippen endet. Die deutsche Verteidigung hatte den Geschosshagel weitgehend unbeschadet überstanden. Die dort aktive Infanteriedivision nahm die an Land gehenden Soldaten in einigen Zonen unter schweren Beschuss. Dabei erfolgte die Verteidigung nicht in einer durchgehenden Linie, sondern von sogenannten Widerstandsnestern aus. Von den ersten Wellen der vorstürmenden GIs überlebte im Feuerbereich dieser Stellungen fast

Auch wenn die **Invasion** sehr erfogreich war, so blieb ihr **Fortschritt** doch deutlich hinter den Planungen zurück, wie diese Karte zeigt.

Bei **Straßenkämpfen** stellen US-Soldaten in einem französischen Dorf einen deutschen Panzer.

niemand den Angriff, der Strand war bald mit brennenden Landungsbooten und Panzerfahrzeugen sowie Toten und Verletzten bedeckt. Die US-Army benötigte fast zehn Stunden zur Eroberung dieses Abschnitts, dabei starben allein dort fast 1500 US-Soldaten, weitere 1928 wurden nach dem Angriff vermisst. Bis zum Ende des ersten Tages befanden sich jedoch bereits 150 000 alliierte Soldaten auf französischem Boden.

US-Soldaten feuern Granaten auf deutsche Stellungen in der Normandie ab. Nach heftigen Kämpfen konnten die Alliierten im August **erhebliche Gebietsgewinne** in Nordfrankreich erzielen.

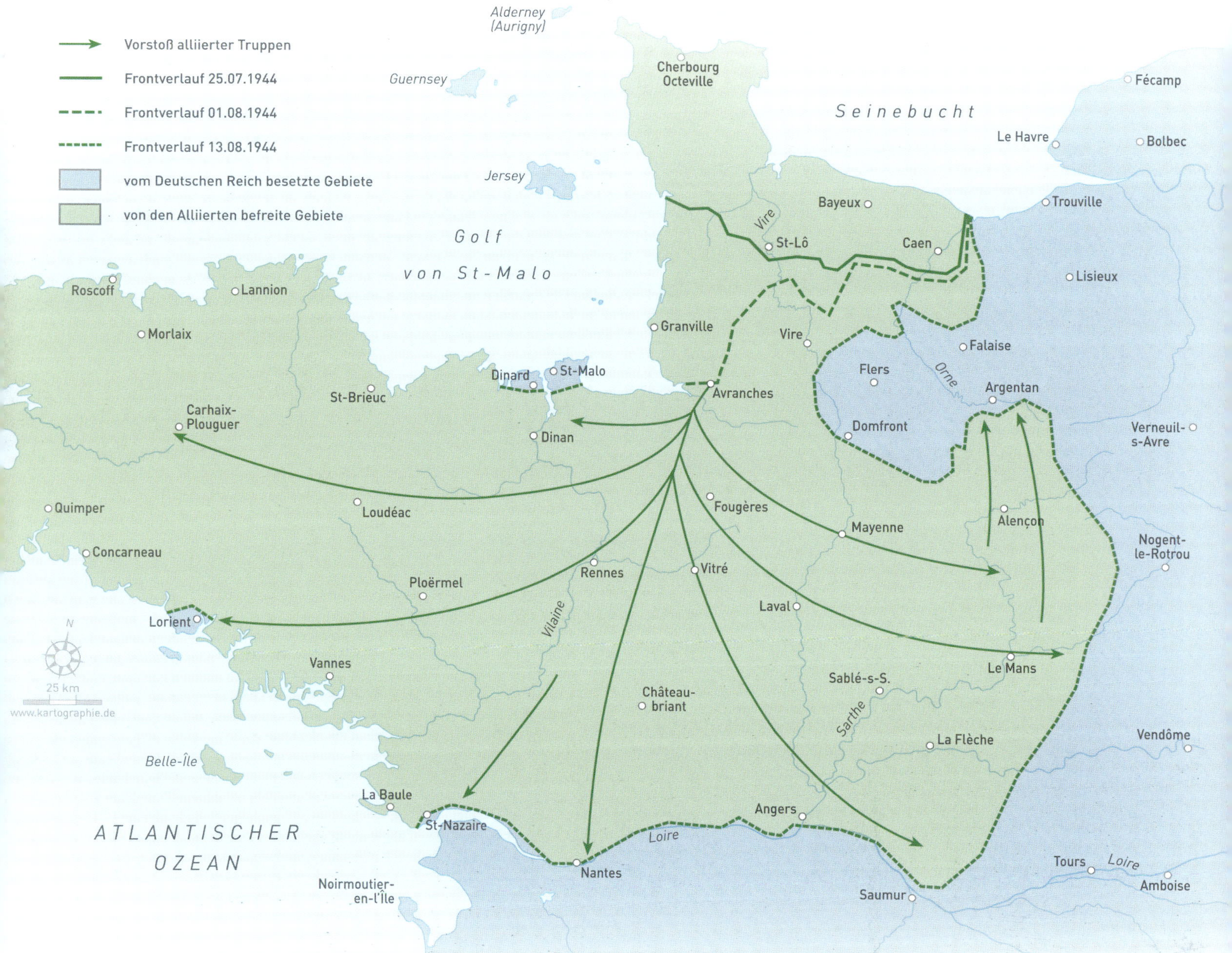

Zwischen dem 1. und dem 13. August konnten amerikanische Panzerverbände nach ihrem **Durchbruch bei Avranches** weite Teile Nodfrankreichs einnehmen.

Vormarsch in Frankreich

▣ Als Premierminister Churchill gegen Mittag des 6. Juni das britische Unterhaus über den Beginn und den planmäßigen Verlauf der Invasion unterrichtete, glaubten Hitler und das deutsche Oberkommando immer noch an ein Täuschungsmanöver. Als dann mit gehöriger Verspätung die dringend benötigten Verstärkungen herangeführt wurden, hatten die Alliierten ihre Landungsköpfe bereits ausgeweitet. Ihre drückende Luftüberlegenheit schwächte die Gegenwehr erfolgreich und so konnten bis Ende Juni 850 000 Soldaten und 150 000 Fahrzeuge in der Normandie über provisorische Flugbasen und Häfen an Land gebracht werden. Bereits wenige Tage nach Beginn der Invasion zeichnete sich ihr Erfolg ab, dennoch kamen die Alliierten mit ihrem gewaltigen Aufgebot an Kräften zunächst nur schleppend voran. Erst als alliierten Panzerverbänden am 30. Juli nach heftigen Kämpfen der Durchbruch durch den deutschen Einschnürungsring bei Avranches gelang, konnten sie tief nach Frankreich eindringen und auf Paris vorrücken.

Befreiung von Paris

▣ Nachdem am 15. August 1944 alliierte Truppen auch an der französischen Mittelmeerküste zwischen Toulon und Cannes gelandet und bei nur geringem Widerstand rasch in Richtung Norden vorgerückt waren, nahm die Befreiung Frankreichs konkrete Formen an. Allerorten griff die Résistance in die Kämpfe ein und beschleunigte den Fortgang. Am 17. August brach das kollaborierende Vichy-Regime zusammen: Aus Furcht, Staatschef Pétain könne die Fronten wechseln, ließ Hitler ihn verhaften und nach Deutschland bringen. Als sich die Alliierten der Hauptstadt Paris näherten, gab der deutsche Diktator am 23. August 1944 den Befehl, die Stadt zu halten oder sie in Trümmer zu legen. Der deutsche Stadtkommandant, General Dietrich von Choltitz, befolgte Hitlers Befehl jedoch nicht, sondern rettete mit der Kapitulation die Seine-Metropole vor der Zerstörung.

▣ Am Morgen des 25. August zogen unter dem Jubel der Einwohner die ersten alliierten Einheiten durch den Triumphbogen. Gegen Mittag wehte am Eiffelturm die französische Trikolore. Bereits am folgenden Tag marschierte General Charles de Gaulles an der Spitze einer Parade über die Champs-Élysées. In den befreiten französischen Gebieten begann ein blutiger Rachefeldzug gegen Personen, die in der vier Jahre währenden Besatzungszeit mit den Deutschen kollaboriert hatten.

Der deutsche **Stadtkommandant von Paris,** General Dietrich von Choltitz, unterzeichnet am 25. August 1944 gegen den Befehl Hitlers die Kapitulation.

General **Charles de Gaulle,** der Oberbefehlshaber der Freien französischen Streitkräfte, marschiert am 26. August 1944 an der Spitze einer Parade durch das befreite Paris.

Formationsabzeichen der **1. britischen Luftlandedivision,** die an der alliierten Luftlandung bei Arnheim beteiligt war.

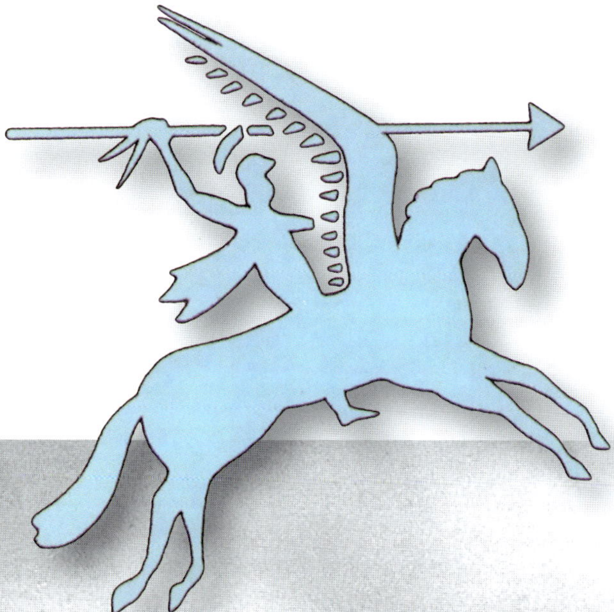

Luftlandung bei Arnheim

Am 3. September 1944 überschritten amerikanische und britische Truppen an mehreren Stellen die Grenze nach Belgien, rückten weiter nach Nordosten vor und erreichten noch am selben Tag Brüssel. Die Deutschen hatten die Hauptstadt bereits am Vortag geräumt, sodass die Alliierten den Vormarsch gegen die Grenze des Deutschen Reiches und die Niederlande ungehindert weitertragen konnten. Am 6. Oktober zogen amerikanische Truppen in Lüttich ein. Von der Schelde-Mündung, weiter entlang der Maas und über das westliche Vorland von Aachen bis zum Anschluss an den Westwall konnte die Wehrmacht eine wenn auch schwache Frontlinie aufbauen. Um den Westwall zu umgehen und den Truppen einen raschen Vorstoß auf deutsches Gebiet zu ermöglichen, starteten die Alliierten das größte Luftlandeunternehmen des Zweiten Weltkriegs. Im Raum Arnheim, Nimwegen, Eindhoven, 150 Kilometer hinter den feindlichen Linien, setzten sie am 17. September 35 000 Fallschirmspringer ab, die Brückenköpfe an Maas, Waal und

Ein **Grenadier der Waffen-SS,** der im Dezember 1944 an der letzten deutschen Offensive, die im Dezember 1944 von den Ardennen aus nach Belgien hinein gerichtet war, teilnahm.

Landung der 1. britischen Luftlandedivision am 17. September 1944 bei **Arnheim.** Am Boden sind einige Lastensegler zu sehen. Die Truppen sollten einen Brückenkopf jenseits des Rheins errichten, wurden aber zurückgeschlagen und erlitten hohe Verluste.

Rhein errichten und einen Korridor für die Bodentruppen schaffen sollten. Zwar gelang die Luftlandung relativ reibungslos, das Ziel, den Rhein bei Arnheim zu überqueren, konnte aufgrund erbitterten deutschen Widerstands jedoch nicht erreicht werden. Die Alliierten mussten sich am 24. September unter hohen Verlusten zurückziehen: Es war der letzte große Abwehrsieg der deutschen Wehrmacht. 1000 britische Soldaten fielen, 6000 gerieten in Gefangenschaft. Im Frühwinter verlangsamte sich der Vormarsch der Alliierten gegen die äußeren Verteidigungsstellungen des Deutschen Reiches vor allem aufgrund von Nachschubproblemen. Die Kampfkraft der Wehrmacht stieg in dieser Zeit noch ein letztes Mal durch die Aufstellung von „Volksgrenadierdivisionen" und die Dezentralisierung der Rüstungsstätten, die aus den traditionellen Industriezentren ausgelagert, stattdessen lokal gestreut und somit weniger anfällig für die alliierten Bombardements wurden.

„Herbstnebel" – die letzte deutsche Offensive

▣ Die Atempause an der Westfront nutzte Hitler zur Vorbereitung einer Gegenoffensive aus den Ardennen, wo 1940 der triumphale Blitzkrieg im Westen seinen Ausgang genommen hatte. Der Angriff zielte auf Antwerpen, das über den potenziell wichtigsten Nachschubhafen der Alliierten für eine Offensive gegen Deutschland verfügte. Mit dem Vorstoß sollte zudem ein Keil zwischen die gegnerischen Verbände getrieben werden, um die nördlich davon liegenden zu umfassen und zu vernichten. Verstärkter Beschuss Londons mit V2-Raketen, so glaubte Hitler, würde zur gleichen Zeit demoralisierend auf die englische Zivilbevölkerung wirken und die Briten friedensbereit machen, ein anschließender neuer deutscher Westfeldzug die Amerikaner aus Frankreich vertreiben. Wie illusionär dieser Plan angesichts der erdrückenden alliierten Luftüberlegenheit und erheblicher eigener Versorgungsschwierigkeiten mit Treibstoff war, liegt auf der Hand.

▣ Die unter dem Decknamen „Herbstnebel" vorbereitete deutsche Ardennenoffensive begann am 16. Dezember 1944 dennoch mit einem schnellen Erfolg. Die wenigen und von den Ereignissen offensichtlich überraschten amerikanischen Divisionen an diesem Frontabschnitt wurden regelrecht überrannt. Schon nach wenigen Tagen zeigte sich aber, dass die deutschen Kräfte für die Wiederholung des Blitzkriegs keineswegs ausreichten. Die Alliierten führten zusätzliche Kräfte heran, ihre Gegenangriffe, vor allem aus der Luft, nahmen der Operation „Herbstnebel" den Schwung. Um die Weihnachtstage 1944 war die letzte deutsche Offensive gescheitert. Beide Seiten hatten etwa 75 000 Mann durch Tod, Verwundung und Gefangenschaft verloren, die Wehrmacht zudem ihre letzten intakten Panzergroßverbände, die schließlich bei der Abwehr der sowjetischen Angriffe im Osten fehlten. Die am weitesten westlich gelegene deutsche Großstadt Aachen war zu jener Zeit bereits in Händen der Amerikaner.

Im Zuge der **Ardennenoffensive** wurde die Stadt Bastogne von deutschen Truppen belagert. US-Transportflugzeuge werfen am 25. Dezember 1944 Nachschub für eingeschlossene US-Einheiten ab.

Einen Tag nach Beginn der **Ardennenoffensive** am 17. Dezember 1944 nähert sich dieser deutsche Spähtrupp in einem Kübelwagen der Stadt Malmedy.

Ziel der **Ardennenoffensive** war Antwerpen, das die deutschen Einheiten jedoch nicht erreichten. Nachdem die von der Offensive überraschten US-Streitkräfte zu Gegenangriffen übergegangen waren und die vorrückenden Deutschen zudem intensiv aus der Luft bekämpften, stockte der Vorstoß bereits vor den Weihnachtstagen 1944.

Der Zusammenbruch der Ostfront

Mit seiner Weisung vom November 1943, den militärischen Schwerpunkt wieder im Westen zu setzen, schwächte Hitler notgedrungen die ohnehin unter großem Druck stehenden und zurückweichenden deutschen Verbände an der Ostfront. Auch ohne diese strategische Entscheidung aber hätte der Vormarsch der Roten Armee auf die Ostgrenze des Reiches allenfalls verlangsamt werden können.

Am 27. Januar 1944 war die **Blockade Leningrads** nach einer Großoffensive der Roten Armee endgültig vorbei. Das Foto stammt von diesem Tag und zeigt eine Leningraderin, die dankbar einen Rotarmisten umarmt.

Befreiung Leningrads und der Krim

Nachdem die Ostfront im äußersten Norden zwei Jahre lang nahezu unverändert geblieben war, ging die Rote Armee im Winter 1943/44 auch dort in die Offensive. Am 14. Januar 1944 begann der Angriff auf die deutschen Belagerungsringe um Leningrad, das seit September 1941 eingekesselt war. Dem Überlebenskampf in der weitgehend abgeschlossenen und ausgehungerten Stadt waren 800 000 Zivilsten zum Opfer gefallen. Ende Januar gelang die Befreiung der „Heldenstadt“, bis zum Frühjahr 1944 drängte die Sowjetarmee die Deutschen bis an die Grenze der baltischen Staaten zurück. Im Süden, an der Ukrainischen Front, rückte im April die Rückeroberung der Krim in den Blickpunkt, die von der 17. deutschen Armee, bestehend aus deutschen und rumänischen Divisionen, gehalten wurde. Vorschläge zur Evakuierung der Halbinsel trafen bei Hitler wie üblich auf taube Ohren. Am 12. Mai war auch die Schlacht um die Krim verloren, Reste der deutschen und rumänischen Truppen konnten über das Schwarze Meer entkommen. Die Rote

Im April 1944 begannen die Operationen zur **Rückeroberung der Krim** durch die Rote Armee. Das Foto zeigt deutsche Infanteristen bei Sewastopol.

Armee hingegen setzte entschlossen nach und erreichte bald rumänisches Gebiet.

Sowjetische Sommeroffensive 1944

Zwei Wochen nach der Landung der Alliierten in der Normandie startete Stalin, wie mit den Verbündeten verabredet, am 22. Juni 1944 eine große Sommeroffensive gegen die deutsche Heeresgruppe Mitte. Wie die Kräfte mittlerweile verteilt waren, wird durch die Tatsache verdeutlicht, dass den rund 6000 zum Einsatz kommenden sowjetischen Kampfflugzeugen nur etwa 40 deutsche entgegenstanden. Am 23. Juni brachen die Angreifer durch die Verteidigungsfront und schoben sich mit Panzerkeilen nach Minsk vor.

Ein deutsches Transportschiff im Schwarzen Meer evakuiert Anfang Mai 1944 deutsche Verbände nach der verlorenen Schlacht um die **Krim**.

Die „Stalinorgel"

SCHLAGWORT

Bevor die sowjetischen T-34-Panzer die deutschen Stellungen erreichten, war auf die deutschen Landser bereits oft ein zermürbendes Artilleriefeuer niedergegangen. Eine der dabei eingesetzten Waffen war ein Raketenwerfer, den die deutschen Soldaten „Stalinorgel", die russischen „Katjuscha" nannten.
Im Juli 1941 kam die Waffe im Raum Smolensk erstmals zum Einsatz und forderte unter den deutschen Truppen derart hohe Verluste, dass sofort mit der Massenproduktion begonnen wurde. Sie war eine ebenso einfache wie wirksame Konstruktion: Auf mehreren eng beieinander liegenden Schienen waren bis zu 54 Raketen positioniert, die als Salve innerhalb weniger Sekunden abgefeuert werden konnten.
Die Zielgenauigkeit war zwar bescheiden, doch bei Treffern konnten in kurzer Zeit ganze Verteidigungsstellungen aufgerieben werden. Schon das Heulen der heranfliegenden Geschosse verbreitete unter den Angegriffenen Angst und Schrecken.

Auf der ganzen Breite der Ostfront rückten die Verbände der Roten Armee in der **Sommeroffensive 1944** vor und standen bereits Ende Juli nur noch wenige Kilometer vor Warschau.

- Vorstoß sowjetischer Truppen
- Frontverlauf 01.07.1944
- Frontverlauf 01.08.1944
- Deutsches Reich und Verbündete/ besetzte Gebiete
- Alliierte
- Sowjetunion
- neutrale Staaten

Am 17. Juli 1944 fand in Moskau ein erster, makabrer Triumphmarsch statt: Stalin ließ 60 000 **deutsche Kriegsgefangene** über den Roten Platz marschieren.

Die Sowjets gewannen innerhalb weniger Tage 300 Kilometer und schlossen drei deutsche Armeen bei Witebsk und Bobruisk ein. Innerhalb von vier Wochen waren die deutschen Verlustzahlen doppelt so hoch wie in Stalingrad, insgesamt waren es etwa 350 000 Getötete, Verletzte und Gefangene. Die Heeresgruppe Mitte existierte praktisch nicht mehr, die Rote Armee führte die Offensive rasch weiter in Richtung Westen und eroberte am 24. Juli das ostpolnische Lublin. Dort befreite sie auch das Vernichtungslager Majdanek, bevor die Deutschen die Gaskammern und Krematorien sowie andere Spuren des Völkermords zerstören konnten. Ende Juli waren die Vorstädte Warschaus in Sichtweite.

Aufstand der polnischen Heimatarmee

Zum Symbol für die Selbstbehauptung der polnischen Nation während des Krieges ist der Aufstand der Armia Krajowa geworden, der nationalen Heimatarmee, die enge Verbindungen zur Exilregierung in London hielt. Angesichts der auf Warschau vorrückenden Roten Armee und der Furcht, die Sowjets würden ein kommunistisches Marionettenregime an die Macht bringen, erhoben sich am 1. August

Ein Kämpfer der polnischen Heimatarmee „Armia Krajowa" bei Straßenkämpfen während des **Warschauer Aufstands.**

Angehörige eines **Frauenbataillons** der polnischen Heimatarmee gehen nach der Niederschlagung des Aufstands Anfang Oktober 1944 in Gefangenschaft.

1944 die etwa 25 000 bewaffneten Kämpfer der Heimatarmee unter Führung von General Graf Tadeusz Komorowski gegen die deutschen Besatzer, um die polnische Hauptstadt noch aus eigener Kraft zu befreien. Unterstützt durch die britische Royal Air Force, die wiederholt Waffen und Versorgungsgüter per Fallschirm über der Stadt abwarf, gelang es den Aufständischen in erbittertem Häuser- und Straßenkampf, bedeutende Teile der Stadt unter ihre Kontrolle zu bringen. Der Versuch, die Weichselbrücken und Flugplätze in ihre Gewalt zu bekommen, schlug jedoch fehl.

▣ Hitler gab den Befehl aus, Warschau „dem Erdboden gleichzumachen" und die Bevölkerung zu liquidieren. 63 Tage lang konnte sich die Heimatarmee in den Kämpfen gegen die überlegenen Besatzungsstreitkräfte halten, dann gewannen deutsche SS- und Polizeieinheiten unter SS-General Erich von dem Bach-Zelewski die Oberhand.

Warschau nach einem deutschen **Bombenangriff** während des Aufstands. Nach dem Aufstand zerstörten deutsche Einheiten die Innenstadt systematisch.

▣ Stalin, dessen Truppen wenige Kilometer östlich der Stadt standen, hatte kein Interesse an einem Sieg der nationalpolnischen Heimatarmee und ließ seine Truppen der Niederwerfung des Aufstands zusehen. Am 2. Oktober streckte die Heimatarmee die Waffen: 15 000 Kämpfer und 150 000 Zivilisten waren den Kämpfen zum Opfer gefallen, Zehntausende Warschauer wurden in Konzentrationslager verschleppt, Hunderttausende in Durchgangslager verbracht. Deutsche Verbände zerstörten den Großteil der fast menschenleeren Stadt.

Frontenwechsel von Verbündeten

▣ Durch die Vernichtung der Heeresgruppe Mitte war die strategische Lage an der Ostfront hoffnungslos geworden.

Soldaten der Roten Armee im August 1944 beim **Vormarsch nach Westen.**

Die Rote Armee stand an der Weichsel, rund 600 Kilometer von Berlin entfernt. Die politischen Folgen des Vorrückens der Sowjetarmee waren ebenso bedrohlich wie die militärischen, denn die Allianz, die Deutschland mit den Staaten in Südosteuropa geschlossen hatte, zerfiel zusehends.

Am 23. August ließ Rumäniens König Michael angesichts des Ansturms der Roten Armee Regierungschef Antonescu verhaften, einen eifrigen Kollaborateur Hitlers, und setzte eine neue Regierung ein, der auch Kommunisten angehörten. Als deutsche Flugzeuge daraufhin Bukarest bombardierten, erklärte der einstige Verbündete dem Deutschen Reich am 14. August den Krieg.

Rumäniens Frontenwechsel erschütterte auch Bulgarien, das bald dem Beispiel des nördlichen Nachbarn folgte. Am 5. September bat die Regierung die Sowjets um einen Waffenstillstand, vier Tage später rief eine „Vaterländische Front“ zum

Im August 1944 eroberten sowjetische Truppen in wenigen Tagen große Teile **Rumäniens** und rieben die gegnerischen deutschen Armeen in einer Kesselschlacht auf. Im Bild sind sowjetische Infanterie und Panzer beim Angriff zu sehen.

nationalen Aufstand auf und übernahm die Macht. Am 18. Oktober marschierte die Rote Armee in Sofia ein und das bulgarische Heer lief zu ihr über.

Finnland hatte bereits am 4. August 1944 direkte Verhandlungen mit Moskau aufgenommen. Am 2. September brach der nordische Staat die diplomatischen Beziehungen zu Deutschland ab und unterzeichnete wenig später einen Vertrag mit der UdSSR. Die 20. deutsche Armee konnte sich jedoch bis April 1945 in Finnland halten.

für einen Seitenwechsel in Erfahrung zu bringen. Um dem Absprung der Ungarn zuvorzukommen, übernahmen am 16. Oktober 1944 deutsche Truppen vollends die Kontrolle in Budapest und setzten eine prodeutsche Regierung ein. Obwohl sowjetische und rumänische Truppen bereits im Osten Ungarns Fuß gefasst hatten, blieb Budapest bis März 1945 umkämpft.

Auch in der Slowakei scheiterte der Frontenwechsel: Der mithilfe der Roten Armee unternommene Versuch eines

Hinter einer Turmuhr hat ein Sowjetsoldat im Februar 1945 in **Budapest** Beobachtungsposten bezogen.

Ungarn und die Slowakei

An der äußersten Südostflanke verblieb nach dem Frontenwechsel Rumäniens und Bulgariens lediglich Ungarn, das seit März 1944 de facto von deutschen Truppen besetzt, de jure aber noch selbstständig war. Ende September reiste eine Budapester Delegation nach Moskau, um die Bedingungen

nationalen Aufstands konnte sich zwei Monate lang halten, ehe er Ende Oktober 1944 von SS- und Wehrmachtdivisionen mit großer Brutalität niedergeschlagen wurde. Etwa 20 000 Menschen fielen den Kämpfen und Vergeltungsmaßnahmen zum Opfer. Als letzten Verteidigungsstellungen im Vorfeld des Reiches kam der Slowakei und Ungarn in der letzten Phase des Krieges große Bedeutung zu.

Verluste auf dem Balkan

- In Jugoslawien und Griechenland gelang es der Wehrmacht nicht, Verteidigungsstellungen aufzubauen. Die griechischen und jugoslawischen Partisanen kämpften verbissen und ausdauernd gegen die deutschen Besatzer, die Vergeltungsmaßnahmen gegen ganze Dörfer waren äußerst grausam. Von Süden rückten die Briten auf den Kriegsschauplatz vor, von Osten, aus Bulgarien, die Rote Armee und die nun mit ihr verbündeten Bulgaren. Vom 12. Oktober 1944 an zog sich die Wehrmacht daher aus Albanien und Griechenland zurück.

- Gegen Jugoslawien wiederum rückte die Rote Armee vor. Eine Woche dauerte die Schlacht um Belgrad, die am 20. Oktober mit einer vernichtenden deutschen Niederlage endete. Bereits zwei Tage später führte Tito eine Siegesparade durch die Straßen der Stadt an. Da Stalin seine Truppen westlich von Belgrad halten ließ, um zusätzliche Verbände in den für dringlicher gehaltenen Kampf um Ungarn schicken zu können, verharrte die Front eine Zeit lang auf einer Linie, die vom Westen Belgrads bis an die albanische Grenze reichte.

Auszeichnungsplakette der deutschen Luftwaffe „Für besondere Leistungen im Südostraum".

Britische Infanterie inspiziert am 18. Mai 1944 die Ruinen von **Monte Cassino,** im Hintergrund ist das auf dem Berg gelegene zerstörte Kloster zu sehen.

Nach der **Besetzung Roms** durch die Alliierten im Juni 1944 marschieren US-Soldaten über die Piazza Venezia; im Hintergrund ist das Monumento a Vittorio Emanuele II zu sehen.

Zähe Kämpfe in Italien

- Der alliierte Vormarsch in Italien war zur Jahreswende 1943/44 an der quer durch das Land gezogenen deutschen Gustav-Linie nördlich von Neapel zum Stehen gekommen. Die deutschen Verteidigungsstellungen konzentrierten sich im Westen der Linie, um das gegnerische Vorrücken auf Rom zu verhindern. Am 17. Januar 1944 begann der Angriff auf die Stadt Cassino, der in die berühmt-berüchtigte Schlacht um Monte Cassino überging, eine der längsten Schlachten des Krieges. Der viermonatige Kampf um den strategisch wichtigen Berg, auf dessen Gipfel ein historisch besonders wertvolles Kloster stand, das bis auf das Fundament zerstört wurde, forderte über 30 000 Todesopfer. Erst am 17. Mai gab der deutsche Oberbefehlshaber, Generalfeldmarschall Albert Kesselring, den Befehl zum Rückzug. Daraufhin gelang den Alliierten der Zusammenschluss mit ihren bereits im Januar hinter der deutschen Linie gelandeten Einheiten.

- Am 4. Juni zogen die nach Norden vorrückenden alliierten Truppen kampflos in Rom ein, wo sie von der Bevölkerung begeistert begrüßt wurden. Die deutschen Verbände wichen in den folgenden Wochen hinter eine 320 Kilometer lange Stellungslinie zurück, die sich von La Spezia im Westen über die Kette des Apennin bis in das ostitalienische Rimini an der Adria erstreckte. Dort verharrte die italienische Front bis in die letzten Kriegswochen.

Hitlers letztes Aufgebot

- Als die Lücken an allen Fronten durch die anhaltenden Verluste immer größer wurden, entschied sich die NS-Führung, das letzte Aufgebot zu mobilisieren. Am 25. September 1944 unterschrieb Hitler einen Erlass, nach dem aus allen „waffenfähigen“ Männern zwischen 16 und 60 Jahren der sogenannte Volksturm zu bilden war. Der „Führer“ erwartete von den Jugendlichen und alten Männern „leidenschaftlichen Hass gegen den Feind“ in der Verteidigung des „Heimatbodens“ für den „deutschen Endsieg“.

  Sechs Millionen zusätzliche Soldaten sollten mit dem Volkssturm in den Kampf geschickt werden, tatsächlich aber wurde eine weit geringere Zahl aktiv. Ihre Aufgaben lagen in der Sicherung strategischer Punkte, der Durchführung von Evakuierungen sowie der Bewachung von Kriegsgefangenen. Zehntausende Heranwachsende und Greise bezahlten den militärisch unsinnigen Einsatz mit dem Leben.

Adolf Hitler bei der Auszeichnung von Mitgliedern der Berliner Hitler-Jugend, die zum Ende des Zweiten Weltkriegs in **Volkssturmeinheiten** zusammengefasst wurden.

Offensiven in Südostasien

Obwohl Japan seit der Niederlage bei den Midway-Inseln 1942 im Pazifik in der Defensive war, umfasste sein Machtbereich auch 1944 immer noch ein Areal, das weit größer war als das deutsche zur Zeit der größten Ausdehnung. Japan kämpfte aber mit den gleichen strategischen Problemen: Es war schwierig bis unmöglich, die Verbindung zwischen den vielen, weit voneinander entfernten Stützpunkten zu halten.

Die gegen Indien gerichtete japanische Offensive wurde im Frühjahr 1944 von britisch-indischen Verbänden bei **Kohima und Imphal** gestoppt. Das Foto zeigt japanische Soldaten bei Kohima im Gefecht.

Japanische Frühjahrsoffensiven

Nachdem die japanischen Streitkräfte seit Mitte 1942 vornehmlich damit beschäftigt waren, die besetzten Gebiete zu sichern, startete die militärische Führung im Frühjahr 1944 erstmals wieder zwei Offensiven: eine von Burma aus gegen Indien, die andere zu weiteren Gewinnen in Südchina. Am 6. März 1944 begann die japanische U-Go-Offensive im gebirgigen Nordosten Burmas. Der Angriff zielte zunächst auf britische Schlüsselstellungen im Hochland von Assam, die Anfang April von japanischen Einheiten eingekesselt wurden. Es gelang den Japanern jedoch nicht, auch die in die indische Ebene führenden Straßen unter ihre Kontrolle zu bringen. Die Kämpfe um die kleinen Orte Kohima und Imphal entwickelten sich zu den erbittertsten des ganzen Krieges in dieser Region. Während die Verteidiger aus der Luft versorgt wurden, mussten die Japaner ganz ohne Nachschub auskommen. Am 22. Juni, nach 80 Tagen Belagerung, konnten die Briten Imphal befreien, die Belagerer zogen sich schwer geschlagen in die burmesische Ebene zurück. Nur 20 000 der 85 000 Soldaten, die zur Invasion Indiens angetreten waren, waren noch kampffähig.

Im März 1944 starteten die Japaner von Burma aus einen **Vorstoß in Richtung Indien,** mussten sich jedoch bereits im Juni wieder zurückziehen.

Vormarsch nach Südchina

Die am 14. April gestartete Paralleloffensive Ichi-Go in Südchina war erfolgreicher. Durch die Annexion weiterer Gebiete in Südchina sollte die Einrichtung einer direkten Nord-Süd-Eisenbahnverbindung zwischen Peking und Nanning im Süden des Landes sowie nach Indochina ermöglicht und zudem gegen amerikanische Flugbasen vorgegangen werden. Die dort stationierten strategischen Bomber machten mit punktuellen und überraschenden Einsätzen dem japanischen Heer in ganz China das Leben schwer. 400 000 Soldaten stießen in dieser größten Landoperation des Japanisch-Chinesischen Krieges Richtung Süden vor und gelangten nach acht Monaten, einer Reihe von Siegen und 1500 Kilometern Raumgewinn an die Grenze zu Indochina,

Im Zuge ihrer bewährten Taktik des „Inselspringens" landeten im Januar 1944 US-Streitkräfte auf den **Marshall-Inseln.** Das Foto von Februar 1944 zeigt US-Marineinfanterie auf Carlos Island.

das zu jener Zeit unter japanischer Oberherrschaft stand. Der militärische Nutzen dieser erfolgreichen Offensive blieb allerdings sehr begrenzt, da die Lage im südlichen und mittleren Pazifik immer bedenklicher wurde.

Vorwärts von Insel zu Insel

▣ Dass die Japaner mehr Gebiete erobert hatten, als sie wirksam verteidigen konnten, machte sich vor allem in der Weite des Pazifiks bemerkbar, wo die Amerikaner weiter von Insel zu Insel sprangen. Nachdem General Nimitz im November 1943 die Gilbert-Inseln genommen hatte, folgten im Januar 1944 die Marshall-Inseln. Von dort setzten sie zum Sprung auf die Marianen an, wo es im Juni 1944 – wenige Tage nach der Landung der Alliierten in der Normandie – zu einer großen Luft- und Seeschlacht kam.

▣ Die Marianen-Inseln Guam, Saipan und Tinian waren in doppelter Hinsicht von strategischer Bedeutung: als Stützpunkt für den weiteren Schritt Richtung Philip-

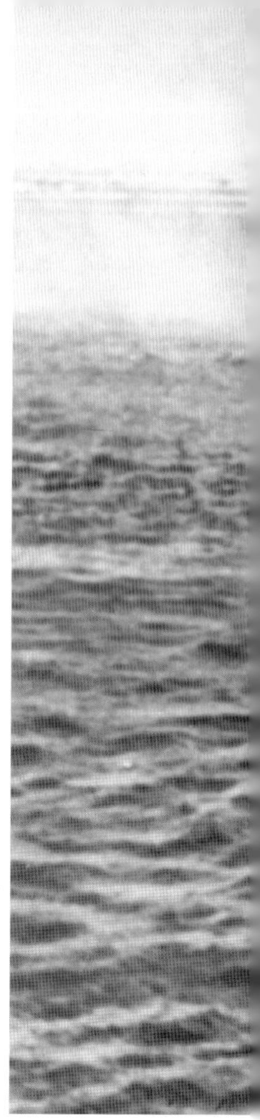

Zum Schutz ihrer auf **Saipan** anlandenden Truppen nehmen US-Kriegsschiffe die hier stationierten Japaner unter Beschuss. Mit der Eroberung der Marianen-Inseln lag Japan in Reichweite amerikanischer Bomber – auch jene, die 1945 die Atombomben über Japan abwarfen, starteten von hier.

Landung von US-Truppen auf der **Marianen-Insel Saipan** Mitte Juni 1944. Die Marianen-Inseln lagen im Zentrum des pazifischen Kriegsschauplatzes und waren von großer strategischer Bedeutung.

Die **japanischen Luftstreitkräfte** erlitten auf den Marianen geradezu verheerende **Verluste**. Das Foto zeigt zerstörte japanische Flugzeuge auf einem Flugfeld auf Saipan.

pinen und zudem lagen dort die Flugplätze, von denen aus das japanische Mutterland mit Fernbombern erreicht werden konnte. Beide Seiten schickten daher starke Kräfte in die Schlacht. Die japanischen Flieger erlitten verheerende Verluste: 400 ihrer 600 Maschinen wurden im Luftkampf abgeschossen, amerikanische U-Boote versenkten zwei Flugzeugträger. Zwar gelang die vorgesehene völlige Vernichtung der japanischen Flotte nicht, sie war aber vorerst keine Gefahr mehr und die Landung auf den Inseln konnte erfolgen. Guam wurde nun zu einer großen Nachschubbasis ausgebaut.

Einen Monat nach dem Beginn der Invasion auf Saipan landeten die Amerikaner auch auf **Guam**, einer weiteren Marianen-Insel. Das Foto zeigt US-Infanterie beim Vorrücken im Juli 1944.

Der amerikanische Philippinenfeldzug

▣ Die Wiedereroberung der Philippinen war nach einer entsprechenden Intervention des US-Generals Douglas MacArthur bei Präsident Roosevelt auf höchster Ebene zum vorrangigen strategischen Ziel der Amerikaner erklärt worden. Ursprünglich sollten auf dem Weg dorthin zunächst die Karolinen eingenommen werden, doch Anfang September 1944 beschlossen die Stabschefs, diese Inselgruppe zu überspringen und bereits im Oktober direkt auf der westphilippinischen Insel Leyte zu landen. Die Kontrolle über die Philippinen war für die Japaner von eminenter Bedeutung. Der Inselstaat war eine wichtige Quelle für Versorgungsgüter und stellte eine Schlüsselposition für die Sicherung der Seerouten von Borneo und Sumatra nach Japan dar, auf denen vor allem das dringend benötigte Erdöl ins Mutterland und in die besetzten Gebiete transportiert wurde. So stellten die Japaner den sich für die Landung vereinenden amerikanischen Streitkräften ihre gesamte noch vorhandene Luft- und Flottenstreitmacht entgegen.

▣ Für die Amerikaner und die beteiligten australischen Einheiten stellte die geplante Invasion auf Leyte die bis dahin größte amphibische Operation im Pazifikkrieg dar. Über 200 000 Mann an Bodentruppen standen zur Verfügung, auf der Insel selbst warteten zudem einige Tausend philippinische Guerillakämpfer darauf, ihren Teil zur Niederwerfung der japanischen Herrschaft beitragen zu können.

Schlacht um Leyte

Die Invasion der Philippinen begann am 20. Oktober 1944 mit einem vierstündigen Trommelfeuer der Schlachtschiffe der US-Kriegsmarine. Gegen 10 Uhr gingen die ersten Soldaten der 6. US-Armee an Land und stürmten die Strände. Bis zum Abend folgten 60 000 Mann und 100 000 Tonnen Material.

Die Japaner zogen sich ins Landesinnere zurück und erhielten bald Verstärkung von anderen philippinischen Inseln. Auf Leyte hatten die Amerikaner einen Brückenkopf errichtet, dort drohte ihnen jedoch aus der Luft und von See

US-Landungstruppen am 20. Oktober 1944 am Strand auf **Leyte** in Gefechtsstellung.

Nach der Schlacht von Leyte nahmen die Amerikaner die Philippinen ein. Das Foto vom Dezember 1944 zeigt ein von einer japanischen Bombe getroffenes Landungsschiff der US-Streitkräfte auf der **philippinischen Insel Mindoro.**

her große Gefahr. Zunächst flogen bis zu 200 japanische Bomber Angriffe auf Bodentruppen und Schiffe, wobei erstmals auch „Kamikaze-Flieger" aktiv wurden, die sich unter Opferung des eigenen Lebens mit ihren bombenbeladenen Maschinen auf die amerikanischen Schiffe stürzten. Sie fügten den gegnerischen Schiffen empfindliche Verluste zu, doch durch den Verlust der Piloten und Maschinen verlor die ohnehin nicht mehr starke japanische Luftwaffe weiter an Schlagkraft. Die größere Gefahr für die Amerikaner näherte sich jedoch auf See.

▣ Vom 23. bis zum 26. Oktober fand im Golf von Leyte die größte Schlacht der Seekriegsgeschichte statt, an der insgesamt 282 japanische, amerikanische und australische Schiffe beteiligt waren. Die japanische Marine setzte dabei alle ihr verbliebenen Schiffe ein – dennoch erlitt sie eine vernichtende Niederlage: Etwa die Hälfte ihrer größeren Schiffe wurde versenkt, viele weitere wurden schwer beschädigt. Keine andere Seeschlacht des Zweiten Weltkriegs fand ein so eindeutiges Ende. Eine wirksame japanische Flotte existierte danach nicht mehr. Zugleich hatte die

„Kamikaze"

SCHLAGWORT

Der japanische Begriff Kamikaze bedeutet so viel wie „göttlicher Wind". Er entspringt historischen Ereignissen aus dem 13. Jahrhundert, als Mongoleneinfälle Japan bedrohten, die Invasoren zur See aber in zwei Taifunen zugrunde gingen und das Land der aufgehenden Sonne auf diese wundersame Weise gerettet wurde.
Im Zweiten Weltkrieg wurde der Begriff auf die Selbstmordangriffe japanischer Piloten auf alliierte Schiffe übertragen.
Die japanische Propaganda zeichnete während des Krieges ein heroisches Bild von den Kamikaze-Piloten, die sich „in der Blüte des Lebens" selbstlos für Kaiser und Vaterland geopfert haben. Auch heute noch gilt ihr Handeln den meisten Japanern als ausgesprochen „männlich" und „heroisch". Tatsächlich gingen viele Kamikaze-Piloten keineswegs freiwillig in den Tod. Vielmehr wurden sie unter Misshandlung und mit Psychoterror zu den Flügen gezwungen. Von den Offizieren, die die Idee des Kamikaze entwickelten, hat keiner selbst einen solchen Angriff geflogen.

Nach ihrer **Landung auf Leyte** bauen US-Soldaten aus Sandsäcken einen provisorischen Pier, um eine schnellere Ausschiffung der Truppen zu ermöglichen.

US-Luftwaffe die absolute Luftherrschaft gewonnen und bombardierte fortan die Industriezentren in Japan selbst. Auch die japanischen Bodentruppen auf Leyte gerieten immer mehr ins Hintertreffen. Weihnachten 1944 meldete der kommandierende amerikanische General den Zusammenbruch des japanischen Widerstands. Die vollständige Eroberung der Philippinen war nur noch eine Frage der Zeit.

Widerstand in Deutschland

Die Mehrheit der Deutschen stand während des Zweiten Weltkriegs hinter Hitler. Zwar mehrten sich mit den militärischen Niederlagen von 1943 die kritischen Stimmen gegen das NS-Regime und den „Führer", die bewusste politische Opposition blieb aber bis zum Untergang des „Dritten Reiches" die Angelegenheit einer verschwindend kleinen Minderheit, die von den Organisationen des totalitären Staates bis zuletzt gnadenlos bekämpft und verfolgt wurde.

Formen des Widerstands

▣ Der Widerstand gegen die totalitäre Nazidiktatur, die sich auf eine Massenbewegung stützte und alle gesellschaftlichen Bereiche ideologisch und organisatorisch durchdrang, erforderte neben kritischem Urteilsvermögen und wachem Gewissen vor allem eines: Mut. Wer sich gegen Hitler und sein System erhob, wusste, dass er sich damit gegen die „Volksgemeinschaft" stellte, dass er im besten Fall auf die Anteilnahme oder zumindest die moralische Unterstützung einiger Weniger rechnen konnte. Dennoch brachten Tausende die Courage auf, sich nicht nur im Stillen über die Tyrannei zu erregen, sondern sie aktiv und öffentlich zu bekämpfen. Dabei nahm dieser Widerstand die unterschiedlichsten Formen an: von der mehr oder weniger spontan ausgeführten Einzelaktion über die Rebellion unangepasster Jugendgruppen bis hin zum militärischen Widerstand des 20. Juli. Mochten dem Widerstand politische, religiöse oder allgemein ethische Motive zugrunde liegen, alle aktiv Aufbegehrenden waren sich darüber im Klaren, dass sie mit ihrem Engagement ihre Freiheit und ihr Leben aufs Spiel setzten.

Arbeiterbewegung

▣ Die politische Opposition gegen den Nationalsozialismus lag nach 1933 zunächst aufseiten der Linken, in der Arbeiterbewegung. Die Kommunistische Partei, von Beginn an verboten und blutig verfolgt, rief zum illegalen Widerstand auf, die Sozialdemokraten stimmten als einzige Partei im Reichstag gegen Hitlers Ermächtigungsgesetz, Teilgruppen der Partei nahmen den illegalen Kampf auf. Bis zum Kriegs-

Der Jurist **Peter Graf Yorck von Wartenburg** zählte sowohl zum Kreisauer Kreis als auch zu den Verschwörern des 20. Juli. Das Foto zeigt ihn 1944 vor dem Volksgerichtshof, der ihn zum Tod verurteilte. Am 8. August 1944 wurde er in Berlin hingerichtet.

WARTE

BLÄTTER FÜR KRITISCH-AKTIVEN SOZIALISMUS

INHALT:

E. Friesius .... «Umfall» oder alte Weise?
Martin Hart .... Aufgaben des ersten Ranges.
Ernst Toller ...... Ein Gefangener reicht dem Tod die Hand.
W. Holz ...... Um die Stellung zur Sowjet-Union.
A. Kolb .... Vernichtete Existenzen.
RUNDSCHAU: Die Naziz tolerieren «Wehrverräter»! / Gau Schweiz? / Liebeswerben um den Arbeiter im III. Reich. / «Leonard Nelson, Philosopher, Politician, Educationalist.» / Säuberungen.

FREIE SOZIALISTISCHE TRIBÜNE

INHALT:

T. Anders .... Krisenfeste Zwangskonjunktur?
A. Seehof .... Antwort auf eine Antwort.
H. W. Brann ...... Hat Toller wirklich sabotiert?

Einige oppositionelle Publikationen erschienen im Ausland. Im Bild das Titelblatt der **Exilzeitschrift „Sozialistische Warte"** vom 16. Juni 1939, ein Organ des Internationalen Sozialistischen Kampf-Bundes.

beginn waren die linken Organisationen einschließlich der Gewerkschaften jedoch durch den nationalsozialistischen Terror weitgehend zerschlagen. Ihre politische Führung war ermordet worden oder saß im KZ. Der politische Widerstand der Linken nahm notgedrungen andere Formen an: Der eigene Zusammenhalt wurde im Illegalen gestärkt, man half Opfern der Verfolgung, schulte die eigenen Kader, berichtete den Auslandszentralen über die Ereignisse vor Ort. Die Solidarität erwies sich als Grundlage eines wenig spektakulären, aber häufig lebensrettenden Widerstands, der bis in die Konzentrationslager reichte.

Georg Elser – Attentat auf den Kriegstreiber

▣ Der Landwirtssohn Georg Elser aus Württemberg setzte in den ersten Kriegswochen mit seinem Attentat auf Hitler das Zeichen dafür, dass sich die braune Elite trotz allen Rückhalts in der Bevölkerung auch im eigenen Land nie ganz sicher fühlen konnte. Der gelernte Schreiner, von Zeitgenossen als zuweilen verschlossen, aber dennoch geselliger Typ charakterisiert, stand dem Nationalsozialismus von Beginn an kritisch gegenüber und verweigerte etwa konsequent den „Hitlergruß".

Zur Überzeugung gelangt, dass die NS-Politik und -ideologie die Welt unweigerlich in den Krieg treiben würde, ent-

Innenansicht des **Bürgerbräukellers in München** in den 1930er-Jahren. Hier hielt Adolf Hitler alljährlich am 8. November eine Rede anlässlich der Erinnerung an den am 8. November 1923 gescheiterten „Hitlerputsch". Diesen festen Termin nutzte Georg Elser 1939 für sein Attentat auf Hitler.

Der im Widerstand als Einzelkämpfer agierende **Georg Elser** wurde im Alter von 42 Jahren am 9. April 1945 im KZ Dachau erschossen.

Der Saal des Bürgerbräukellers nach dem **Anschlag Elsers auf Hitler,** der das Gasthaus nur wenige Minuten vor der Detonation verlassen hatte.

schloss er sich im Herbst 1938, die NS-Führung zu töten. Für seinen Anschlag auf Hitler wählte er den Münchener Bürgerbräukeller, wo der „Führer" alljährlich am 8. November anlässlich des Jahrestags des gescheiterten Hitlerputsches von 1923 vor Parteifreunden eine Rede hielt. Ab August 1939 verkehrte Elser regelmäßig in dem bekannten Münchener Gasthaus und ließ sich wiederholt über Nacht dort einschließen, um das Attentat technisch vorzubereiten. Am 8. November 1939, um 21.20 Uhr, detonierte der Sprengsatz exakt zur vorgesehen Zeit. Nur der Umstand, dass Hitler an jenem Tag kürzer als gewohnt redete, ließ ihn entkommen. 13 Minuten vor der Explosion hatte der Diktator den Bürgerbräukeller verlassen. Der den staatlichen Stellen noch unbekannte Attentäter wurde am selben Abend eher zufällig festgenommen, als er versuchte, die Grenze zur Schweiz zu überqueren. Bei späteren Verhören gestand Elser die Tat. Über fünf Jahre saß er in der Folge im KZ, weil Hitler nach Beendigung des Krieges einen Schauprozess gegen ihn führen lassen wollte. Als der Krieg endgültig verloren war, gab er den Befehl, Elser zu liquidieren. Am 9. April 1945 erschoss ein SS-Mann den mutigen Attentäter im KZ Dachau.

Die Bündische Jugend – hier Mitglieder bei einem Aufmarsch im Jahr 1929 – war im „Dritten Reich" eine der Gruppen mit oppositionellem Verhalten, die später unter dem Begriff **Edelweißpiraten** zusammengefasst wurden.

Edelweißpiraten

▣ Ihr Erkennungszeichen war eine Edelweißanstecknadel, die auf und später unter dem Jackenrevers getragen wurde: Mehrere Tausend Jugendliche, vornehmlich aus dem Arbeitermilieu an Rhein und Ruhr, trafen sich in kleinen Gruppen in Parks und in der freien Natur, um nach ihren eigenen Vorstellungen zu leben. Sie lehnten den Drill und den Zwang der NS-Jugendorganisationen ab, wanderten und musizierten stattdessen gemeinsam und lieferten sich zuweilen Prügeleien mit der Hitlerjugend. Erst die Verfolgung durch die Gestapo gab der eher unpolitischen Bewegung in den letzten Kriegsjahren einen bewusst kämpferischen Impuls: Edelweißpiraten verfassten provozierende Flugblätter, halfen vom Regime Bedrängten, plünderten Eisenbahnwaggons mit Lebensmitteln und führten Sabotageakte durch. Viele der jugendlichen Rebellen büßten das mit jahrelanger Haft, mit Folter und auch mit ihrem Leben. In Köln etwa wurden am 10. November 1944 sechs Edelweißpiraten hingerichtet, der jüngste von ihnen war 16 Jahre alt.

Weiße Rose

▣ Die Münchener Widerstandsgruppe „Weiße Rose" war im Gegensatz zu den Edelweißpiraten von Beginn an entschieden politisch orientiert. Ihren Kern bildete eine Gruppe von sechs Studenten um die Geschwister Hans und Sophie Scholl sowie Alexander Schmorell.

Im Frühjahr 1942 verfassten Hans Scholl und Alexander Schmorell vier Flugblätter, in denen sie zum Widerstand

Die Mitglieder der **„Weißen Rose"** Hans und Sophie Scholl sowie Christoph Probst (von links) wurden am 22. Februar 1943 hingerichtet.

EIN DEUTSCHES FLUGBLATT

DIES ist der Text eines deutschen Flugblatts, von dem ein Exemplar nach England gelangt ist. Studenten der Universität München haben es im Februar dieses Jahres verfasst und in der Universität verteilt. Sechs von ihnen sind dafür hingerichtet worden, andere wurden eingesperrt, andere strafweise an die Front geschickt. Seither werden auch an allen anderen deutschen Universitäten die Studenten „ausgesiebt". Das Flugblatt drückt also offenbar die Gesinnungen eines beträchtlichen Teils der deutschen Studenten aus.

Aber es sind nicht nur die Studenten. In allen Schichten gibt es Deutsche, die Deutschlands wirkliche Lage erkannt haben ; Goebbels schimpft sie „die Objektiven". Ob Deutschland noch selber sein Schicksal wenden kann, hängt davon ab, dass diese Menschen sich zusammenfinden und handeln. Das weiss Goebbels, und deswegen beteuert er krampfhaft, „dass diese Sorte Mensch zahlenmässig nicht ins Gewicht fällt". Sie sollen nicht wissen, wie viele sie sind.

Wir werden den Krieg sowieso gewinnen. Aber wir sehen nicht ein, warum die Vernünftigen und Anständigen in Deutschland nicht zu Worte kommen sollen. Deswegen werfen die Flieger der RAF zugleich mit ihren Bomben jetzt dieses Flugblatt, für das sechs junge Deutsche gestorben sind, und das die Gestapo natürlich sofort konfisziert hat, in Millionen von Exemplaren über Deutschland ab.

Manifest der Münchner Studenten

Erschüttert steht unser Volk vor dem Untergang der Männer von Stalingrad. 330.000 deutsche Männer hat die geniale Strategie des Weltkriegsgefreiten sinn- und verantwortungslos in Tod und Verderben gehetzt. Führer, wir danken Dir !

Es gärt im deutschen Volk. Wollen wir weiter einem Dilettanten das Schicksal unserer Armeen anvertrauen ? Wollen wir den niedrigsten Machtinstinkten einer Parteiclique den Rest der deutschen Jugend opfern ? Nimmermehr!

Der Tag der Abrechnung ist gekommen, der Abrechnung unserer deutschen Jugend mit der verabscheuungswürdigsten Tyrannei, die unser Volk je erduldet hat. Im Namen des ganzen deutschen Volkes fordern wir von dem Staat Adolf Hitlers die persönliche Freiheit, das kostbarste Gut der Deutschen zurück, um das er uns in der erbärmlichsten Weise betrogen hat.

In einem Staat rücksichtsloser Knebelung jeder freien Meinungsäußerung sind wir aufgewachsen.

Mit diesem über Deutschland abgeworfenen Nachdruck des Flugblatts der **„Weißen Rose"**, dem „Manifest der Münchner Studenten", versuchte die britische Propaganda, die deutsche Bevölkerung aufzurütteln und die Zivilcourage der Menschen zu wecken.

gegen die „dunklen Trieben ergebene Herrscherclique" aufriefen und deren Verbrechen, insbesondere den Mord an den Juden, anprangerten. Jedes dieser Flugblätter wurde in einer Auflage von nur 100 Exemplaren gedruckt und mit der Post versandt. Die Adressaten waren Ärzte, Rechtsanwälte, Professoren, Buchhändler. Im Januar 1943 entstand ein fünftes Flugblatt. Es erschien in einer Auflage zwischen 6000 und 9000 Exemplaren und tauchte in mehreren Städten Süddeutschlands und in Österreich auf. Beim Verteilen des sechsten Flugblatts in der Münchener Universität wurden Hans und Sophie Scholl am 18. Februar 1943 vom Hausmeister beobachtet und denunziert. Nur vier Tage später verurteilte der Volksgerichtshof die Geschwister sowie ihren Kommilitonen und Mitstreiter Christoph Probst zum Tod. Noch am selben Tag wurden die drei Widerstandskämpfer hingerichtet. In einem zweiten Prozess widerfuhr ihren Mitstreitern in der Weißen Rose, Alexander Schmorell, Willi Graf und Professor Kurt Huber, das gleiche Schicksal.

- Die Weiße Rose wurde zur bekanntesten zivilen Widerstandsgruppe. Ihr Aufbegehren gegen das unmenschliche Regime steht heute beispielhaft für Zivilcourage und das Beharren auf humanistischen Werten selbst in finstersten Zeiten.

Das Attentat vom 20. Juli 1944

Unter dem Decknamen „Operation Walküre" planten hohe Militärs und Vertreter des zivilen Widerstands einen Staatsstreich, mit dem sie das Regime stürzen und selbst die Macht übernehmen wollten. Als Fanal für den Umsturz war die Tötung Hitlers mittels einer Bombe vorgesehen. Unmittelbar nach dem Anschlag sollten in Berlin die für die Machtübernahme notwendigen Maßnahmen ergriffen werden. Die Ausführung des Attentats übernahm Oberstleutnant Claus Schenk Graf von Stauffenberg, der Zugang zum „Führerhauptquartier Wolfsschanze" hatte und schon aus moralischen Gründen seit Längerem zu einem Anschlag bereit war. Anlässlich einer Lagebesprechung deponierte er am 20. Juli 1944 eine Bombe unter dem Besprechungstisch und verließ dann unter einem Vorwand den Besprechungsraum, um sich nach Berlin zu begeben. Hitler überlebte die Explosion des Sprengsatzes jedoch mit leichten Verletzungen. Nach Berlin drangen zunächst widersprüchliche Meldungen über das Schicksal des Diktators. Die Mitverschwörer gingen die nächsten geplanten Schritte der Operation nur zögerlich an und bald wurde deutlich, dass der Umsturz gescheitert war. Gegen 23 Uhr erklärte Generaloberst Friedrich Fromm, die Verschwörer seien verhaftet, und verkündete kurz darauf Todesurteile wegen Hochverrats.

Kurz nach dem Attentat vom 20. Juli 1944 zeigt Adolf Hitler Benito Mussolini die dabei **zerstörte Lagebaracke in der „Wolfsschanze"**.

Stauffenberg

BIOGRAFIE

Der im Jahr 1907 geborene Claus Graf Schenk von Stauffenberg war konservativ-katholisch geprägt, zeigte sich aber gesellschaftlichem Wandel gegenüber durchaus aufgeschlossen. Von 1940 bis 1943 hatte er als Stabsoffizier im Oberkommando des Heeres die Aufgabe, eine an der Seite der Wehrmacht kämpfende russische Freiwilligenarmee aufzubauen. In dieser Zeit wandelte er sich unter dem Eindruck der nationalsozialistischen Vernichtungspolitik zum entschiedenen Gegner Hitlers und bereitete mit einer Gruppe Gleichgesinnter einen Umsturzplan und ein Attentat auf Hitler vor. Im April 1943 erlitt Stauffenberg in Nordafrika eine schwere Verwundung, ab Juli 1944 hatte er als Stabschef beim Befehlshaber des Ersatzheeres unmittelbaren Zugang zu Hitler und entschloss sich, diesen Umstand für das geplante Attentat zu nutzen.
Nach dessen Scheitern wurde er noch am Tag des Attentats, dem 20. Juli 1944, in Berlin standrechtlich erschossen.

Stauffenberg und drei Mitverschwörer wurden noch in der Nacht zum 21. Juli standrechtlich erschossen, dem Kopf des militärischen Widerstands, Generaloberst Ludwig Beck, wurde „ehrenhalber" die Gelegenheit gegeben, sich selbst zu richten. Das Regime übte in der folgenden Zeit grausame Vergeltung an den Verschwörern und nahm auch ihre Familien in Sippenhaft. Dem militärischen Widerstand wurde später vorgehalten, dass er erst aktiv wurde, als der Krieg verloren war. Eine Reihe der Mitglieder war zudem in Verbrechen des Regimes und der Wehrmacht verstrickt und vertrat ausgesprochen antidemokratische Positionen.

Weitere Widerstandsgruppen

- Neben den oben genannten gab es noch eine Reihe weiterer Widerstandsgruppen. Unter dem Begriff „Rote Kapelle" subsummierte die Gestapo unterschiedliche Widerstandsgruppen, von denen einige nachrichtendienstliche Kontakte zur Sowjetunion hatten. Mindestens 60 Personen aus diesen Gruppen wurden hingerichtet.
- Der „Kreisauer Kreis" war die zentrale Organisation des bürgerlichen Widerstands. In diesem Kreis von etwa 20 Personen wurden Konzepte für eine grundlegende Neugestaltung Deutschlands nach dem Sturz der NS-Diktatur entwickelt. Nach dem Attentat auf Hitler vom 20. Juli 1944 gerieten auch seine Mitglieder ins Visier der Gestapo, acht von ihnen wurden hingerichtet.
- Auch in den christlichen Kirchen regte sich ein gewisser Widerstand, der eng mit den Namen einiger Geistlicher verbunden ist. In der katholischen Kirche trat vor allem der Bischof von Münster, Clemens August Graf von Galen, als mutiger Prediger gegen die NS-Verbrechen hervor. In der evangelischen Kirche war der Berlin-Dahlemer Pfarrer Martin Niemöller einer der konsequentesten NS-Gegner.

Auch der Theologe **Dietrich Bonhoeffer** wurde mit dem 20. Juli 1944 in Verbindung gebracht und 1945 im KZ Flossenbürg hingerichtet. Das Foto zeigt ihn (links zwischen zwei Wachleuten) 1944 vor dem Volksgerichtshof.

Das Foto (undatiert) zeigt Kardinal **Clemens August Graf von Galen,** der auf dem Domplatz in Münster zu Gläubigen spricht. Als Bischof von Münster prangerte von Galen die Verbrechen der Nationalsozialisten in seinen Predigten an und forderte unter anderem dazu auf, Ernst zu machen mit dem Wort „Lieber sterben als sündigen".

US 914
US222

Die Lage Ende 1944

- Ende 1944 waren die Alliierten sowohl im Westen, in Aachen, als auch im äußersten Nordosten, in Ostpreußen, bereits auf das Territorium des Deutschen Reiches vorgedrungen. Dies ließ deutlich erkennen, dass das letzte Kapitel des Zweiten Weltkriegs begonnen hatte. Alle Kriegsanstrengungen Deutschlands waren angesichts der mittlerweile dramatischen Unterlegenheit seiner Streitkräfte – ob zu Land, zu Wasser oder in der Luft – aussichtslos geworden. Zwar konnten die deutschen Streitkräfte noch vereinzelt kleinere Erfolge verbuchen, doch hatte jeder dieser Erfolge nur noch örtlichen Charakter und zögerte lediglich die endgültige Niederlage hinaus.

  Auf deutscher Seite herrschte an allen Fronten und auch bei weiten Teilen der Bevölkerung tiefe Hoffnungslosigkeit.

- Mit der Invasion in Nordfrankreich schlugen die Alliierten nach der Landung in Sizilien die zweite große Bresche in die „Festung Europa". Nun war im Osten, Süden und Westen an drei Fronten zu kämpfen, dabei hätten die deutschen Kräfte zumindest im Osten und Westen nicht einmal für eine gereicht. Gleichgültig, wie die Truppen verschoben wurden, es waren immer zu wenige Soldaten und zu wenig Kriegsmaterial, um zumindest in der Defensive Fronten über längere Zeit halten zu können. Die durch Hitler verfügte sinnlose Einrichtung des „Volkssturms", in den alle wehrtauglichen Männer zwischen 16 und 60 Jahren eingezogen werden sollten, konnte keinerlei Abhilfe schaffen. Der Wehrmacht gelang es nicht, den Bewegungskrieg zum Stehen zu bringen und in einen Stellungskrieg zu verwandeln.

  An der überlangen Ostfront wurde nur noch an einigen Frontabschnitten Widerstand wirksam. Im Westen gelang es gegen Jahresende, zumindest eine schwache, aber zusammenhängende Front von den niederländischen Flussläufen und Kanälen entlang dem Niederrhein und dem Westwall bis zum Oberrhein zu bilden und für einige Zeit auch zu halten. Lediglich in Norditalien blieb die Verteidigungslinie bis zum Kriegsende im Wesentlichen intakt.

  Im Südosten, auf dem Balkan, verschärfte der Frontenwechsel der einstigen Verbündeten Rumänien und Bulgarien die Situation, die allerorts intensivierten Aktivitäten der Widerstandsbewegungen ließen auch im Hinterland kein Verschnaufen mehr zu.

- Japan wurde gegen Kriegsende – ebenso wie Deutschland – in immer stärkerem Maß zum Gefangenen seiner frühen militärischen Erfolge. Die Weite des besetzten Raumes bot dem Gegner zu viele Möglichkeiten des Angriffs und machte eine allseitige Verteidigung unmöglich. In Burma, auf den Philippinen und in der Inselwelt des Pazifiks gewannen die Alliierten zügig an Raum. Eine wirksame japanische Verteidigung zu Wasser und in der Luft existierte Ende 1944 praktisch nicht mehr. In China hatte Japan zwar im Lauf des Jahres zusätzliche Gebiete gewinnen können, doch war auch den Japanern längst klar, dass der Krieg nicht dort entschieden werden würde.

- Allen nicht völlig Verblendeten war zum Jahreswechsel bewusst, dass das Ende des nationalsozialistischen Traums vom „Tausendjährigen Reich" nach zwölf Jahren brauner Diktatur unmittelbar bevorstand.

  An eine vorzeitige Kapitulation verschwendeten jedoch weder Hitler noch die japanische Führung einen Gedanken, und aufgrund dieser fanatischen Besessenheit starben noch 1945, in den letzten Monaten eines Krieges, der längst entschieden war, Millionen von Menschen.

Die letzten Kämpfe in Europa

Zu Beginn des Jahres 1945 standen die Alliierten an der West- wie auch an der Ostfront zum Angriff auf das Reichsgebiet bereit. Die Fronten des Krieges, in dessen Abgrund Deutschland fast ganz Europa gerissen hatte, verliefen damit nach über fünf Jahren dort, wo er einst begonnen hatte. Hitler befahl auch für deutsches Gebiet die Taktik der „verbrannten Erde", die Alliierten forderten die „bedingungslose Kapitulation". Die letzten Kämpfe in Europa wurden erbittert geführt.

Blick auf den Verhandlungstisch der **Konferenz von Jalta,** wo vom 4. bis zum 11. Februar 1945 über die Nachkriegsordnung beraten wurde.

Die Konferenz von Jalta

Auf der politischen Ebene rückte Anfang 1945 angesichts des nun absehbaren Kriegsendes die Gestaltung der Nachkriegsordnung in den Fokus. Am 4. Februar 1945 trafen sich die „Großen Drei" im Seebad Jalta auf der Halbinsel Krim zu ihrer zweiten Konferenz während des Krieges. Stalin, Roosevelt und Churchill kamen hier zusammen, um über das Vorgehen in der letzten Kriegsphase und über die zukünftige Gestalt Europas und Deutschlands zu konferieren. Roosevelts Hauptinteresse bestand darin, die Sowjetunion zum Eintritt in den Krieg gegen Japan zu bewegen, was ihm auch gelang. Stalin sagte das für die Zeit nach der Kapitulation Deutschlands zu und bekam dafür territoriale Gewinne in Fernost in Aussicht gestellt. Für

Deutschland einigten sich die drei Staatschefs auf die Einrichtung von vier Besatzungszonen unter Beteiligung Frankreichs sowie auf eine umfassende Entmilitarisierung und Entnazifizierung. In der Frage der bleibenden Aufteilung des besiegten Landes erzielten die „Großen Drei" keine Einigung. Auch die Festlegung der polnischen Westgrenze wurde vertagt.

▣ Präsident Roosevelt war als von schwerer Krankheit gezeichneter Mann nach Jalta gereist. Zwei Monate später, am 12. April 1945, starb der 32. Präsident der USA an einer Gehirnblutung, und noch am selben Tag legte Vizepräsident Harry S. Truman als sein Nachfolger in Washington den Amtseid ab. Alle Welt bekundete Trauer und Bestürzung angesichts des Todesfalls, in Deutschland allerdings wollte die NS-Führung darin eine glückliche Fügung erkennen, die den Kriegsverlauf vielleicht noch einmal wenden würde. Dass diese Hoffnung trog, wurde umgehend deutlich.

Auf der **Konferenz von Jalta** trafen sich die „Großen Drei" zum letzten Mal. US-Präsident Roosevelt war bereits schwer krank angereist, zwei Monate später verstarb er.

Sprung über den Rhein

▣ Die letzten gut ausgerüsteten deutschen Divisionen an der Westfront waren in der gescheiterten Ardennenoffensive weitgehend aufgerieben worden. Die deutschen Einheiten

Harry S. Truman

BIOGRAFIE

Der 1884 im US-Bundesstaat Missouri geborene Truman übte verschiedene berufliche Tätigkeiten aus, etwa als Bankangestellter und Farmer. Auf der politischen Ebene kam er als Senator des Staates Missouri (1934–1944) zu Ansehen. 1944 zum Vizepräsidenten berufen übernahm er nach dem Tod Präsident Roosevelts am 12. April 1945 das Präsidentenamt. Während des Krieges setzte er die Politik Roosevelts im Wesentlichen fort, führte aber bald eine unnachgiebigere Politik gegenüber der Sowjetunion. 1945 befahl er den Abwurf von Atombomben auf Japan. Nach dem Krieg bemühte sich der – 1948 wiedergewählte – Präsident darum, eine Ausweitung des sowjetischen Machtbereichs zu verhindern. So initiierte er 1948 die Berliner Luftbrücke, 1950 schickte er amerikanische Truppen nach Korea. Hintergrund dafür war die 1947 formulierte „Truman-Doktrin", die allen freiheitlichen und demokratischen Staaten militärische und wirtschaftliche Hilfe versprach.

hatten dabei Verluste von etwa 100 000 Mann hinnehmen müssen. Der „Westwall" war nur mehr eine Verteidigungslinie fast ohne Verteidiger, es fehlten die Soldaten, die die zahlreichen Bunker hätten besetzen können. Anfang März rückten die Alliierten aus der Eifel auf den Rhein vor.

Bei **Wesel** gelang den Briten am 24. März 1945 der **Übergang über den Rhein.** Das Foto zeigt britische Infanterie nach dem Übergang vor dem Hintergrund einer zerstörten Eisenbahnbrücke.

▣ Die einzige noch intakte Rheinbrücke bei Remagen geriet schnell ins Visier beider Seiten. Hitler befahl die sofortige Sprengung der Brücke, doch der Kommandierende vor Ort wollte sie für die zurückströmenden deutschen Soldaten so lange wie möglich offenhalten. Die Amerikaner beabsichtigten zunächst ebenfalls, die Brücke zu sprengen, um diesen Rückzug zu verhindern, erkannten jedoch bald die Möglichkeit, den Vorstoß ins innere Deutschlands über die intakte Brücke „trockenen Fußes" und damit wesentlich zügiger voranbringen zu können. Am 7. März 1945 nahmen Soldaten der 9. amerikanischen Panzerdivision die Brücke von Remagen im Handstreich und errichteten am Ostufer des Rheins einen Brückenkopf. Zehn Tage lang konnten sie Soldaten und Material über den Fluss bringen, dann stürzte die Brücke von Remagen infolge eines früheren Sprengversuchs ein und wurde durch eine Pontonkonstruktion ersetzt.

Britische Fallschirmjäger beschießen mit Granatwerfern deutsche Stellungen auf der anderen Rheinseite. Im März 1945 gelang den Alliierten auf breiter Front der **Sprung über den Rhein.**

US-Soldaten warten am 7. März 1945 in einem Eisenbahntunnel bei der **Brücke von Remagen,** die an diesem Tag in ihre Hände fiel, auf weitere Befehle.

Ruhrkessel

▣ Auch bei Oppenheim am Oberrhein und bei Wesel am Niederrhein gelang den Alliierten noch im März 1945 der Sprung über den Fluss. Daraufhin stießen sie auf breiter Front gegen das Ruhrgebiet, gegen Frankfurt und in das norddeutsche Flachland vor. Während ihre Stoßkeile bereits weit ins Hinterland vordrangen, kesselten amerikanische, kanadische und britische Verbände die Reste der Heeresgruppe B, etwa 300 000 Mann, im Ruhrgebiet ein. Die Kämpfe im Ruhrkessel waren neben jenen um Berlin die letzte große Schlacht des Zweiten Weltkriegs auf europäischem Boden. Am 12. April starteten die Alliierten eine erfolgreiche Operation zur Teilung des Ruhrkessels zwischen Essen und Dortmund. Bis zum 21. April war der deutsche Widerstand fast überall niedergeworfen. Noch während der

Nach dem Sprung über den Rhein stand den Alliierten der Weg nach Norddeutschland offen. Am 3. Mai 1945 rückten britische Truppen in **Hamburg** ein, nachdem die Stadt kampflos übergeben worden war.

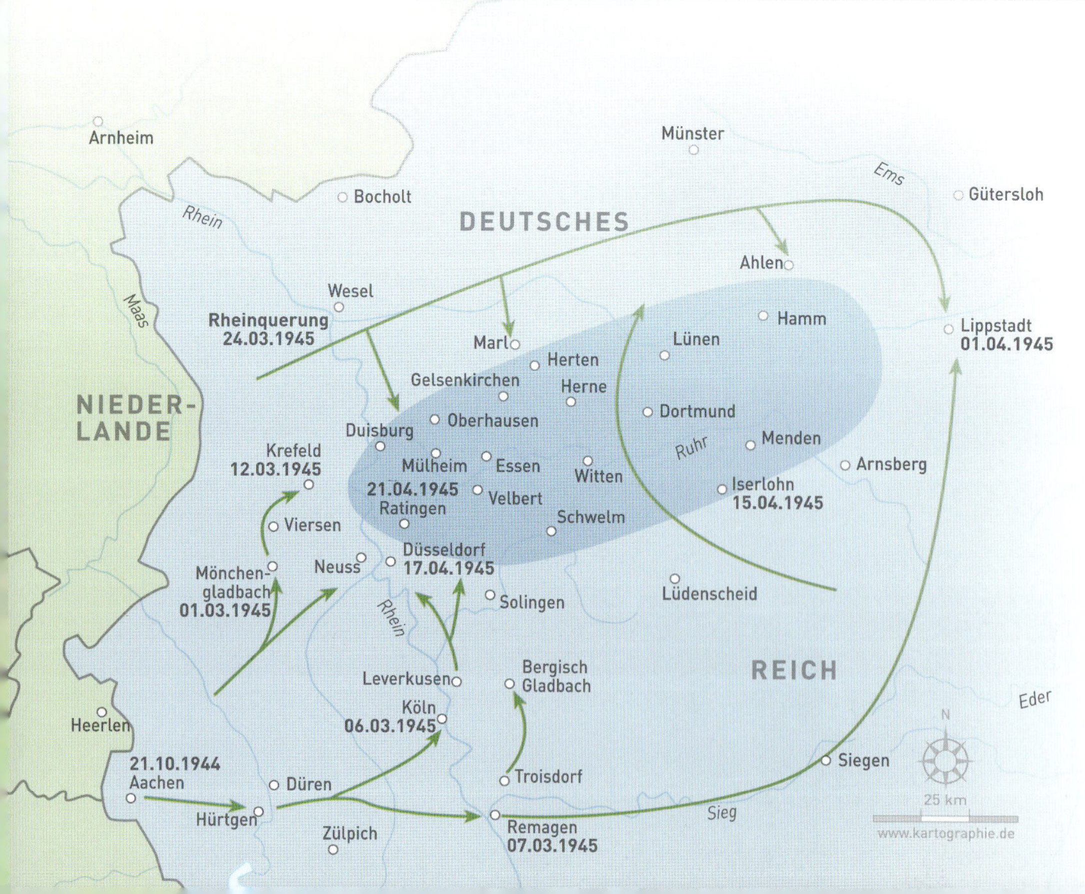

In Westdeutschland waren die **Kämpfe im Ruhrkessel** die letzte große Schlacht. Die Karte zeigt die Zangenbewegung der britischen und kanadischen Kräfte im Norden und der US-amerikanischen im Süden sowie die Teilung des Kessels.

Fassungslos steht eine alte Frau Anfang **April 1945** in den Trümmern der Stadt Bensheim, während **US-Soldaten** an ihr vorbeimarschieren.

Panzertruppen der Roten Armee in Mühlhausen (Ostpreußen). Im Zuge der **sowjetischen Großoffensive,** die am 12. Januar 1945 begann, brach die deutsche Ostfront zusammen.

Kämpfe ermordete die Gestapo in mehreren Ruhrgebietsstädten systematisch ausländische Zwangsarbeiter und politische Gegner. Bis Ende April 1945 hatten die Alliierten unter anderem Bremen, Stuttgart und München erobert und damit bereits weite Teile Deutschlands unter Kontrolle.

Winteroffensive der Roten Armee

▣ **Am 12. Januar 1945 durchbrach die Rote Armee südlich von** Warschau die deutschen Verteidigungslinien, am 17. Januar begann der sowjetische Großangriff auf Ostpreußen und am 12. Februar kapitulierten die deutschen Besatzer in Budapest angesichts der drückenden Übermacht des Gegners. Mitte Februar fiel Oberschlesien samt seiner weitgehend unzerstörten Industrie. Auf der gesamten Länge der Ostfront, von der Ostsee bis zur Donau, stand dem Vormarsch zur Niederwerfung des NS-Regimes nun nur noch geringer Widerstand entgegen.

Indessen nahmen angesichts der völligen Aussichtslosigkeit der militärischen Lage die Verzweiflungsmaßnahmen Hitlers zu. In Verleugnung aller Interessen der Bevölkerung befahl er die Zerstörung von Industrie- und Versorgungsanlagen und rief die Jugend zur Bildung von „Werwolf"-Einheiten auf. Ein großer Teil seiner letzten Befehle wurde aber bewusst sabotiert beziehungsweise einfach ignoriert.

Flucht vor der Roten Armee

▣ Anders als im Westen, wo die Ankunft der Amerikaner und Briten notgedrungen hingenommen, zum Teil auch begrüßt wurde, ergriff die deutsche Bevölkerung im Osten beim Herannahen der Roten Armee Panik. Fast jeder, der eine Möglichkeit sah, versuchte sich in Richtung Westen abzusetzen, um der Vergeltung der Rotarmisten für die in ihrem Land geschehenen Verbrechen zu entkommen. Die Nazipropaganda vom „slawischen Untermenschen" und „grausamen Bolschewisten" hatte das ihre zu dieser Massenflucht beigetragen.

▣ Auch war die Furcht vor Gräueltaten der Sieger begründet: Die Nachrichten von Erschießungen, Misshandlungen und massenhafter Vergewaltigung deutscher Frauen liefen der näherrückenden Front voraus. Bereits im Oktober 1944 hatte die große Flucht in Ostpreußen eingesetzt, im Januar und Februar 1945 wurde sie auch in Schlesien, Pommern und Westpommern zu einer Massenbewegung, die für viele Flüchtlinge mit dem Tod endete. Vor allem Frauen, Kinder und alte Menschen versuchten sich mit ihren Habseligkeiten in langen Trecks in Sicherheit zu bringen. Zu Fuß oder mit dem Pferdewagen, in strengem Winter und in ständiger Angst, von der Front eingeholt zu werden, schleppten sich die Verzweifelten westwärts.

In den deutschen Ostgebieten ergriffen große Teile der Bevölkerung die **Flucht vor der Roten Armee.** Im Bild eine Gruppe von Flüchtlingen mit Handwagen in einer zerstörten Ortschaft in Ostpreußen.

Luftangriff auf Berlin am 29. April 1945. Aufseiten der Roten Armee nahmen über 7000 Flugzeuge an der **Schlacht um Berlin** teil.

Der Seeweg als letzte Rettung

▣ Für Menschen, die noch die Häfen von Königsberg, das seit Ende Januar 1945 von allen Landverbindungen abgeschnitten war, von Danzig oder Gotenhafen erreichen konnten, war der Seeweg die bessere Alternative zur Flucht über Land, da die Ostsee noch weitgehend von der deutschen Kriegsmarine kontrolliert wurde. Kriegs- und Handelsschiffe wurden zusammengezogen, um die Evakuierung der Zivilbevölkerung durchzuführen.

Das Rückgrat der Rettungsflotte bildeten große Passagierschiffe wie die „Cap Arcona". Auch in der Ostsee lauerten jedoch große Gefahren, besonders in Form von sowjetischen U-Booten. Einige voll besetzte Schiffe – wie die „Steuben" oder die „Wilhelm Gustloff" – kamen nicht durch: Von Torpedos getroffen sanken sie und Zehntausende Flüchtlinge ertranken in der eiskalten Ostsee. Bis Ende April brachte die Marine insgesamt 1,5 Millionen Zivilisten und 500 000 Soldaten aus Ostpreußen, aus Pommern und aus Kurland in den Westen.

Auf der Karte sind die **alliierten Truppenbewegungen** der letzten Kriegsmonate zu sehen. Die Position der jeweiligen Truppen hatte nach Kriegsende großen Einfluss auf die Grenzziehung zwischen den Besatzungszonen.

Berlin, die Hauptstadt des „Tausendjährigen Reiches", **ist gefallen.** Am 2. Mai 1945 ergeben sich deutsche Soldaten den sowjetischen Truppen.

Die Schlacht um Berlin

▣ Die symbolträchtige Eroberung der deutschen Reichshauptstadt war ein vorrangiges Ziel der sowjetischen Führung. Im Februar und März brachte die Rote Armee 1,5 Millionen Soldaten, 6000 Panzer, mehr als 7000 Flugzeuge und über 10 000 Artilleriegeschütze für die letzte Schlacht in Stellung. Ihr standen etwa 95 000 Verteidiger entgegen, die sich aus den Resten von Wehrmachtarmeen, Einheiten der Waffen-SS sowie Verbänden von Polizei und Volkssturm rekrutierten. Am 16. April 1945 startete die Rote Armee einen Zangenangriff, der Berlin zunächst von Norden und Süden umschloss und am 25. April zur völligen Einkesselung führte. In zähen und verlustreichen Straßenkämpfen gelang es den Sowjets, in das Zentrum der Hauptstadt und am 29. April bis in das Regierungsviertel, in dem sich Hitlers Befehlsstand befand, vorzustoßen. Am 30. April wehte schließlich die rote Fahne mit Hammer und Sichel über dem Reichstag. Am 2. Mai streckten die wenigen verbliebenen deutschen Verbände die Waffen.

Die Stadt, schon in den Bombardements der Jahre zuvor schwer geschädigt, war in den innerstädtischen Bezirken nur mehr ein Trümmerfeld.

Der Bombenkrieg

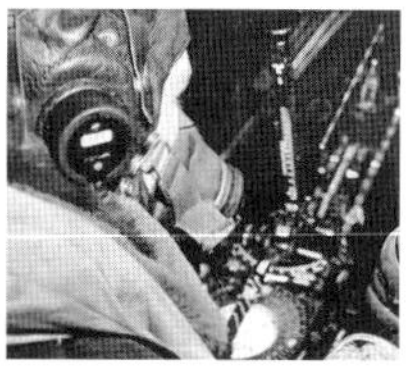

Kurz vor Kriegsende starben in Dresden innerhalb von zwei Tagen 25 000 Menschen infolge britisch-amerikanischer Luftangriffe. So viele Tote in so kurzer Zeit hatte es bei Flächenbombardements zuvor nicht gegeben. Als der Krieg längst entschieden war, erreichte der Bombenkrieg im Hinblick auf die Opferzahlen damit eine neue Dimension. Die Praxis der Luftangriffe auf Städte und ihre zivile Bevölkerung war allerdings so alt wie der Krieg selbst.

Systematischer Bombenterror

▣ Seit dem Ersten Weltkrieg war den Militärstrategen aller großen Mächte bewusst, dass die Flieger in künftigen Waffengängen eine entscheidende Rolle spielen würden. Der Luftkrieg wurde auch tatsächlich ein entscheidendes Moment im Zweiten Weltkrieg. Allerdings war es der taktische Luftkrieg, der den Krieg mitentschied. Der systematische Bombenterror gegen die Zivilbevölkerung hingegen erreichte seine Ziele nicht, er führte lediglich zu einer Vervielfachung des Leids und des Sterbens.

▣ Gleich in den ersten Stunden des Zweiten Weltkriegs, praktisch als Test für den weiterentwickelten Sturzkampfbomber JU 87 B, flog ein deutsches Geschwader drei Angriffe auf das polnische Grenzstädtchen Wielun, wo es weder strategische Ziele noch Soldaten gab. 1200 Zivilisten starben am Morgen des 1. September 1939 in dem kleinen Ort östlich von Breslau, der Kern der Stadt wurde durch Brände zu 90 Prozent zerstört. Auch das erste große Flächenbombardement des Krieges fand in Polen statt. Sein Ziel war die Hauptstadt Warschau. Am 25. September flog die deutsche Luftwaffe den schwersten Angriff auf die Stadt, 20 000 Menschen star-

Das erste **Flächenbombardement** des Zweiten Weltkriegs traf im September 1939 die polnische Hauptstadt **Warschau.** Im Bild zivile Opfer der Angriffe.

US-Bomber werfen am 17. August 1943 Bomben über Schweinfurt ab. Deutsche Städte wurden erst ab dem Frühjahr 1942 zum Ziel **systematischer Bombardements.**

ben bei diesem und weiteren Angriffen. Kilometerhoch stand eine dunkle Rauchwolke über Warschau. Eine Reihe anderer polnischer Städte wurde im September/Oktober 1939 ebenfalls aus der Luft angegriffen.

Rotterdam und Coventry

Am Nachmittag des 14. Mai 1940 machten deutsche Flugzeuge das Zentrum von Rotterdam dem Erdboden gleich. Etwa 900 Zivilisten starben im Bombenhagel; der niederländische Widerstand brach danach völlig zusammen. Es scheint, als hätten Teile der fliegenden Verbände die Nachricht von der zuvor erfolgten Kapitulation

Ruinen in der Innenstadt **Rotterdams,** die am 14. Mai 1940 von der deutschen Luftwaffe zerstört wurde.

Die Innenstadt von **Coventry** nach dem deutschen Luftangriff vom 14. November 1940. Für eine solche systematische Zerstörung einer Stadt prägte Propagandaminister Joseph Goebbels den Begriff „coventrieren".

Rotterdams nicht mehr rechtzeitig erhalten und ihre Bombenlast somit in falschem Glauben auf die Hafenstadt geworfen. Englische Städte ließ die deutsche Luftwaffe bis Sommer 1940 außen vor, wie auch die Engländer lediglich militärische und strategische Ziele im Feindesland angriffen. Das änderte sich, als am 24. August 1940 eine deutsche Maschine, die sich wahrscheinlich verirrt hatte, ihre Bombenlast über Ostlondon ablud. Churchill reagierte mit einem Vergeltungsangriff der Royal Air Force auf Berlin, der zwar wenig Schaden anrichtete, aber Hitler in Rage versetzte und zu seiner Ankündigung des „Ausradierens" britischer Städte führte. Die Industriestadt Coventry war das erste Opfer. Im folgenden Winter 1940/41 brannten Bezirke Londons und vieler anderer britischer Städte. Erst 1942 konnte die britische Luftwaffe erheblich verbesserte Maschinen in Dienst nehmen und der deutschen Luftwaffe im Bombenkrieg nun auf Augenhöhe begegnen. Zudem übernahm im Februar 1942 mit Arthur Harris ein Offizier den Oberbefehl, der wie seine deutschen Gegenspieler weder Zweifel noch Skrupel kannte und den Bombenkrieg zur moralischen Zermürbung der Zivilbevölkerung geradezu passioniert betrieb.

Der erste 1000-Bomber-Angriff

Der systematische Bombenkrieg gegen deutsche Städte setzte Ende März 1942 mit einem Angriff auf Lübeck ein, eine Art Generalprobe, bei der die historische Hansestadt in weiten Teilen bis auf die Grundmauern niederbrannte.

Den Bomben und Luftminen wurden mittlerweile immer mehr Brandbeschleuniger beigegeben, die bei entsprechenden Wetterbedingungen jene entsetzlichen Feuerstürme entfachten, die mehr Opfer forderten als die Sprengkraft der Bomben.

Der erste 1000-Bomber-Angriff des Krieges wurde auf Köln geflogen. In der Nacht zum 31. Mai 1942 griffen im Unternehmen „Millennium" mehr als 1000 britische Maschinen die Domstadt an. Die Bomber waren von 53 verschiedenen Luftbasen in England gestartet, hatten sich in Verbänden gesammelt und warfen dann innerhalb von 90 Minuten 1455 Tonnen Bomben ab, zwei Drittel davon Brandbomben. In der Rheinmetropole entstanden 2500 Brände, 12 000 Gebäude wurden in Mitleidenschaft gezogen, 500 Menschen starben, 45 000 wurden obdachlos. Ein Feuersturm wurde jedoch nicht entfacht.

Am 17. Mai 1943 bombardierten britische Flugzeuge die **Möhnetalsperre,** um im Ruhrtal eine Flutwelle auszulösen.

„Feuersturm"

SCHLAGWORT

Der Begriff Feuersturm bezeichnet den physikalischen Effekt, der beim Zusammenwachsen mehrerer Brandherde entsteht. Die glühend heiße Luft steigt über dem Brand kilometerweit empor, am Boden entsteht dadurch ein großer Unterdruck, der mit enormer Kraft die Luft aus der gesamten Umgebung in den Brandherd saugt, diesem so neuen Sauerstoff zuführt und ihn ständig neu anfacht. Dabei entwickeln sich sturmähnliche Windstärken, die die Flucht aus dem Brandkessel erschweren beziehungsweise unmöglich machen. In einem Feuersturm entstehen so hohe Temperaturen, dass auch der Straßenbelag, Teer und Asphalt, schmilzt und zu brennen beginnt.

Für die Entfachung von Feuerstürmen mussten die verschiedenen Arten von Bomben in ganz bestimmter Reihenfolge und zeitlicher Abfolge geworfen werden. Feuerstürme entstanden aber nicht unbedingt überall dort, wo Brandbomben in großer Zahl abgeworfen wurden. Auch die meteorologischen Rahmenbedingungen nahmen Einfluss.

Furchterregend und gespenstisch zugleich: ein **angreifender Bomberverband** vom Boden aus gesehen.

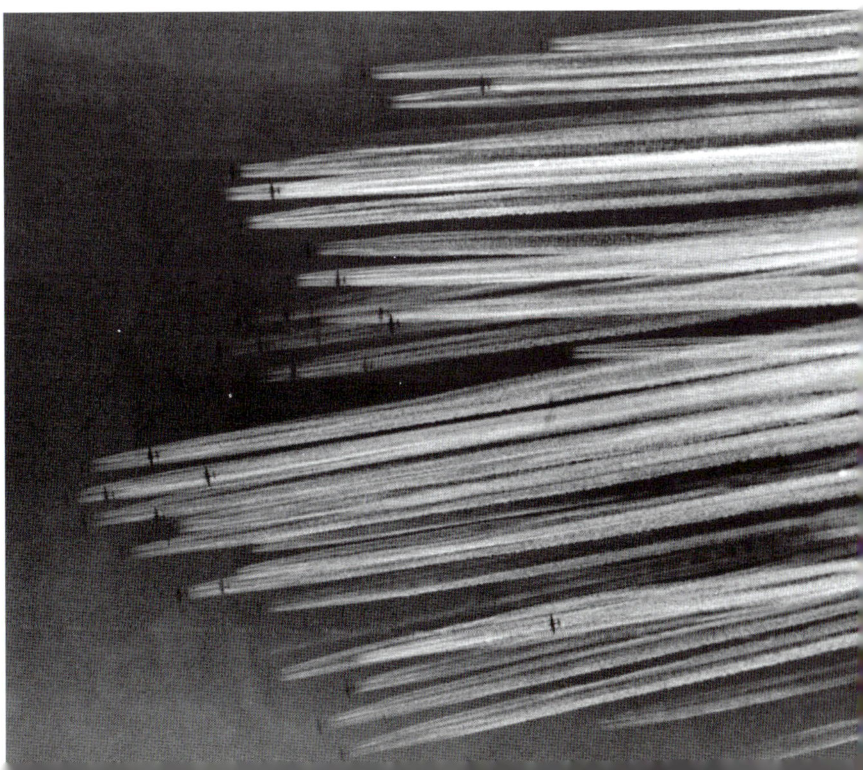

Operation „Gomorrha"

1942/43 bezogen die alliierten Bomber alle deutschen Großstädte, aber auch viele kleinere, in den Bombenkrieg ein. Die Flächenbombardements erreichten mit den einwöchigen nahezu pausenlosen Angriffen auf Hamburg Ende Juli 1943 einen ersten Höhepunkt. Der militärische Deckname „Gomorrha" – im Alten Testament eine Stadt der Sünder, die Gott mit einem Regen von Feuer und Schwefel restlos vernichtet – entsprach dabei tatsächlich den Folgen des Luftschlags: Die Sprengbomben und Luftminen deckten durch ihre Druckwellen die Häuser ab und ließen die Fensterscheiben zerspringen, die folgenden Phosphor- und Stabbrandbomben entzündeten die hölzernen Dachstühle und Treppenhäuser. Es entwickelte sich ein Feuer-

Fast eine Woche lang bombardierten die Briten im Juli 1943 **Hamburg**. Im Bild ein Bomber über Altona, in der Luft Leuchtspurgeschosse der Flak.

Teilweise – etwa beim Angriff auf Köln 1942 – bemannten Fluglehrer und -schüler die Maschinen der Briten. Poster wie dieses sollten helfen, personellen **Nachschub** zu **rekrutieren.**

sturm, der den Großteil der alten Hamburger Bebauung zerstörte. Über 30 000 Menschen starben, 125 000 trugen mehr oder weniger schwere Verletzungen davon. 900 000 Hamburger verließen nach den Bombardements die Stadt.

■ Für das deutsche Luftschutzsystem waren zwar etwa zwei Millionen Menschen tätig, wirksame Fliegerabwehr konnte es aber längst nicht mehr leisten. Im Winter 1944/45 lähmten die täglichen Tag- und Nachtangriffe das deutsche Wirtschaftsleben merklich: Das Transportwesen funktionierte kaum mehr, die Produktionsleistung sank um ein Drittel. Und stets war das Heulen der Sirenen und das Dröhnen der Bomber zu hören. Das Kampfflugzeug-Reservoir der Alliierten war schier unerschöpflich. Am 12. März 1945 flogen die Briten mit 1108 Maschinen den größten Einzelangriff des Zweiten Weltkriegs auf europäischem Boden. Ihr Ziel war Dortmund: In 43 Minuten fielen fast 5000 Tonnen Bomben auf die bereits zuvor stark zerstörte Stadt.

An Bord der Flugzeuge waren sogenannte **Bombenschützen** für den zielgenauen Abwurf der Bombenlast verantwortlich. Das Foto zeigt einen britischen **„bomb-aimer"** mit dem Daumen am Auslöser.

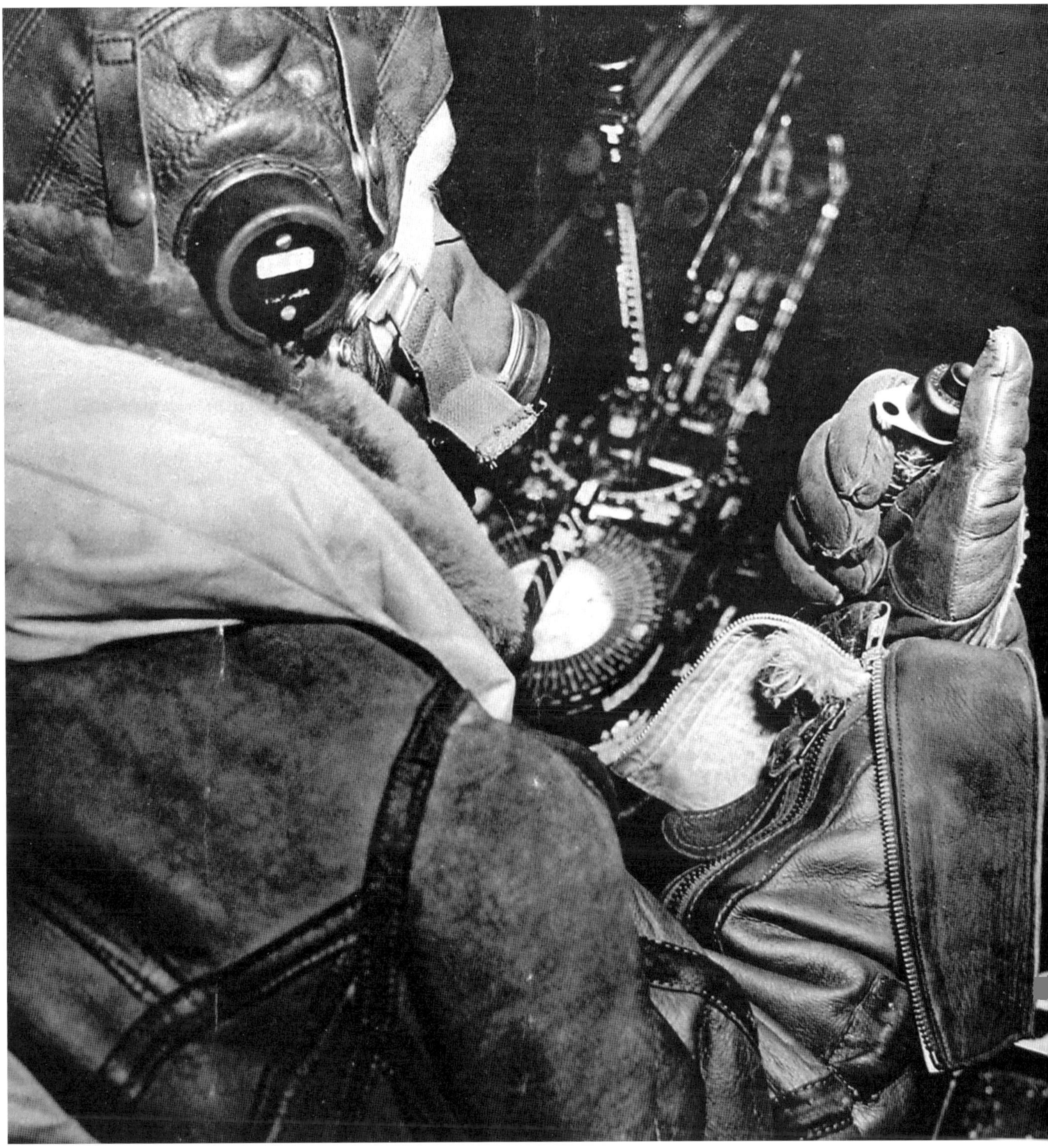

Im brennenden **Dresden** bergen Hilfskommandos im Februar 1945 die Toten und bringen sie zu Sammelplätzen.

Dresden im Feuersturm

Dresden war vom Bombenkrieg lange verschont geblieben. Als die Zentren von Köln, Hamburg und vielen anderen deutschen Städten längst in Schutt und Asche lagen, hatten die Alliierten im Oktober 1944 einen ersten Angriff geflogen. Dennoch fühlten sich die Menschen im „Elbflorenz" im Februar 1945 relativ sicher und hofften auf das Davonkommen bis zum Kriegsende. In der Stadt befanden sich neben den 640 000 Einwohnern auch etwa 200 000 Flüchtlinge aus den Ostgebieten, die vor der Roten Armee nach Westen geflohen waren.

In der Nacht zum 14. Februar 1945 brachen Tod und Schrecken doch noch in größtem Maße über die Stadt an der Elbe herein. 800 britische Bomber führten die Operation „Donnerschlag" durch – nach zwei großen Angriffen in dreistündigem Abstand ging die Stadt in Flammen auf. Tausende Brandherde vereinten sich in dieser Nacht zu einem einzigen entsetzlichen Feuersturm. Die Menschen verbrannten, verglühten, erstickten oder wurden von Bomben zerfetzt. Am Mittag des folgenden Tages flogen amerikanische Verbände einen weiteren Angriff auf die brennende Stadt. Die Bilanz: insgesamt 25 000 Tote.

Am Kriegsverlauf änderten die Zerstörung Dresdens und der Tod so vieler Menschen kaum etwas. Bis zuletzt erfüllte sich die Annahme nicht, die systematische Bombardierung der Städte würde zu Aufständen und Streiks oder zumindest zu einer wirksamen Demoralisierung der Bevölkerung führen.

Dresden nach dem Feuersturm. Blick vom Rathausturm auf die Ruinen der völlig zerstörten Innenstadt. 2004 setzte die Stadt Dresden eine Historikerkommission ein, um der Frage nach der bis dahin strittigen Zahl der Opfer auf den Grund zu gehen. Im Oktober 2008 präsentierte die Kommission ein Zwischenergebnis ihrer umfangreichen Recherchen: Danach kamen durch die Bombardierung Dresdens zwischen 20 000 und 25 000 Menschen ums Leben – und nicht etwa, wie zuvor gelegentlich geschätzt, bis zu 500 000 Menschen.

Leichenverbrennung auf dem Dresdener Altmarkt nach dem Feuersturm.

Die Kapitulation Deutschlands

Während in den letzten Wochen des Regimes täglich zehntausend Landser in sinnlos gewordenen Gefechten verheizt und die deutschen Städte im Bombenhagel der alliierten Luftangriffe pulverisiert wurden, saß Hitler im Bunker unter der Alten Reichskanzlei und hoffte in völliger Verdrängung der tatsächlichen Lage auf deutsche Entsatzangriffe. Als Deutschland schließlich kapitulierte, hatte sich der Diktator bereits selbst gerichtet.

Tod im Führerbunker

Umgeben von einigen Generälen und den engsten Vertrauten, verschanzt in seinem letzten Zufluchtsort vier Meter unter der Erde, operierte Hitler Ende April 1945 auf seinen Generalstabskarten mit Divisionen und Armeen, die es gar nicht mehr gab, und sandte zahlreiche Funksprüche mit der Frage nach Entsatzangriffen aus.

Als ihm das Oberkommando der Wehrmacht am 30. April schließlich mitteilte, dass die Lage hoffnungslos sei, zog er sich mit seiner Geliebten Eva Braun, die er tags zuvor noch geheiratet hatte, zurück und erschoss sich. Eva Braun nahm sich mit Gift das Leben. Das Bunkerpersonal brachte die Leichen in den Garten und zündete sie an.

In seinem Testament hatte Hitler Großadmiral Karl Dönitz zu seinem Nachfolger im Amt des Reichspräsidenten und Reichspropagandaminister Joseph Goebbels zum Reichskanzler bestimmt. Göring und Himmler verstieß er wegen „Verhandlungen mit dem Feinde" aus der Partei und allen Ämtern. Hitler forderte das Volk zur Fortsetzung des Kampfes auf und erging sich auch in seinen allerletzten Äußerungen noch in antijüdischen Tiraden.

Die letzten Kriegstage in Europa

Am 1. Mai 1945 gab Großadmiral Karl Dönitz, nach Hitlers Willen nun Reichspräsident und Oberster Befehlshaber der Wehrmacht, den Tod des „Führers" bekannt und behauptete dabei, er sei im Kampf um Berlin gefallen.

Nachdem Amerikaner und Russen bereits am 25. April an der Elbe aufeinandergetroffen waren und dort die Eroberung Deutschlands – wenn auch noch nicht in allen Gebie-

Ein amerikanischer Soldat steht zwischen den Trümmern des Raumes im unterirdischen **Befehlsbunker von Adolf Hitler** unter dem ehemaligen Hauptquartier, in dem Hitler seinem Leben ein Ende setzte. Dort wurde offensichtlich versucht, alles in Brand zu stecken.

Amerikanische und sowjetische Soldaten prosten sich am 25. April 1945 in Torgau an der Elbe zu. Das Treffen von **US-Truppen und Roter Armee** erlangte internationale Berühmtheit.

ten, so doch unwiderruflich – bereits gefeiert hatten, folgte in den ersten Maitagen eine deutsche Teilkapitulation der nächsten: Am 2. Mai kapitulierte Berlin vor der Roten Armee, am 4. Mai die Streitkräfte in Nordwestdeutschland, Dänemark und den Niederlanden vor den Briten, am 6. Mai die lange gehaltene Festung Breslau. In Italien hatte die Heeresgruppe C schon am 29. April die Waffen niedergelegt.

Die Kapitulation

- Der Plan, eine Teilkapitulation mit den Westalliierten auszuhandeln, um die Flüchtlingstransporte aus dem Osten noch eine Zeit lang weiterführen zu können, scheiterte am Widerstand General Eisenhowers, des Oberbefehlshabers der alliierten Streitkräfte in Europa. In seinem Hauptquartier im westfranzösischen Reims beharrte er auf der unverzüglichen bedingungslosen Kapitulation: Sämtliche deutschen Verbände – so forderte er unmissverständlich – hätten die Waffen niederzulegen und sich in Gefangenschaft zu begeben.

- Dönitz bezeichnete diese Bedingungen als unannehmbar, schickte Generaloberst Jodl nach Reims, damit er deutlich mache, warum eine „Gesamtkapitulation unmöglich" sei.

Das Anfang Mai 1945 im Hof der Reichskanzlei in Berlin aufgenommene Foto zeigt eine Holzkiste, die die verkohlten **Leichen von Adolf Hitler und Eva Braun** enthält. Ihre Überreste wurden von sowjetischen Beauftragten anhand von Röntgenbildern und Zahnschemata identifiziert und erst 1970 endgültig verbrannt.

Eisenhower ließ Jodl am Abend des 6. Mai jedoch mitteilen, dass der Bombenkrieg wieder aufgenommen würde, wenn es nicht sofort zur Unterzeichnung der Gesamtkapitulation käme.

▣ Am 7. Mai um 0.15 Uhr erhielt Jodl daraufhin von Dönitz per Funkspruch die Vollmacht zur Unterzeichnung. Um 2.41 Uhr unterzeichneten Jodl für das Heer, Generaladmiral Friedeburg für die Marine und General Oxenius für die Luftwaffe die Gesamtkapitulation des Deutschen Reiches, die einen Tag später, am 8. Mai 1945, um 23.01 Uhr mitteleuropäischer Zeit, in Kraft trat. Auf sowjetischen Wunsch wurde der Kapitulationsakt am 8. Mai im Hauptquartier der Roten Armee in Berlin-Karlshorst noch einmal wiederholt. Dort setzte Generalfeldmarschall Wilhelm Keitel seine Unterschrift unter die Kapitulationsurkunde. Keitel hatte Adolf Hitler noch wenige Jahr zuvor als „größten Feldherrn aller Zeiten" bezeichnet.

General **Alfred Jodl** (Mitte) unterzeichnet am 7. Mai 1945 in Reims die **Kapitulationsurkunde**. Rechts Admiral Hans-Georg von Friedeburg, links Major Wilhelm Oxenius, dahinter stehend der britische General Kenneth Strong.

Siegesfeiern

Am 8. und 9. Mai feierten die Menschen in den Heimatländern der Alliierten und in den ehemals besetzten Ländern bereits allerorten das Ende des Krieges in Europa und den Sieg über Deutschland. Auf dem New Yorker Times Square, auf der Avenue des Champs-Elysées in Paris, vor dem Unterhaus in London, in Prag, Rotterdam und Rom lagen sich die Menschen in den Armen.

Churchill dankte seinen Landsleuten und den Soldaten der Verbündeten für den Kampf und die großen Entbehrungen, die alle auf sich genommen hatten. Mit Blick auf den Pazifikkrieg betonte er aber, dass es nur eine kurze Zeit des Feierns geben könne, weil das „verräterische, gierige Japan" noch nicht besiegt sei.

Stalin hob in seiner Rede hervor, dass das faschistische Deutschland in die Knie gezwungen worden sei, die Sowjetunion aber nicht daran denke, Deutschland zu zerstückeln oder zu vernichten.

US-Präsident Truman lenkte wie Churchill die Aufmerksamkeit auf den anhaltenden Krieg im Pazifik und beschwor die Amerikaner, alle Mühen auf sich zu nehmen, um auch dort „die Welt von dem Bösen" zu säubern.

Im sowjetischen Hauptquartier in Berlin-Karlshorst unterzeichnete Generalfeldmarschall **Wilhelm Keitel** am 8. Mai 1945 die **Kapitulation.**

Kapitulation

ZITAT

Die Kapitulation des Deutschen Reiches markiert das Ende des Zweiten Weltkriegs in Europa. Im Folgenden ein Auszug aus dem Text der Kapitulationsurkunde:

„1. Wir, die hier Unterzeichneten, die wir im Auftrage der Oberkommandos der Deutschen Wehrmacht handeln, übergeben hiermit bedingungslos dem Obersten Befehlshaber der Alliierten Expeditionsstreitkräfte und gleichzeitig dem Oberkommando der Roten Armee alle gegenwärtig unter deutschem Befehl stehenden Streitkräfte zu Lande, zu Wasser und in der Luft.
2. Das Oberkommando der Deutschen Wehrmacht wird unverzüglich allen ... unter deutschem Befehl stehenden Streitkräften den Befehl geben, die Kampfhandlungen um 23.01 Uhr mitteleuropäischer Zeit am 8. Mai 1945 einzustellen, in den Stellungen zu verbleiben ... und sich vollständig zu entwaffnen, indem sie ihre Waffen und Ausrüstung den örtlichen alliierten Befehlshabern ... übergeben. Kein Schiff, Seefahrzeug oder Flugzeug irgendeiner Art darf zerstört werden, noch dürfen Schiffsrümpfe, maschinelle Einrichtungen oder Geräte, Maschinen irgendwelcher Art, Waffen, Apparaturen und alle technischen Mittel zur Fortsetzung des Krieges im allgemeinen beschädigt werden ..."

Flucht in den Selbstmord

Nach der Kapitulation entzogen sich viele führende Nationalsozialisten der Verantwortung und der Gefangennahme und Bestrafung durch die Sieger. Dabei schreckten einige nicht davor zurück, auch ihre Familien mit in den Tod zu nehmen.

Nur einen Tag nach Hitlers Selbstmord, am 1. Mai 1945, brachten sich Joseph und Magda Goebbels vor dem Bunker der Reichskanzlei in Berlin um. Ihre sechs Kinder hatten sie zuvor von einem Arzt vergiften lassen.

Heinrich Himmler vergiftete sich mittels einer im Mund verborgenen Kapsel während einer medizinischen Untersuchung am 23. Mai 1945 im britischen Hauptquartier in Lüneburg.

Hermann Göring entzog sich 1946 dem vom Internationalen Militärgerichtshof in Nürnberg ausgesprochenen Todesurteil ebenfalls durch Suizid.

In **New York** versammelten sich auf dem Times Square jubelnde Menschen, um den Sieg in Europa zu feiern. Im Bild ein küssender Marinesoldat.

Offizielle Verkündung der **bedingungslosen Kapitulation Deutschlands** vor der „Assemblee Consultative", dem provisorischen Parlament in Paris, durch General de Gaulle am 15. Mai 1945. Die Mitglieder der Versammlung applaudieren stehend.

Glückliche Pariser Bürger und alliierte Soldaten ziehen am 8. Mai 1945 über die **Champs-Élysées** und feiern den **Sieg in Europa.**

Sowjetsoldaten führen am 3. Mai 1945 eine Kolonne **deutscher Kriegsgefangener** in Berlin zu einem Sammelplatz.

Viele weniger bekannte, aber nicht minder ruchlose Kriegsverbrecher tauchten im Chaos des Kriegsendes ab, lebten unter falscher Identität in Deutschland oder flohen nach Südamerika.

Die zum Zeitpunkt der Kapitulation noch unter Waffen stehenden Angehörigen der kämpfenden Truppen gerieten zum allergrößten Teil in Gefangenschaft, insgesamt über elf Millionen deutsche Soldaten.

Die Nachkriegsordnung

Auf der Konferenz von Jalta hatten sich die Alliierten im Februar 1945 auf Grundzüge der Nachkriegsordnung geeinigt. Dazu gehörten unter anderem die Einrichtung von Besatzungszonen und eines gemeinsamen Gremiums, des „Alliierten Kontrollrats". Dieses Konzept wurde nun in die Tat umgesetzt. Am 23. Mai 1945 wurde die nach Hitlers Selbstmord gebildete Regierung Dönitz in Flensburg verhaftet. Die Regierungsgewalt in Deutschland übernahmen die vier Oberbefehlshaber der Siegermächte. Das Deutsche Reich westlich von Oder und Neiße wurde – ebenso wie Österreich – in vier Besatzungszonen aufgeteilt; die Gebiete östlich davon waren bereits polnischer und sowjetischer Verwaltung unterstellt. Jede der vier Siegermächte übernahm für eine Zone die alleinige Verantwortung. Alle Angelegenheiten, die Deutschland als Ganzes betrafen, sollten durch den „Alliierten Kontrollrat" entschieden werden.

Die wesentlichen Weichenstellungen für die politische und geografische Neuordnung Deutschlands wurden auf der Potsdamer Konferenz vorgenommen, einer Zusammenkunft von Truman, Stalin und Churchill vom 17. Juli bis 2. August 1945 im Potsdamer Schloss Cecilienhof. An die Stelle Churchills trat nach der Niederlage der Konservativen Partei bei den britischen Unterhauswahlen sein Nachfolger Clement Attlee. Auf der Konferenz wurde bald deutlich, dass die Anti-Hitler-Koalition nur ein Zweckbündnis gewesen war: Nach dem Sieg über das nationalsozialistische Deutschland traten die ideologischen Gegensätze zwischen der Sowjetunion und den Westalliierten in Potsdam offen zutage.

Das Potsdamer Abkommen präzisierte die in Jalta erzielten Übereinkünfte hinsichtlich Deutschlands Stellung im Nachkriegseuropa, unter anderem die Entmilitarisierung und militärische Besetzung des Landes, und verfügte die „geordnete Überführung" der Deutschen aus dem nunmehrigen Polen und anderen mittel- und osteuropäischen Staaten nach Deutschland. Da Stalin in den Territorien östlich von Oder und Neiße eigenmächtig bereits eine polnische beziehungsweise sowjetische Verwaltung installiert hatte, erkannten die Westalliierten de facto die Oder-Neiße-Grenze an. Über eine gemeinsame Besatzungspolitik in Deutschland konnten sich die Teilnehmer nicht einigen. Dies führte zur Teilung Deutschlands in die 1949 aus den drei westlichen Besatzungszonen gegründete Bundesrepublik Deutschland (BRD) und die ebenfalls 1949 auf dem Boden der sowjetischen Besatzungszone gegründete Deutsche Demokratische Republik (DDR).

So markiert die Potsdamer Konferenz einerseits den Abschluss des Zweiten Weltkriegs in Europa und andererseits den Beginn des Kalten Krieges.

Blick in den Sitzungssaal der **Potsdamer Konferenz** auf Schloss Cecilienhof bei Potsdam.

Die Kapitulation Japans

Als in Europa die Waffen bereits schwiegen und die Menschen das Ende des Krieges feierten, wurde in Ostasien noch heftig gekämpft. Dabei ließ der zähe und erbitterte japanische Widerstand ahnen, was den amerikanischen Streitkräften bevorstünde, wenn der Krieg die japanischen Mutterinseln selbst erreichte. Unter Militärstrategen war davon die Rede, dass es eine Million amerikanische Opfer geben könnte. Um der eigenen Nation eine solche Tragödie zu ersparen, sollte eine neue Superwaffe zum Einsatz kommen.

Landungsboote bringen die erste Welle der amerikanischen Invasionstruppen nach **Iwo Jima.**

Iwo Jima – Kampf um ein Atoll

Am 9. Januar 1945 war die amerikanische 6. Armee auf der philippinischen Hauptinsel Luzon gelandet und anschließend auf die Hauptstadt Manila vorgerückt, die am 27. Februar, nach fast vollständiger Zerstörung, eingenommen werden konnte. Um das kleine, zu den Bonin-Inseln gehörende Atoll Iwo Jima kam es wegen seiner relativen Nähe zu den japanischen Inseln zu einer der opferreichsten Schlachten im Pazifik. Drei Tage andauernder Artilleriebeschuss leitete die Landung ein, doch die 21 000 Verteidiger verschanzten sich auf einem Felsmassiv, dessen Erstürmung nur unter großen Verlusten zu erreichen war. Am Ende gingen nur 216 japanische Soldaten in Gefangenschaft, die Amerikaner verloren etwa 6000 Mann in den vierwöchigen Kämpfen bis zum 16. März. Von der Luftwaffenbasis auf Iwo Jima aus flog die US-Luftflotte fortan schwere Angriffe auf Tokio.

Diese US-Späher haben im Februar 1945 auf **Iwo Jima** ein japanisches Maschinengewehrnest entdeckt und geben nun die exakte Position an die Artillerie weiter.

Okinawa – die letzte Bastion vor dem Mutterland

Um ähnlich hohe Verluste wie auf Iwo Jima zu vermeiden, nahm die amerikanische Schiffsartillerie die Insel Okinawa ab dem 24. März 1945 gleich eine ganze Woche lang unter schwersten Beschuss. Japan hatte 130 000 Mann auf der Insel stationiert, die Amerikaner kamen mit 1300 Schiffen und 250 000 Soldaten, deren erste Einheiten am 1. April praktisch ohne Verluste an Land gingen, weil die Japaner erst im Hinterland die Kämpfe aufnahmen. Vom 6. April an griffen Kamikaze-Flieger die vor Okinawa liegende Pazifikflotte an und versenkten bis Juni rund 50 Schiffe, wobei mehr als 5000 amerikanische Seeleute starben. Die Schlacht um Okinawa geriet zur schlimmsten aller Pazifikschlachten: 110 000 Japaner gingen in den Tod, weil sie es ablehnten, sich zu ergeben. Auch etwa 70 000 Zivilsten starben während der Kämpfe, die bis Ende Juni andauerten. Die Amerikaner verloren 13 000 Mann im Kampf um die letzte wichtige Bastion vor dem japanischen Mutterland.

Das Foto **„Raising the Flag on Iwo Jima"** zeigt eine Gruppe von US-Soldaten, die auf dem höchsten Punkt der Insel, dem Vulkan Suribachi, eine US-Flagge hisst. Das preisgekrönte Foto ging um die Welt und nimmt einen Platz im kollektiven Gedächtnis der USA ein – auch wenn es erst einige Tage nach dem Ende der Schlacht entstand.

Die **Schlacht um Okinawa** war die letzte des Zweiten Weltkriegs. Das Foto zeigt einen US-Soldaten gegen Ende der erbitterten Kämpfe.

Die Zerstörung japanischer Städte

▣ Von den eroberten Luftbasen im Süden Japans flogen die US Army Air Forces seit März 1945 Angriffe auf die meisten japanischen Großstädte. Im Juni waren die wichtigsten Industriezentren Japans verwüstet, 260 000 Zivilisten getötet und an die zehn Millionen Menschen ausgebombt. Im Juli war über die Hälfte des Stadtgebiets der größten Ortschaften des Landes ausgebrannt, in Tokio hatte ein Feuersturm gewütet, der das Wasser in den Kanälen der Hauptstadt zum Kochen brachte. Auch diese Verheerungen konnten die japanische Führung aber nicht davon abbringen, den Krieg fortzusetzen. Sie forderte der Bevölkerung Opfer ab, wie sie nicht einmal Hitler in der letzten Phase des Krieges verlangt hatte.

▣ In der amerikanischen Regierung setzte sich die Auffassung durch, die japanische Unnachgiebigkeit und Uneinsichtigkeit und damit den Krieg mit einem spektakulären Schlag endgültig beenden zu wollen. Über Rundfunk wurde am 26. Juli die Ankündigung ausgestrahlt, dass das Land vollkommen zerstört würde, falls die kaiserliche Regierung nicht bedingungslos kapituliere. Seit dem 16. Juli wusste Präsident Truman, dass diese „vollständige Zerstörung“ tatsächlich in der Macht der USA lag – an jenem Tag war in der Wüste von New Mexico die erste Atombombe erfolgreich gezündet worden.

Abwurf der Atombomben

▣ 5000 hochqualifizierte Wissenschaftler aus aller Welt hatten vier Jahre lang an der Entwicklung der „Superbombe“ gearbeitet. In Japan waren vier Städte von den Bombardements bewusst ausgenommen worden, um diese neue Bombe auf eine noch unzerstörte Stadt abwerfen und ihre Wirkung so besser studieren zu können. Die Wahl fiel auf Hiroshima. Am 6. August 1945 um 8.13 Uhr tauchte der amerikanische B-29-Bomber „Enola Gay“ am Horizont auf. An Bord eine einzige Bombe mit der Sprengkraft von 12 500 Tonnen TNT: „Little Boy“. Zwei Minuten später öffnete sich der Schacht über dem Zielpunkt, einer der zahlreichen Brücken Hiroshimas. 580 Meter über dem Boden zündete die Bombe und löste eine atomare Kettenreaktion aus. Im Bruchteil einer Sekunde entwickelte sich eine Hitze wie im Inneren der Sonne. 14 000 Menschen im unmittelbaren Umkreis der Explosion verdampften regelrecht. Nichts blieb von ihnen

Das Luftbild zeigt das völlig zerstörte **Hiroshima** nach dem Abwurf der Atombombe.

SCHLAGWORT

Geburt der Atombombe

Los Alamos liegt rund 60 Kilometer nordwestlich von Santa Fe in der Wüste von New Mexico. Der kleine Ort wurde 1943 provisorisch aus dem Wüstenboden gestampft, um einem internationalen Wissenschaftlerteam unter Leitung des Generals Leslie Groves und des Physikers Robert Oppenheimer unter strengster Geheimhaltung den Bau von Nuklearwaffen zu ermöglichen. Anlass für das Projekt war die Befürchtung, dass Nazideutschland den Alliierten in der Entwicklung einer Atombombe zuvorkommen könnte.
Als der Krieg in Europa bereits beendet war, wurde am 16. Juli 1945 auf dem Trinity-Testgelände bei Los Alamos die erste Atombombe in einem Test gezündet. Die Wirkung war so enorm, dass einige der beteiligten Wissenschaftler umgehend von Zweifeln über ihr Tun ergriffen wurden. Die Waffe, die die Welt veränderte, kam dennoch gleich zweimal gegen die japanischen Städte Hiroshima und Nagasaki zum Einsatz.

Mit dem Abwurf der Uranbombe **„Little Boy"** über **Hiroshima** begann das Zeitalter der Atomwaffen. Das Bild zeigt eine amerikanische Luftaufnahme des Atompilzes.

übrig. Weitere 75 000 starben in der folgenden Druck- und Hitzewelle, im Feuersturm sowie an radioaktiver Strahlung, die auch noch Generationen später Opfer forderte. Die US-Experten waren selbst überrascht von der hohen Zahl der Todesopfer und dem Ausmaß der Verwüstungen, niemand hatte sich vor dem Abwurf ein klares Bild der Wirkung machen können. Als die japanische Regierung auch auf die Zerstörung Hiroshimas hin nicht kapitulierte, warfen die US-Luftstreitkräfte am 9. August eine zweite Atombombe über der Stadt Nagasaki ab: „Fat Man" tötete etwa 60 000 Menschen.

Die Kapitulation Japans

Am 8. August 1945, zwei Tage nach dem Abwurf der Atombombe auf Hiroshima, erklärte die Sowjetunion – wie von Stalin zugesagt – Japan den Krieg und leitete eine umfangreiche Offensive in der Mandschurei im Norden Chinas ein. Zu diesem Zeitpunkt hatten die japanischen Streitkräfte im Pazifik bereits überall kapituliert. Am 15. August forderte Kaiser Hirohito in der ersten öffentlichen Ansprache, die je ein japanischer Monarch hielt, seine Truppen über den Rundfunk zur sofortigen Einstellung des Feuers auf. Eine

Überlebende im brennenden **Hiroshima.**

Drei Tage nach Hiroshima wurde **Nagasaki** von einer Atombombe getroffen. Das Bild zeigt den Blick über die Trümmerwüste der zerstörten Stadt.

Zwischen anderen Opfern der Atombombenexplosion in **Nagasaki** sitzend trinkt ein verwundetes Opfer Wasser aus einer Flasche, aufgenommen im August 1945. 60 000 Menschen fielen der Bombe unmittelbar zum Opfer, Zehntausende Überlebende erlagen später Strahlenschäden.

„neue und höchst grausame Bombe“, so Hirohito, zwinge Japan zu diesem Schritt. An einigen Schauplätzen, etwa in der Mandschurei, wurde zwar noch weiter gekämpft, doch noch am selben Tag feierten die Menschen in den USA, in Großbritannien und Australien den Sieg über Japan.

Die Kapitulationserklärung des japanischen Kaiserreichs unterzeichneten Außenminister Schigemitsu und General Umezu am 2. September 1945 an Bord der „Missouri“ in der Bucht von Tokio. Damit war der Zweite Weltkrieg endgültig beendet.

Diese Porzellanschale wurde in den Ruinen **Hiroshimas** gefunden. Die Hitze der nuklearen Explosion ließ die Glasur schmelzen und Fragmente anderer Materialien verbanden sich damit.

Das Foto zeigt den japanischen Außenminister Schigemitsu (links) und General Umezu (rechts) am 2. September 1945, die die bedingungslose **japanische Kapitulation** unterzeichneten. Schigemitsu wurde später als Kriegsverbrecher verurteilt, 1950 aber begnadigt und bekleidete von 1954 bis 1956 erneut das Amt des japanischen Außenministers. Der ebenfalls als Kriegsverbrecher verurteilte Umezu starb 1949 während der Haft.

Die japanische **Frontlinie am Tag der Kapitulation Japans.** Die Karte zeigt deutlich, dass der Krieg im Pazifik auf „konventionellem" militärischem Weg noch lange hätte andauern können.

- Vorstoß alliierter Truppen
- japanische Frontlinie am Tag der Kapitulation
- japanischer Machtbereich im Dezember 1942
- Japan und besetzte Gebiete/Verbündete
- Alliierte
- Rückeroberungen der Alliierten
- Verbündete der Alliierten (Kriegserklärung an Japan im August 1945)
- neutrale Staaten

General Umezu unterzeichnet am 2. September 1945 an Bord der „Missouri" die **Kapitulationsurkunde.** Links US-General Douglas MacArthur.

Bilanz des Zweiten Weltkriegs

Der Zweite Weltkrieg war der bislang größte und opferreichste Konflikt der Geschichte. Er forderte in Europa und Asien etwa 50 Millionen Tote, wobei der Anteil der Zivilisten insgesamt größer war als jener der Soldaten. Zahlreiche Städte und Landstriche beteiligter Staaten waren verwüstet, Wohnraum, Infrastruktur und Wirtschaftsleben zerstört. Die Folgen des Krieges sollten die Welt noch auf Jahrzehnte prägen.

Gefallene US-Soldaten am Strand von Buna auf Neu-Guinea. Die USA gehörten zu den wenigen beteiligten Ländern, die praktisch keine zivilen Opfer zu beklagen hatten.

Tote im Zweiten Weltkrieg

▣ Die höchsten Verluste an Menschen hatten die Sowjetunion (25 Mio.), China (13,5 Mio.), Polen (6,2 Mio.) und Deutschland (6 Mio.) zu tragen. Setzt man die Opferzahlen in Relation zur Bevölkerungszahl am Vorabend des Krieges hatte Polen mit deutlichem Abstand am meisten unter dem Krieg zu leiden. In der Hauptstadt Warschau, die 1939 etwa 1,2 Millionen Einwohner zählte, starb fast jeder Zweite während des Krieges. Ein großer Teil der Menschen fiel dabei nicht Kriegshandlungen zum Opfer, sondern wurde von den deutschen Besatzern umgebracht. Die Hälfte der polnischen Opfer waren Juden. Die Metropolen des Landes waren am Kriegsende durch Kämpfe und die Strategie der „verbrannten Erde" weitgehend zerstört. Das Gleiche gilt für sowjetische Städte wie Stalingrad und Leningrad, für die im alliierten Bombenkrieg zerstörten deutschen Großstädte und in einem radikalen Maße für die von der Atombombe vernichteten japanischen Städte Hiroshima und Nagasaki. Jugoslawien, bei der Aufzählung der Staaten mit der höchs-

FAKTEN

Opferzahlen

Die folgenden Zahlen sind lediglich Annäherungswerte. Sie entstammen diversen Schätzungen aus Standardwerken sowie neueren Forschungsarbeiten und umfassen militärische und zivile Opfer von Kampfhandlungen wie auch Verfolgung.

Land	**Todesopfer**
Australien	30 000
Belgien	90 000
Bulgarien	20 000
Republik China	13 500 000
Deutschland	6 000 000
Finnland	90 000
Frankreich	600 000
Griechenland	160 000
Großbritannien	430 000
Italien	410 000
Japan	2 200 000
Jugoslawien	1 800 000
Lettland	210 000
Litauen	300 000
Neuseeland	10 000
Niederlande	210 000
Norwegen	10 000
Österreich	330 000
Polen	6 200 000
Rumänien	600 000
Sowjetunion	25 000 000
Tschechoslowakei	220 000
Ungarn	760 000
USA	220 000
Gesamt	**59 400 000**

Bewohner der ukrainischen Stadt Kertsch suchen im Februar 1942 unter von Deutschen erschossenen Zivilisten nach Angehörigen. In der **Sowjetunion** verloren im Krieg etwa **sechs Millionen Zivilisten** ihr Leben.

Weiße Grabkreuze, erinnern auf dem **Soldatenfriedhof** St. Laurent in der Normandie an in Frankreich gefallene US-Soldaten.

Das Foto zeigt die Selektion von ungarischen **Juden** auf der Rampe des **Vernichtungslagers Auschwitz-Birkenau** im Juni 1944. In der Regel wurden 90 Prozent der Ankommenden direkt in die Gaskammern getrieben.

ten Kriegslast häufig vergessen, war einer der brutalsten Kriegsschauplätze überhaupt; mit 1,8 Millionen Toten bei einer Gesamtbevölkerung von 16 Millionen (1939) lagen die relativen Verluste nur in Polen höher, in der Sowjetunion ähnlich hoch. Die Ermordung von sechs Millionen europäischer Juden in „Aktionen" und „Tötungsfabriken" stellte selbst in diesem geführten Krieg ein besonders entsetzliches Kapitel dar. Millionen Chinesen fielen dem japanischen Rassedünkel zum Opfer, Roma und Sinti wurden verfolgt und wie die Träger „unwerten Lebens", geistig und körperlich Behinderte, systematisch und gnadenlos umgebracht.

▣ Der Zweite Weltkrieg war in diesem Sinn nicht nur aufgrund der hohen Opferzahlen der schrecklichste aller Kriege, er war es auch unter dem Gesichtspunkt, dass er zu einem Gutteil gegen Wehrlose geführt wurde, dass mit den Massenmorden all das zusammenbrach, was die Zivilisation im Innersten zusammenhält.

Blick auf den „Hügel des Ruhmes" (Kurgan Slawy) nordöstlich von Minsk. Die **Gedenkstätte** mit einem Obelisken wurde 1967 zum Gedächtnis an die **gefallenen Soldaten** errichtet.

Entwurzelung und Bevölkerungsverschiebungen

Schon während des Krieges war es zu riesigen Bevölkerungsverschiebungen infolge von gewaltsamen Umsiedlungen, etwa der „Germanisierung" von Teilen Mittel- und Osteuropas, Flucht und Vertreibung gekommen. Als Zwangsarbeiter wurden Millionen Menschen ihrer Heimat entrissen und in die Fremde verbracht.

In den letzten Monaten des Krieges flohen die meisten Deutschen aus den Ostgebieten vor der nahenden Roten Armee in Richtung Westen. Stalin ließ die Wolgadeutschen schon 1941/42 nach Sibirien bringen, weil er sie für potenzielle Sympathisanten des NS-Regimes hielt.

In China deportierte und vertrieb die japanische Besatzung in vielen Regionen die ansässige Bevölkerung.

Kurz nach Ende des Krieges hielten sich allein in Deutschland vier bis sechs Millionen „Displaced Persons" auf, Zivilpersonen, die sich infolge des Krieges außerhalb ihres Heimatlands befanden. Darunter waren Zwangsarbeiter und befreite KZ-Häftlinge ebenso wie Fremdarbeiter aus Osteuropa, die mehr oder weniger freiwillig nach Deutschland gekommen waren.

In vielen Fällen stellte sich die Repatriierung kompliziert dar, weil die Betroffenen, vor allem die Fremdarbeiter, aber auch Holocaustüberlebende, nicht in ihre Heimat zurückkehren konnten oder wollten und Länder, die sie aufzunehmen bereit waren, erst gefunden werden mussten.

In den letzten Kriegsmonaten flohen die Deutschen im Osten vor der Roten Armee. Das Foto zeigt **Flüchtlinge aus den deutschen Ostgebieten,** die in großen Trecks westwärts ziehen.

Der gnadenlosen Politik der japanischen Besatzer fielen etwa zehn Millionen Chinesen zum Opfer. Das Foto zeigt **chinesische Zwangsarbeiter** in Japan im Jahr 1939.

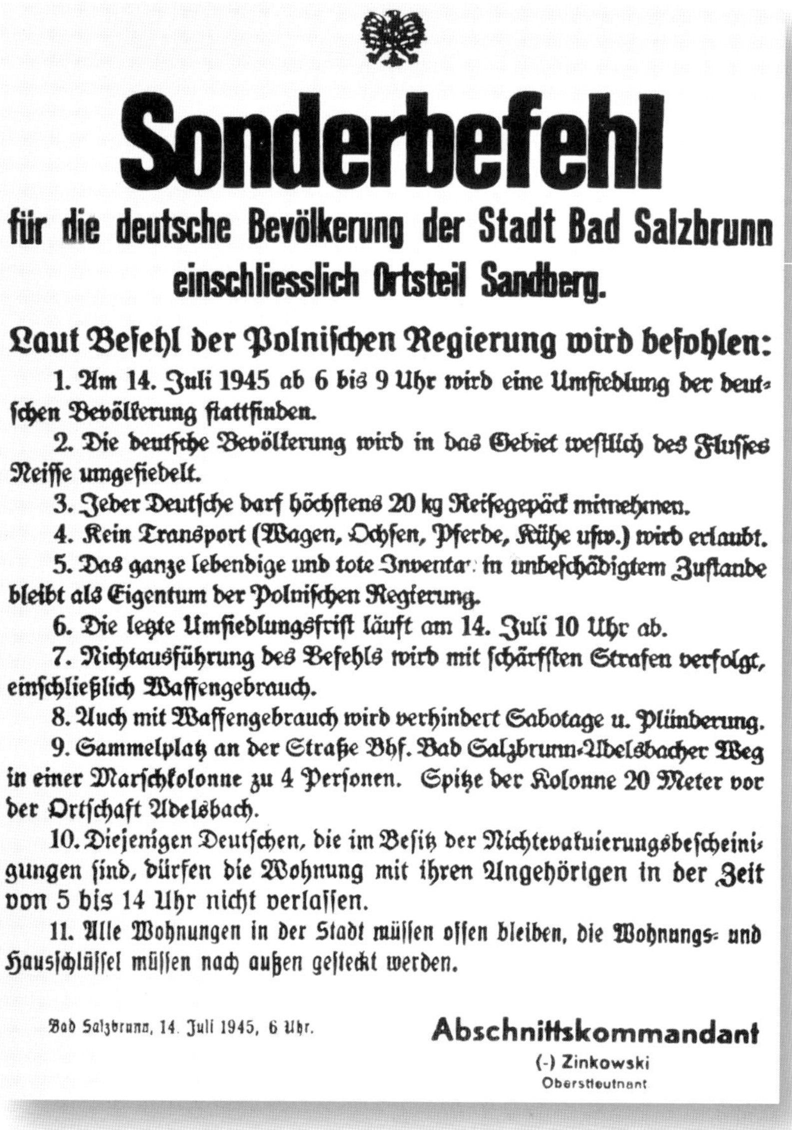

Sonderbefehl

für die deutsche Bevölkerung der Stadt Bad Salzbrunn einschliesslich Ortsteil Sandberg.

Laut Befehl der Polnischen Regierung wird befohlen:

1. Am 14. Juli 1945 ab 6 bis 9 Uhr wird eine Umsiedlung der deutschen Bevölkerung stattfinden.
2. Die deutsche Bevölkerung wird in das Gebiet westlich des Flusses Neisse umgesiedelt.
3. Jeder Deutsche darf höchstens 20 kg Reisegepäck mitnehmen.
4. Kein Transport (Wagen, Ochsen, Pferde, Kühe usw.) wird erlaubt.
5. Das ganze lebendige und tote Inventar in unbeschädigtem Zustande bleibt als Eigentum der Polnischen Regierung.
6. Die letzte Umsiedlungsfrist läuft am 14. Juli 10 Uhr ab.
7. Nichtausführung des Befehls wird mit schärfsten Strafen verfolgt, einschließlich Waffengebrauch.
8. Auch mit Waffengebrauch wird verhindert Sabotage u. Plünderung.
9. Sammelplatz an der Straße Bhf. Bad Salzbrunn-Adelsbacher Weg in einer Marschkolonne zu 4 Personen. Spitze der Kolonne 20 Meter vor der Ortschaft Adelsbach.
10. Diejenigen Deutschen, die im Besitz der Nichtevakuierungsbescheinigungen sind, dürfen die Wohnung mit ihren Angehörigen in der Zeit von 5 bis 14 Uhr nicht verlassen.
11. Alle Wohnungen in der Stadt müssen offen bleiben, die Wohnungs- und Hausschlüssel müssen nach außen gesteckt werden.

Bad Salzbrunn, 14. Juli 1945, 6 Uhr.

Abschnittskommandant
(-) Zinkowski
Oberstleutnant

„Sonderbefehle" wie dieser für die Stadt Bad Salzbrunn in Niederschlesien ordneten die **Umsiedlung der deutschen Bevölkerung** „in das Gebiet westlich des Flusses Neisse" an.

Flucht und Vertreibung

▣ Auf der Potsdamer Konferenz, einer Zusammenkunft von Truman, Stalin und Churchill vom 17. Juli bis 2. August 1945 im Potsdamer Schloss Cecilienhof, hatten die Alliierten die in Jalta erzielten Übereinkünfte hinsichtlich Deutschlands Stellung im Nachkriegseuropa präzisiert und unter anderem die „geordnete Überführung" der Deutschen aus dem nunmehrigen Polen und anderen mittel- und osteuropäischen Staaten nach Deutschland verfügt.

▣ Im Ergebnis der Flucht vor der anrückenden Roten Armee in den letzten Kriegsmonaten, dann der wilden Vertreibung aus den befreiten Gebieten und schließlich der „ordnungsgemäßen Überführung" verloren gegen Ende des Zweiten Weltkrieges und in der Zeit bis 1948 etwa 12 bis 14 Millionen Deutsche ihre angestammte Heimat in den früheren deutschen Reichsgebieten jenseits von Oder und Neiße, im Sudetenland sowie in den Siedlungsgebieten in Mittelost-, Ost- und Südosteuropa. Unter häufig grausamen Begleitumständen gingen Flucht und Vertreibung vor sich: Die

Deutsche warten am 24. April 1945 in Prag auf ihre **Deportation**. Kurz vor der Befreiung der Stadt durch die Alliierten im Mai 1945 fand ein Aufstand gegen die deutsche Besatzungsmacht statt. Zahlreiche Deutsche wurden festgenommen, interniert und dann nach Deutschland deportiert.

gnadenlose Expansions-, Raub- und Ausrottungspolitik Deutschlands während der Besatzungszeit schlug nun auf alle Deutschen zurück, auch auf jene, die nicht im Dienst oder im Sinn des NS-Regimes aktiv und schuldig geworden waren.

Auch in anderen Regionen Europas kam es zu „ethnischen Flurbereinigungen". 1,2 Millionen Polen mussten die nun der Sowjetunion angeschlossenen Ostprovinzen verlassen, Zehntausende Italiener wurden aus Jugoslawien vertrieben, griechische Truppen vertrieben Albaner, Ungarn mussten die Tschechoslowakei verlassen.

Plakat des Bayerischen Roten Kreuzes, das 1945 zur **Hilfe für die Flüchtlinge** und Vertriebenen aus dem Osten aufrief.

Aus der Tschechoslowakei wurden nach dem Krieg bis zu drei Millionen **Sudetendeutsche** vertrieben. Das Foto vom Mai 1946 zeigt, wie eine Gruppe Sudetendeutscher ein Internierungslager verlässt, um nach Deutschland deportiert zu werden.

In **Griechenland** tobte bis 1949 ein **Bürgerkrieg.** Das Foto vom Juli 1948 zeigt Regierungstruppen, die Angriffe der Guerillas abwehren sollen.

Krieg nach dem Krieg

In einer Reihe von Staaten, die am Zweiten Weltkrieg beteiligt waren, erwies sich die Rückkehr zum Frieden und zum Vorkriegsstatus als schwierig bis unmöglich. Aus dem großen globalen Krieg gingen Bürgerkriege und lokale Konflikte hervor. In Griechenland führte die linke Volksfront bis 1949 einen erbitterten Kampf gegen die von den USA und Großbritannien unterstützte konservative Regierung. Im britischen Mandatsgebiet Palästina entwickelte sich als direkte Folge des Holocausts der Konflikt zwischen einheimischen Arabern und einwandernden Juden. In China ging der Kampf zwischen Kommunisten und Nationalisten weiter, der in den 1920er-Jahren begonnen hatte und durch den Zweiten Weltkrieg lediglich unterbrochen worden war. In Indochina kam es in dem Machtvakuum, das die japanische Kapitulation hinterließ, zu heftigen Kämpfen zwischen den ehemaligen Kolonialherren und nationalen Kräften.

Während des **Bürgerkriegs in Griechenland** wurden rund 25 000 Kinder aus den von Guerillas besetzten oder bedrohten Gebieten nach Athen evakuiert. Auf den Plakaten ist zu lesen: „Jesus bitte sieh auf uns und mache uns zu guten Christen. Gib unserem Land den Frieden und schenke uns das Glück, wieder zu unseren Eltern zurückzukehren."

Mehrere Tausend Juden brachen nach dem Zweiten Weltkrieg ins unter britischem Mandat stehende **„Gelobte Land" Palästina** auf, obwohl die britische Regierung zunächst jegliche Einwanderung dorthin untersagt hatte. Das Foto zeigt illegale jüdische Einwanderer, die 1946 im Hafen von Haifa eintreffen.

Blick auf die **Anklagebank in Nürnberg:** vordere Reihe (von links): Hermann Göring, Rudolf Hess, Joachim von Ribbentrop, Wilhelm Keitel, Ernst Kaltenbrunner, Alfred Rosenberg, Hans Frank, Wilhelm Frick, Julius Streicher, Walter Funk; hintere Reihe: Karl Dönitz, Erich Raeder, Baldur von Schirach, Fritz Sauckel, Alfred Jodl, Franz von Papen, Arthur Seyß-Inquart, Albert Speer, Konstantin von Neurath, Hans Fritsche.

Nürnberger Prozesse

- Noch während des Krieges hatten die Alliierten ihre Entschlossenheit bekundet, die führenden Nationalsozialisten für ihre Verbrechen vor Gericht zu stellen. Der Prozess gegen die Hauptkriegsverbrecher sollte ursprünglich in Berlin abgehalten werden, doch mangels geeigneter Räumlichkeiten in den Ruinen der deutschen Hauptstadt wurde er dann nach Nürnberg verlegt – auch wegen der Bedeutung der Stadt als einer Hochburg der NSDAP. Gegen 22 politische, militärische und wirtschaftliche Führer des „Dritten Reiches" wurde im November 1945 vor dem Internationalen Militärgerichtshof Anklage wegen Verschwörung, Verbrechen gegen den Frieden, Kriegsverbrechen und Verbrechen gegen die Menschlichkeit erhoben. Alle Angeklagten bekannten sich für nicht schuldig. Der sowjetische und der französische Ankläger forderten die Todesstrafe für alle Angeklagten, der britische unterschiedliche Urteile, der amerikanische gab keine klare Empfehlung ab.

- Nach fast einem Jahr Verhandlungsdauer ergingen am 30. September 1946 die Urteile: zwölf Mal Tod durch den Strang, sieben Haftstrafen von zehn Jahren bis lebenslänglich, drei Freisprüche. In der amerikanischen Besatzungszone fanden binnen der nächsten drei Jahre zwölf Folgeprozesse gegen NS-Verbrecher aus den Reihen von SS und Polizei, Ärzten und Juristen, Militärs und Industriellen statt. 24 Angeklagte wurden zum Tod verurteilt, über 100 zu Haftstrafen.

Das Foto zeigt die **Richterbank** während des Prozesses gegen die Hauptkriegsverbrecher im Nürnberger Justizpalast, aufgenommen 1946.

Ab Mai 1946 fand im japanischen Kriegsministerium in Tokio ein **Kriegsverbrecherprozess gegen 26 japanische Politiker und Militärs** statt. Im Bild der ehemalige japanische Ministerpräsident Hideki Tojo.

Tokioter Prozesse

▣ Viel weniger internationale Beachtung als die Prozesse gegen die NS-Verbrecher in Nürnberg fanden die Tokioter Prozesse gegen japanische Kriegsverbrecher, die im Mai 1946 begannen. Der Prozess gegen die Hauptkriegsverbrecher, von denen einige sich wie in Deutschland durch Suizid der Justiz und der Verantwortung entzogen, dauerte fast zwei Jahre und endete mit sieben Todesurteilen, 16 lebenslänglichen und zwei langjährigen Haftstrafen für Mitglieder der politisch-militärischen Führungsriege des Landes.

Des Weiteren wurden über 5700 Angehörige des japanischen Militärs zumeist wegen Misshandlung und Tötung alliierter Kriegsgefangener in Prozessen der sogenannten B- und C-Klasse vor Gericht gebracht. Gegen 984 Angeklagte wurde die Todesstrafe verhängt und in 920 Fällen auch vollstreckt, 1000 Personen für nicht schuldig befunden, der Rest zu Gefängnisstrafen verurteilt.

Politische Folgen

- Deutschland musste infolge des Krieges territoriale Verluste hinnehmen, verlor für über vier Jahrzehnte seine nationale Einheit und eine Zeit lang auch seine Souveränität. Polen erhielt einen Teil Ostpreußens, Schlesien und den größten Teil Pommerns. Da es die östlichen Provinzen an die Sowjetunion verlor, wurde der polnische Staat damit etwa 150 Kilometer westwärts verschoben. Die Zugeständnisse, die Großbritannien und die USA in Potsdam sowie in Jalta der Sowjetunion machten, schrieben die sowjetische Herrschaft über weite Teile Mittel- und Osteuropas für Jahrzehnte fest. Als Folge des Krieges schieden Deutschland, Italien und Japan aus dem Kreis der militärisch bedeutenden Mächte aus. Frankreich, Belgien, die Niederlande und in gewissem Maß auch Großbritannien waren so stark geschwächt, dass sie ihre Kolonialreiche nicht halten konnten.

- Die großen politischen Gewinner des Krieges waren die USA und – trotz ihres enormen Verlustes an Menschen – die Sowjetunion. Die Rivalität der beiden „Supermächte" war schon während des Krieges und auf Konferenzen mehrfach zutage getreten, nach Kriegsende ging sie bald in den Kalten Krieg über. Erst mit dem Fall der Mauer 1989 und dem Ende des Kalten Krieges ging die vom Zweiten Weltkrieg entscheidend geprägte Phase der Geschichte zu Ende.

Blick von der Zuschauertribüne in den Gerichtssaal des **Internationalen Militärgerichts in Tokio** im Mai 1946. Links sitzen die Richter der Alliierten, rechts die Angeklagten und deren Verteidiger.

Europa bei Kriegsende

Der „Eiserne Vorhang"

▣ Als Ergebnis des Zweiten Weltkriegs senkte sich ein „Eiserner Vorhang" quer über den europäischen Kontinent – so jedenfalls beschrieb Winston Churchill im März 1946 die neue politische Situation. Tatsächlich dehnte die Sowjetunion nach dem Krieg in Mittel- und Osteuropa ihren Einfluss systematisch aus. Bei Kriegsende stand die Rote Armee in Polen, der Tschechoslowakei, Ungarn, Rumänien, Bulgarien, Jugoslawien, im östlichen Teil Deutschlands und in Teilen Österreichs. Überall dort etablierte die Sowjetunion nach Kriegsende sogenannte Volksdemokratien, auch in der 1949 gegründeten Deutschen Demokratischen Republik, deren Westgrenze zugleich die Frontlinie des nun begonnenen Kalten Krieges bildete.

▣ Mit dem Rückzug der Sowjetunion aus ihrer österreichischen Besatzungszone verschob sich dieser „Eiserne Vorhang" 1954 ein Stück weit nach Osten. 1955 erhielt Österreich seine Souveränität zurück, auch in den Besatzungszonen der drei Westmächte wurde 1955 das Besatzungsstatut aufgehoben und die Bundesrepublik Deutschland erlangte ihre Souveränität.

WICHTIGE DATEN DES ZWEITE

1933

Paul von Hindenburg ernennt Hitler am 30. Januar zum Reichskanzler einer Koalitionsregierung. Mit dem „Ermächtigungsgesetz" (23.3.) beginnt die NS-Diktatur in Deutschland.

1935/1936

Deutschland bricht mit der Einführung der allgemeinen Wehrpflicht am 16. März 1935 den Versailler Vertrag.

Besetzung des Rheinlands durch Deutschland am 7. März 1936.

Absprache zwischen Hitler und Mussolini am 25. Oktober 1936 über die „Achse Berlin-Rom".

1937/1938

Im Rahmen des Chinesisch-Japanischen Krieges besetzt Japan ab Juli 1937 weite Teile Chinas.

„Anschluss" Österreichs an Deutschland im März 1938.

Am 1. Oktober 1938 marschieren deutsche Truppen in das Sudentenland ein.

„Reichspogromnacht" vom 9. auf den 10. November 1938.

1939

Deutsche Truppen besetzen im März das restliche Gebiet der Tschechei.

Nichtangriffspakt zwischen Deutschland und der Sowjetunion (23.8.), der u. a. die Aufteilung Polens regelt.

Mit dem deutschen Überfall auf Polen beginnt am 1. September der Zweite Weltkrieg. Am 6. Oktober endet der „Blitzkrieg". Polen wird von deutschen und sowjetischen Truppen besetzt.

Im Finnisch-Sowjetischen Winterkrieg greift die UdSSR am 30. November ohne Kriegserklärung Finnland an.

1940

Im Frieden von Moskau (21.3.) muss Finnland Gebiete an die Sowjetunion abgeben.

Deutsche Truppen besetzen ab dem 9. April Dänemark und Norwegen.

Beginn des deutschen Westfeldzugs gegen Belgien, Luxemburg und die Niederlande (10.5.).

Am 5. Juni beginnt die Schlacht um Frankreich. Nach schnellen militärischen Erfolgen der Wehrmacht wird am 22. Juni ein Waffenstillstandsvertrag unterzeichnet.

Am 10. Juni erklärt Italien Großbritannien und Frankreich den Krieg.

Mitte Juli beginnt die „Luftschlacht um England".

Am 27. September unterzeichnen Deutschland, Japan und Italien den Dreimächtepakt, dem später Ungarn, Rumänien, die Slowakei, Bulgarien und Jugoslawien beitreten.

1941

Ab Ende März Offensive des deutschen Afrikakorps, das bis nach Ägypten vorstößt, bis Ende des Jahres aber zurückgedrängt wird.

Am 6. April beginnt die Balkanoffensive der Wehrmacht. Jugoslawien kapituliert am 17. April, das griechische Festland können die Deutschen bis zum 30. April besetzen, Ende Mai auch Kreta.

Am 22. Juni beginnt der deutsche Angriff auf die UdSSR. Deutsche Truppen stoßen schnell vor, stehen im November vor Leningrad, vor Moskau und auf der Krim.

Am 7. Dezember japanischer Angriff auf Pearl Harbor. Am folgenden Tag treten die USA in den Krieg ein.

Nach Pearl Harbor beginnt Japan seinen Eroberungszug in Südostasien.

1942

Die „Wannseekonferenz“ (20.1.) legt die Durchführung der Vernichtung der europäischen Juden fest.

Am 28. Juni beginnt die deutsche Sommeroffensive im Südabschnitt der Ostfront. Sie kommt jedoch im September zum Stehen.

In der Seeschlacht bei Midway (4.–7.6.) bringen die Amerikaner den Japanern eine erste entscheidende Niederlage bei.

Ab dem 11. November wird Vichy-Frankreich von Deutschen besetzt.

Am 3. Dezember muss sich das deutsche Afrikakorps aus El Alamein in die Cyrenaika, im Dezember nach Tunesien zurückziehen.

1944

Am 31. Januar landen US-Truppen auf den Marshall-Inseln und rücken in der Folge weiter nach Osten vor.

14. Februar: Die Rote Armee beendet die Belagerung Leningrads, bis zum Frühjahr drängt sie die Wehrmacht bis ins Baltikum zurück.

6. Juni: Alliierte Landung in der Normandie („D-Day“).

Am 15. Juni landen US-Streitkräfte auf den Marianen, von wo aus sie Tokio bombardieren.

Am 22. Juni startet die Rote Armee eine Sommeroffensive, in deren Verlauf die Ostfront zusammenbricht. Rumänien, Bulgarien und Finnland wechseln auf die Seite der Alliierten.

Am 25. August wird Paris befreit.

In der Seeschlacht von Leyte (23.–26.10.) wird die japanische Flotte weitgehend vernichtet.

ELTKRIEGS

1943

Konferenz von Casablanca vom 14. bis 26. Januar.

31. Januar: Die 6. Armee kapituliert in Stalingrad.

Aufstand der Juden im Warschauer Ghetto vom 19. April bis 19. Mai.

Am 12. Mai kapitulieren die Truppen der Achsenmächte in Tunesien.

Am 10. Juli landen die Alliierten auf Sizilien.
3. September: Italien schließt einen Waffenstillstandsvertrag mit den Alliierten, alliierte Truppen landen in Kalabrien.

Auf dem pazifischen Kriegsschauplatz erobern die alliierten Kräfte im Sommer und Herbst die Salomon- und Gilbert-Inseln zurück.

Konferenz von Teheran (28.11. bis 1.12.).

1945

Am 17. Januar beginnt der sowjetische Angriff auf Ostpreußen.

Konferenz von Jalta (4.–11.2.).

Am 27.Februar nehmen US-Truppen die philippinische Hauptstadt Manila ein.

In Februar, März und April rücken die Alliierten immer weiter nach Deutschland hinein.

Ende März beginnt die Schlacht um die Insel Okinawa. Im Juni fällt diese letzte wichtige Bastion vor dem japanischen Mutterland.

Am 7./9. Mai kapituliert Deutschland.

Atombombenabwürfen über Hiroshima und Nagasaki am 6. bzw. 9. August.

Am 2. September unterzeichnet Japan die Kapitulationserklärung.

Interfoto: awkz 4, 6, 6/7 o.; Nowosti 6/7 u.; Alinari 10 o., Friedrich 10 u.; Sammlung Rauch 11 o., 12; Foto Wilhelm 12/13; Sammlung Rauch 13; awkz 14 o., Hermann Historica 14 u.; Pulfer 15 o., awkz 15 u.; Hermann Historica 16 u.; Sammlung Rauch 17; Mary Evans Picture Library 18; Alba 18/19; Foto Wilhelm 20/21; Marz 21 o., Hermann Historica 21 u.; Alba 22; Friedrich 23; awkz 25; Friedrich 26 u.; awkz 27; Hermann Historica 28; awkz 30; Marz 31; awkz 34, 35 u., 37 o.; Hermann Historica 38; Nigel Dobinson/SSPL 39; awkz 40; Alba 41; Alinari 42 o.; awkz 45; Friedrich 46 o.; Foto Wilhelm 47 o., Mary Evans Picture Library 47 u.; awkz 50; Alinari 51 u.; Hermann Historica 54; awkz 54/55, 55; Miller 56/57; Glück 57 o., Miller 57 u.; Ma 58 o., awkz 58 u.; Marz 59; awkz 60 o., Alba 60 u.; Miller 60/61; Argam 62, 62/63; awkz 64; sofla 65; Hermann Historica 67 u.; Pulfer 70; Alinari 72; awkz 74/75; Luce Institute/Alinari 76, 78; NMPFT/Daily Herald Archive/SSPL 79 o., Alinari 79 u.; Marz 80; Alinari 81; Mary Evans Picture Library 82 o.; Science Museum/SSPL 84/85; Hermann Historica 85 o., Illustrated London News Ltd/Mary Evans Picture Library 85 u.; awkz 86; Mary Evans Picture Library 87 u.; MDExpress/SSPL 88; NMPFT/Daily Herald Archive/SSPL 88/89; Royal Photographic Society Collection/NMeM/SSPL 89; awkz 90/91; AISA 92 o.; Alinari 93; Alba 94 o., Hermann Historica 94 u.; Daniel 94/95; AISA 96/97; Daniel 98; awkz 99; Mary Evans Picture Library 100/101; sofla 102/103; Miller 103; Hermann Historica 105; awkz 106 o.; sofla 107, 108/109; awkz 110 u., 110/111, 115; sofla 116/117; awkz 122 o., 125; Hermann Historica 130 u.; Alinari 132 u.; awkz 134/135; Sammlung Rauch 137; NMPFT/Daily Herald Archive/SSPL 138 o., awkz 138 u., 139; TV-yesterday 140 u.; Alba 143; Sammlung Rauch 144; Friedrich 145; awkz 147, 150 o.; Nowosti 151; SSPL 152; IFPAD 152/153; Science Museum/SSPL 154 u.; awkz 158, 160; AISA 161; Alinari 164/165; Ivan Vdovin 166 o.; Hermann Historica 167; Alinari 168/169; Alba 171; Nowosti 172/173; Pulfer 177 u., 179 o.; Rufini 181 o., Alba 181 u.; Nowosti 182 u., 183, 185 o.; awkz 185 u.; Miller 186/187 o.; Alinari 188/189; Miller 189; AISA 190; Miller 191 o., Alinari 191 u.; Miller 192/193, 194/195; awkz 200 u.; Miller 206/207; awkz 208 u.; sofla 209; Miller 210/211; IFPAD 217 o., Sammlung Karl 217 u.; Daniel 218; awkz 218/219–221; Nowosti 222 o.; sofla 223; Nowosti 224 u.; awkz 226; Nowosti 227; Hermann Historica 229 o., Miller 229 u.; awkz 236/237 u.; IFPAD 240 o., awkz 240 u.; Sammlung Rauch 241 o.; Friedrich 242 l., awkz 242 r.; IFPAD 243 u.; Sammlung Rauch 244; Alinari 244/245; awkz 246/247; TopFoto/Alinari 248/249; Brown 250 o.; awkz 252; Brown 252/253; awkz 253; Miller 254; Nowosti 257; Illustrated London News Ltd/Mary Evans Picture Library 258 o., awkz 258 u., 259 o.; Illustrated London News Ltd/Mary Evans Picture Library 260; awkz 260/261; Marz 261; Daniel 262 o., NRM/Pictorial Collection/SSPL 262 u.; Illustrated London News Ltd/Mary Evans Picture Library 263; Friedrich 265; Alba 267 o., Sammlung Rauch 267 u.; Jankins 268; awkz 274 o., 276/277–280/281; Science Museum/SSPL 282 o., Illustrated London News Ltd/Mary Evans Picture Library 282 u.; awkz 283; Norbert Barth 284 o., 286; Friedrich 288/289; Pulfer 291 o.; Karger-Decker 294/295; Sammlung Rauch 300 o. l., awkz 300 o. M., Friedrich 300 u. M., awkz 300 u. r.; Alba 301 u. l., Nowosti 301 u. r.

picture-alliance: akg-images 2; KPA/TopFoto 7; dpa 11 u.; KPA/TopFoto 16 o.; akg-images 26 o., 28/29, 29, 30/31; KPA/TopFoto 32; akg-images 33, 35 o., 36, 37 u., 42 u.; dpa 42/43, 44/45, 46 u., 48/49; akg-images 51 o.; dpa 52 o., akg-images 52 u., 53, 56, 63, 66/67, 67 o., 68/69, 70/71; akg-images/Jean-Pierre Verney 72/73; KPA/TopFoto 73; dpa 74; akg-images 76/77, 77; KPA/TopFoto 82 u., 87 o.; akg-images 92 u., 96, 97, 98/99; dpa 100, 101, 102; akg-images 104/105; dpa 106 u.; akg-images 109, 110 o., 112–114, 116; akg-images/RIA Nowosti 117; akg-images 118, 118/119, 119; dpa 120; akg-images 120/121; dpa 121, 122 u.; akg-images 123, 124, 126; dpa 126/127; KPA/TopFoto 127; akg-images 128, 129, 130 o., 132 o.; dpa 133; HB Verlag 136; akg-images 140 o., 141; dpa 142; akg-images 146/147, 148, 149, 150 u., 154 o., 155; dpa 156/157; akg-images 158/159, 164, 165, 166 u., 168, 169; KPA/TopFoto 170; akg-images 174 o.; dpa 174/175, 175; akg-images 176, 177 o.; dpa 178; akg-images 179 u.; akg-images/RIA Nowosti 180 o., akg-images 180 u.; akg-images/RIA Nowosti 182 o.; akg-images 184, 186; KPA/TopFoto 186/187 u.; akg-images 187; KPA/TopFoto 192 o., 195; akg-images 196, 197; Imagno/Austrian Archives 198; akg-images 198/199; dpa 199 l., akg-images 199 r.; dpa 200 o., 201, 202; akg-images 203 o., dpa 203 u.; Imagno/Austrian Archives 204/205; akg-images 208 o., 210, 211–215, 222 u., 224 o.; dpa 225 o., akg-images 225 u., 228, 230; dpa 231; akg-images 232–234; KPA/TopFoto 234/235–236; akg-images 236/237 o.; KPA/TopFoto 238; akg-images 238/239, 241 u., 243 o., 246; dpa/dpaweb 247; akg-images 250 u.; dpa 251, 255 o.; akg-images 255 u.–256/257, 259 u., 264, 264/265, 266 o., dpa 266 u.; akg-images 269, 270, 271 o., dpa/dpaweb 271 u.; akg-images 272/273, 273; DoD 274 u., 275; united archives 276; dpa 281; akg-images 284 u., 284/285, 286/287; dpa 287; akg-images 289, 290 o., dpa 290 u.; dpa/dpaweb 291 u.; akg-images 292; dpa 292/293, 293, 295–297, 300 o. r., dpa 300 u. l.; HB Verlag 301 o. l., akg-images 301 o. M., 301 o. r.; dpa 301 u. M.